21世纪日语系列教材

日本国際交流基金「日本研究機関支援プログラム」助成

原典·日本文化论

王秋菊　编著

北京大学出版社
PEKING UNIVERSITY PRESS

图书在版编目(CIP)数据

原典·日本文化论/王秋菊编著. —北京:北京大学出版社,2015.3
(21世纪日语系列教材)

ISBN 978-7-301-25464-6

Ⅰ.①原… Ⅱ.①王… Ⅲ.①日语-高等学校-教材 ②文化-研究-日本 Ⅳ.①H36.

中国版本图书馆CIP数据核字(2015)第023372号

书　　名	原典·日本文化论
著作责任者	王秋菊　编著
责任编辑	兰　婷
标准书号	ISBN 978-7-301-25464-6
出版发行	北京大学出版社
地　　址	北京市海淀区成府路205号　100871
网　　址	http://www.pup.cn　新浪微博:@北京大学出版社
电子信箱	zpup@pup.pku.edu.cn
电　　话	邮购部 62752015　发行部 62750672　编辑部 62759634
印 刷 者	三河市博文印刷有限公司
经 销 者	新华书店
	787毫米×1092毫米　16开本　12.5印张　190千字
	2015年3月第1版　2015年3月第1次印刷
定　　价	36.00元

未经许可,不得以任何方式复制或抄袭本书之部分或全部内容。
版权所有,侵权必究
举报电话:010-62752024　电子信箱:fd@pup.pku.edu.cn
图书如有印装质量问题,请与出版部联系,电话:010-62756370

序にかえて

　人類は長い歴史の営みのなかで、繊細でするどく研ぎ澄まされた感覚や高度な知的・精神的活動にもとづいて獲得した成果を、数限りない方法で表し、伝え、蓄積してきた。それは文学・美術・音楽・舞踊などをふくめた芸術とよばれる分野の成果であったり、学問・思想・宗教など主として知的活動分野の成果であったりした。もちろんこれらはたがいに分けることのできない結びつきをもった、達成度の高い成果の積み重なったものである。その一方で、これらの根底には人類社会がその各時代に日々の暮らしのなかで長年にわたって形づくってきた生活の単位である家族・血縁関係や地域社会から国家にいたるさまざまな単位の共同体関係のあり方や、たがいに異なる習慣とよばれるような、いわゆる「生活文化」もある。前者も後者もふくめてこれらをここでは「文化」とよんでおこう。
　とはいえ、この「文化」という言葉に対して「文明」という概念もある。この言葉の違いは何か。ここで説明することはやめておこう。各人各様の使い方をしているのが現状だからである。しかも、世界にはこれまた数限りない言葉があり、それこそは芸術も学問・思想も、いや感覚のあり方や思考や論理の様式から習慣さえも根底で規定する要因でもある。ここに世界各地に多様でたがいに異なる「文化」が並存し、交流も生まれる。
　こういうわけで、ある国の過去から現代にいたる「文化」の特質を体系的な「文化論」として語り、あるいは語られたものを理解するのは大変な知的努力をともなう作業になる。しかし、世界の一体化が急速に進む現代世界では、そのより良いあり方を築くために「異文化」間の相互理解の促進が必要不可欠で緊急の課題となっている。
　この大変な仕事の素材としてここに編纂されたのが本書『原典・日本文化論』である。
　本書編纂の直接の目的は、中国で日本の文化や社会の特質について考えようとする大学院の院生やその授業を担当する教師たちが共に学びあうために活用できる教材をつくることにある。なぜ、「原典」の必要があるのかは、上に述べたように言語こそはある意味で、あらゆる文化の根底を規定するからであり、「原典」を通じてその言語表現を深く理解

し、読み解こうと努力することによってこそ、その文化の特質のいっそう深い研究と理解を目指すことができるからである。そのため、この教材は日本語を相当理解できる能力のある日本語専攻の大学院生たちが使うことを目指したものになった。

ここには、さまざまな学問分野の視覚と方法にもとづいて、近現代の日本人だけでなく中国人や他の外国人たちが、日本文化論・日本社会論・日本人論などを論じた作品の主要部分が紹介され、その解説や参考文献が何人かの執筆者によって書かれている。しかし、それは各執筆者の意見であり絶対的なものではない。学ぼうとし、活用しようとする人たちのあくまで手引きだと考えてほしい。それとともに、いずれもそれぞれの原典の著者が著者自身のおかれた時代と各人の課題意識をもって書かれた作品であることをかたときも忘れないでほしい。だから、その時代やその著者の社会への意識と態度そのものをも研究する心構えをもって活用してほしい。

王秋菊教授の依頼でここに、本書の執筆分担について明記しておきたい。

「日本人による日本文化論」の解説は井口和起、王岩、北野裕通で担当した。柳田国男の『遠野物語』をはじめとする民族学、歴史学などの領域の原典解説は井口和起が執筆し、川端康成の『美しい日本の私』など文学方面の書目選定とその解説は王岩博士が担当した。また、本書の編著に当たって最初から色々アドバイスして頂いた北野裕通教授が哲学分野の3篇を解説して、「中国人・その他の外国人による日本文化論」の解説等は、王秋菊教授が執筆した。

このような、ある意味できわめて大胆な本書の編纂は、博識で多くの専門家たちとの人的なつながりをもって精力的に教育研究活動を続けてこられた東北大学・中日文化比較研究所長王秋菊教授でなければできなかった仕事であろうと私は思っている。しかし、協力者として失礼を顧みずいえば、本書はまだその第一歩の作品に過ぎない。採用した原典の選び方も充分に練り上げられたものというにはいささかのためらいを感じている。

それだけに、これを出発点にしていっそう質の高いものをつくりあげていく仕事に王教授が取り組まれていくことを期待したいし、このような「まえがき」の執筆の栄に浴した筆者もその努力をする決意を表明しておく。それにもまして、より良いものをつくりあげていく仕事に力をかしてくださるのは、だれよりも本書を活用して共に学びあってくださる院生や先生方の忌憚のないご批判やご注文である。このことを最後に切にお願いして「まえがき」とする。

2014年8月
井口和起

目次

日本人による日本文化論

武士道……………………………………………… 新渡戸稲造 3
東洋の理想 ………………………………………… 岡倉天心 10
遠野物語 …………………………………………… 柳田国男 17
現代日本の開化 …………………………………… 夏目漱石 24
和歌について ……………………………………… 西田幾多郎 30
東洋的な見方 ……………………………………… 鈴木大拙 36
生花について ……………………………………… 西谷啓治 41
雑種文化 …………………………………………… 加藤周一 48
日本の思想 ………………………………………… 丸山眞男 54
文明の生態史観 …………………………………… 梅棹忠夫 60
タテ社会の人間関係 ……………………………… 中根千枝 66
美しい日本の私 …………………………………… 川端康成 72
義理と人情 ………………………………………… 源了圓 83
坂の上の雲 ………………………………………… 司馬遼太郎 89
「甘え」の構造 …………………………………… 土居健郎 95
あいまいな日本の私……………………………… 大江健三郎 101

中国人・その他の外国人による日本文化論

日本雑事詩………………………………………… 黄遵憲 110
記東侠……………………………………………… 梁啓超 119
象牙の塔を出で・後記…………………………… 魯　迅 124
日本論……………………………………………… 戴季陶 131
日本文化を語る手紙(その二)…………………… 周作人 138
日本人の生活文化………………………………… 郁達夫 144
「縮み」志向の日本人…………………………… 李御寧 151

1

日本文化の眞髓	小泉八雲 157
日本精神	ヴェンセスラオ・デ・モラエス 164
日本人の行動パターン	ルース・ベネディクト 171
徳川時代の宗教	R．N．ベラー 178
日本文化私観	ブルーノ・タウト 186

あとがき……………………………………………………………… 194

日本人による日本文化論

武士道

新渡戸稲造

○ 道徳体系としての武士道

　武士道はその表徴たる桜花と同じく、日本の土地に固有の花である。それは古代の徳が乾からびた標本となって、我が国の歴史の腊葉集中に保持せられているのではい。それは今なお我々の間における力と美との活ける対象である。それはなんら手に触れうべき形態はとらないけれども、それにもかかわらず道徳的雰囲気を香らせ、我々をして今なおその力強き支配のもとにあるを自覚せしめる。それを生みかつ育てた社会状態は消え失せて既に久しい。しかし昔あって今はあらざる遠き星がなお我々の上にその光を投げているように、封建制度の子たる武士道の光はその母たる制度の死にし後も生き残って、今なお我々の道徳の道を照らしている。(略)

　私の試みはむしろ第一に我が武士道の起源および淵源、第二にその特性および教訓、第三にその民衆に及ぼしたる感化、第四にその感化の継続性、永久性を述ぶるにある。これら諸点の中第一はただ簡単かつ大急ぎに述べるに止める。然らずんば私は読者をば我が国史の紆曲せる小路にまで連れこむことになるであろう。第二の点はやや詳細に論じよう。けだしそれは国際倫理学および比較性格学の研究者をして我が国民の思想および行動のやり方について興味を覚えしめるだろうから。残りの点は余論として取り扱うであろう。(略)

○ 仁・惻隠の心

　愛、寛容、愛情、同情、憐憫は古来最高の徳として、すなわち人の霊魂の属性中最も高きものとして認められた。それは二様の意味において王者の徳と考えられた。すなわち高貴なる精神に伴う多くの属性中王位を占むるものとして王者的であり、また特に王者の道に適わしき徳として王者的であった。慈悲は王冠よりも善く王者に似合うとか、慈悲

は王笏をもってする支配以上であるとか、これを言葉に表現するにはシェイクスピアを必要としたが、これを心に感ずるにはあえて彼を要せず、世界各国民皆これを知ったのである。……仁は柔和なる徳であって、母のごとくである。真直なる道義と厳格なる正義とが特に男性的であるとすれば、慈愛は女性的なる柔和さと説得性とをもつ。(略)

　幸いにも慈愛は美であり、しかも稀有ではない。「最も剛毅なる者は最も柔和なる者であり、愛ある者は勇敢なるものである」とは普遍的に真理である。「武士の情」という言は、直ちに我が国民の高貴なる情感に訴えた。武士の仁愛が他の人間の仁愛と種別的に異なるわけではない。しかし武士の場合にありては愛は盲目的の衝動ではなく、正義に対して適当なる顧慮を払える愛であり、また単に或る心の状態としてのみではなく、生殺与奪の権力を背後に有する愛だからである。(略)

○ 自殺および復仇の制度

　まず自殺について述べるが、私は私の考察をば切腹もしくは割腹、俗にはらきりとして知られているものに限定することを断って置く。これは腹部を切ることによる自殺の意である。「腹を切る？何と馬鹿げた！」——初めてこの語に接した者はそう叫ぶであろう。それは外国人の耳には最初は馬鹿げて奇怪に聞こえるかも知れないが、シェクスピアを学びし者にはそんなに奇異なはずはない。何となれば彼はブルトゥスの口をして、「汝(カエサル)の魂魄現れ、我が剣を逆さまにして我が腹を刺せしむ」と言わしめている。また近代の一イギリス詩人がその『アジアの光』の中にて、剣が女王の腹部を貫くと詠ずるを聴け、一何人も野卑な英語もしくは礼儀違反をもって彼を責めないのである。(略)

　切腹が我が国民の心に一点の不合理性をも感ぜしめないのは、他の事柄との連想の故のみではない。特に身体のこの部分を選んで切るは、これを以て霊魂と愛情との宿るところとなす古き解剖学的信念に基づくのである。モーセは「ヨセフその弟のために腸(心)焚くるごとく」と記し(創世記四三の三〇)、ダビデは神がその腸(あわれみ)を忘れざらんことを祈り(詩篇二五の六)、イザヤ、エレミア、その他古の霊感を受けし人々も腸が「鳴る」(イザヤ書一六の一一)、もしくは腸が「いたむ」(エレミア記三一の二〇)と言った。これらはいずれも日本人の間に行われたる、腹部に霊魂が宿るとの信仰を裏書きする。(略)

　私は自殺の宗教的もしくは道徳的是認を主張するものと解されたくない。しかしながら名誉を高く重んずる念は、多くの者に対し自己の生命を絶つに十分なる理由を供した。

　　名誉の失われし時は死こそ救いなれ、
　　死は恥辱よりの確実なる避け所

と、ガースの歌いし感情に同感して、いかに多くの者が莞爾としてその霊魂を幽冥に付したか！武士道は名誉の問題を含む死をもって、多くの複雑なる問題を解決する鍵として受けいれた。……私はあえて言う、多くの善きキリスト者は、もし彼らが十分正直でさえあれば、カトーや、ブルトゥスや、ペテロニウスや、その他多くの古の偉人が自己の地上の生命を自ら終らしめたる崇高なる態度に対して、積極的賞賛とまでは行かなくても、魅力を感ずることを告白するであろう。（略）

○ 武士道の感化

　武士道はその最初発生したる社会階級より多様の道を通りて流下し、大衆の間に酵母として作用し、全人民に対する道徳的標準を供給した。武士道は最初は選良の光栄として始まったが、時をふるにしたがい国民全般の渇仰および霊感となった。しかして平民は武士の道徳的高さにまでは達しえなかったけれども、「大和魂」は遂に島帝国の民族精神を表現するに至った。もし宗教なるものは、マシュー・アーノルドの定義したるごとく「情緒によって感動されたる道徳」に過ぎずとせば、武士道に勝りて宗教の列に加わるべき資格ある倫理体系は稀である。本居宣長が

　　　敷島の大和心を人問はば
　　　朝日に匂ふ山桜花

と詠じた時、彼は我が国民の無言の言をば表現したのである。
　しかり、桜は古来我が国民の愛花であり、我が国民性の表章であった。特に歌人が用いたる「朝日に匂ふ山桜花」という語に注意せよ。
　大和魂は柔弱なる培養植物ではなくして、自然的という意味において野生の産である。それは我が国の土地に固有である。（略）その美の高雅優麗が我が国民の美的感覚に訴うること、他のいかなる花もおよぶところでない。薔薇に対するヨーロッパ人の讃美を、我々は分つことをえない。薔薇は桜の単純さを欠いている。さらにまた、薔薇が甘美の下に棘を隠せること、その生命に執着すること強靱にして、時ならず散らんよりもむしろ枝上に朽つるを選び、あたかも死を嫌い恐るるがごとくであること、その華美なる色彩、濃厚なる香気─すべてこれらは桜と著しく異なる特質である。我が桜花はその美の下に刃をも毒をも潜めず、自然の召しのままに何時なりとも生を棄て、その色は華麗ならず、その香りは淡くして人を飽かしめない。（略）
　しからばかく美しくして散りやすく、風のままに吹き去られ、一道の香気を放ちつつ永久に消え去るこの花、この花が大和魂の型であるのか。日本の魂はかくも脆く消えやすきものであるか。

◯ 武士道はなお生くるか

　武士道は一の無意識的なるかつ抵抗し難き力として、国民および個人を動かしてきた。新日本の最も輝かしき先駆者の一人たる吉田松陰が刑に就くの前夜詠じたる次の歌は、日本民族の偽らざる告白であった――

　　かくすればかくなるものと知りながら
　　やむにやまれぬ大和魂

　形式こそ備えざれ、武士道はわが国の活動精神、運動力であったし、また現にそうである。(略)
　日本の変貌は全世界周知の事実である。かかる大規模の事業にはおのずから各種の動力が入り込んだが、しかしその主たるものを挙げんとせば、何人(なんびと)も武士道を挙ぐるに躊躇しないであろう。全国を外国貿易に開放した時、生活の各方面に最新の改良を輸入したる時、また西洋の政治および科学を学び始めた時において、吾人の指導的原動力は物質資源の開発や富の増加ではなかった。いわんや西洋の習慣の盲目的なる模倣ではなかったのである。…タウンゼンド氏が、日本の変化を造り出したる原動力はまったく我が国民自身の中に存せしことを認識したのは、誠に卓見である。しかしてもし氏にしてさらに日本人の心理を精察したならば、氏の鋭き観察力は必ずやこの源泉の武士道に他ならぬことを容易に確認しえたであろう。劣等国と見下されることを忍びえずとする名誉の感覚、――これが最も強き動機であった。殖産興業の考慮は、改革の過程において後より目覚めてきたのである。
　武士道の感化は今日でもなお、走者も読みうるほど容易に認められる。日本人の生活を一瞥すればおのずから明瞭である。日本人の心の最も雄弁にしてかつ忠実なる解釈者たるハーンを読め、しからば彼の描写する心の働きは武士道の働きの一例であることを知るであろう。至るところの人民の礼儀を重んずるは武士道の遺産であって、こと新しく繰り返すにおよばざる周知の事実である。「矮小ジャップ」の身体に溢るる忍耐、不撓ならびに勇気は日清戦争において十分に証明せられた。「これ以上に忠君愛国の国民があろうか」とは、多くの人によりて発せられたる質問である。これに対して「世界無比!」と吾人の誇りやかに答えうるは、これ武士道の賜である。(略)

◯ 武士道の将来

　封建日本の道徳体系はその城郭と同様崩壊して塵土に帰し、しかして新道徳が新日本の進路を導かんがため不死鳥のごとくに起る、と預言する者があった。しかしてこの予

言は過去半世紀の出来事によって確かめられた。かかる預言の成就は望ましきことであり、かつ起りうべきことであるが、しかし不死鳥はただおのれ自身の灰の中から起きいでるのであって、候鳥でもなく、また他の鳥からの借り物の翼で飛ぶのでもなきことを忘れてはならない。(略)

　武士道は一の独立せる倫理の掟としては消ゆるかも知れない。しかしその力は地上より滅びないであろう。その武勇および文徳の教訓は体系としては毀れるかも知れない。しかしその光明その栄光は、これらの廃址を越えて長く活くるであろう。その象徴とする花のごとく、四方の風に散りたる後もなおその香気をもって人生を豊富にし、人類を祝福するであろう。(略)

> **出典**：『武士道』(新渡戸　稲造著矢内原忠雄訳・岩波文庫版、初版1938年、第99刷2012年年刊)
> 　原文は英文で、"Bushido:the soul of Japan, an exposition of Japanese thought" 1900年にThe Leeds and Biddle Company, Philadelphiaで、翌年、日本でも出版された(裳華房)。その後、1915年に第10版で増補されてG.P.Putnamus Sons, New Yorkと日本の丁抹出版社から出され、さらに著者の没後、未亡人の序言を付したものが1935年に研究社から発行された。
> 　日本語訳は1908年に櫻井鷗村訳が丁抹出版社から出されたが、1938年には著者の弟子、矢内原忠雄訳が1938年に岩波文庫版で出版された。ここで引用したのはその第99刷からである。

[著者略歴]

新渡戸稲造(1862—1933)、農学者、教育者。農学博士、法学博士。岩手県盛岡生まれ。幕末の南部藩士の子。札幌農学校卒(第2期生)。在学中に同期の内村鑑三とともに受洗。卒業後北海道開拓使に勤めたが、1884年東京帝国大学を中退して私費で渡米。ジョンズ・ホプキンス大学に学ぶ。1887年、札幌農学校助教授となりドイツに留学。アメリカ留学中にクエーカー派の世界に接し、メアリー・エルキントン(日本名:新渡戸万里子)と知り合い1891年に結婚した。同年帰国後、札幌農学校教授・台湾総督府技師・同殖産課長・京都帝国大学教授などを歴任したが、1906—1913年第一高等学校校長を務め、その人格主義教育は多くの生徒たちに感化を及ぼした。この間に東京帝国大学教授も兼任し、1911年に日米交換教授として渡米し活動した。1918年東京女子大学初代学長となったが、1919—1926年、国際連盟の事務局次長を務めた。辞任後、貴族院議員、太平洋問題調査会理事長などを務めたが、1933年、カナダで開かれる調査会に出席し、ビクトリアで客死した。この時期の日本人ではまれにみる国際人として活動した。

[テキスト解説]

　この本は英文の原題"Bushido:the soul of Japan,an exposition of Japanese thought"にあるとおり、武士道を日本の魂(the soul of Japan)—「日本思想の解明」(an exposition of Japanese thought)—として欧米人に訴えるために英文で著され出版された。明治維新で西欧的近代化の道を歩み始めた日本への理解を欧米先進国人たちに向かって求めるとき、著者新渡戸はなぜ「武士道」を日本理解の核心として語ったのか。それはこの本の序文で著者自らが語っている。あるとき、ベルギーの法学者との雑談のなかで、日本では宗教教育なしに、どうして道徳教育が授けられるのかと尋ねられた。また、アメリカ人である妻からも日本人の思想や風習についてしばしば尋ねられてもいた。こういう質問に「満足なる答えを与えようと試みた」結果、日本の「封建制度および武士道を解することなくんば、現代日本の道徳観念は結局封印せられし巻物であると知った」というのである。だから、『武士道』は、原典引用の最初の部分にあるとおり、「第一章:道徳体系としての武士道」で第一に武士道の起源と淵源、第二にその特性、第三に民衆に及ぼした「感化」、第四にその「感化の継続性、永久性」、についての説明を目指したものになった。そこから、この本は、第二章／武士道の淵源にはじまり、ついで武士道が重んじる徳目を各論的にとりあげながら、その教育制度や一般への「感化」、さらに将来性へと説き進む構成をとった。すなわち、第三章／義、第四章／勇・敢為堅忍の精神、第五章／仁・惻隠の心、第六章／礼、第七章／誠、第八章／名誉、第九章／忠義、第十章／武士の教育および訓練、第十一章／克己、第十二章／自殺および復仇の制度、第十三章／刀・武士の魂、第十四章／婦人の教育および地位、第十五章／武士道の感化、第十六章／武士道はなお生くるか、第十七章／武士道の将来、という構成である。

　もともと、日本で「武士道」といわれたものは、日本の中世社会に生まれた武士階級の個人的な生存や「一族郎党」の存続・発展を有利にする生き方の「術」を説くものに始まったが、近世社会(江戸時代)にいたって、「思想としての武士道」が体系化されていった。そこには、儒教・朱子学的倫理観(仁義・忠孝など)に基礎づけられ、体系化された武士の道徳観念と振る舞いを説く主流的な「武士道」のほかに、「武士道と云ふは、死ぬ事と見つけたり」で有名な『葉隠』のように極端な尚武思想に貫かれた「武士道」もあった。

　近代化を目指し始めた明治以後の日本では、もちろん武士階級は解体されたが、思想としての「武士道」はおおむね三つの流れで残り、受け継がれていった。

　第一は、福沢諭吉『痩せ我慢の説』や自ら剣と禅をきわめ武士道的生き方を貫こうとした山岡鉄舟『武士道』などに見られる、「和魂洋才」でいう「和魂」にあたるとも言える流れである。第二は、日清・日露戦争の勝利などに影響された武士道論の流れである。井上哲次郎『武士道叢書』などがその典型で、天皇への忠誠と戦争・軍人の精神的支柱のために「葉隠」などを都合よく利用して忠君愛国を説いた流れである。「軍人勅諭」やアジア・

太平洋戦争中の「戦陣訓」などに典型的な「皇道的武士道」とでも言うべき流れである。

これらに対して第三の流れと言えるのが新渡戸稲造の『武士道』である。

新渡戸は、東京帝国大学入学時に、私は「太平洋の橋になり度いと思います。日本の思想を外国に伝へ、外国の思想を日本に普及する媒酌になり度いのです」と述べた（1907年著『帰雁の蘆』）というので有名だが、新渡戸のこの本はまさしく「太平洋の橋」になることを目指して「日本の思想を外国に伝へ」るために書かれた「武士道論」である。そのために引用部分からも推察されるように、多くの西欧の歴史・文学などを引用・対照し、キリスト教的倫理観と旧来の日本人の道徳観念を合致させつつ、欧米人に理解しやすいように解説した。このことによってこの本は西欧と日本の比較文化論ともなっている。

この本には新渡戸の武士道に関する歴史考察の不十分さ・拙さや日本美化の傾向などがしばしば批判的論評として行われてきたが、明治期の日本人が世界に向かって発信した日本文化論の先駆的著作としての重要な歴史的位置を占めていることに疑いはない。

[参考文献]
- 新渡戸稲造『新渡戸稲造全集』 教文館　1969—2001。
- 石井満『新渡戸稲造伝』 関谷書店刊1935復刻　大空社　1992。
- 石上玄一郎『太平洋の橋―新渡戸稲造伝―』 講談社　1968。
- 松隈俊子『新渡戸稲造』 原著1969。みすず書房　2010。
- 東京女子大学新渡戸稲造研究会編『新渡戸稲造研究』 春秋社　1969。
- 鶴見俊介『鶴見俊介著作集』 筑摩書房　1975。
- 佐藤全弘『新渡戸稲造―生涯と思想』 キリスト教図書出版社　1980。
- 太田雄三『〈太平洋の橋〉としての新渡戸稲造』 みすず書房　1986。
- 鈴木康史『筑波大学体育科学系紀要』 2001。
- 船津明正　名古屋大学『言葉と文化』 2003。
- 草原克豪『新渡戸稲造1862—1993 我、太平洋の橋とならん』 藤原書店　2012。

東洋の理想

岡倉天心

○ 理想の範囲

　アジアは一つである。ヒマラヤ山脈は、二つの強大な文明、すなわち、孔子の共同社会主義をもつ中国文明と、ヴェーダの個人主義をもつインド文明とを、ただ強調するためにのみ分っている。しかし、この雪をいただく障壁さえも、究極普遍的なるものを求める愛の広いひろがりを、一瞬たりとも断ち切ることはできないのである。そして、この愛こそは、すべてのアジア民族に共通の思想的遺伝であり、かれらをして世界のすべての大宗教を生み出すことを得させ、また、特殊に留意し、人生の目的ではなくして手段をさがし出すことを好む地中海やバルト海沿岸の諸民族からかれらを区別するところのものである。

　回教徒による征服の時代に至るまで、ベンガル湾沿岸の大胆剛勇な船乗りたちは、太古以来の海の公道を往き、セイロン、ジャバ、スマトラにかれらの植民地を開き、アーリアの血をビルマやシャムの沿岸諸民族の血と混ぜ合わせ、また中国とインドとを相互交通に於てかたく結びつけていたのであった。……

　けだし、もしアジアが一つであるとするならば、アジアの諸民族が力強い単一の組織をなしているということもまた真である。分類万能の時代にあって、われわれは、型というものは、結局、近似せるものの大海にあって際立って輝く点にすぎず、心理上の便宜のために、崇拝さるべく故意に設(もう)けられた偽りの神であり、たがいに入れ換え得る二つの学問の別々の存在と同じく、究極的な、あるいは相互に排他的な、妥当性を持つものではないことを、忘れている。もしデリーの歴史が、回教世界に対する韃靼人の強圧を表すものとすれば、バグダッドとその偉大なサラセン文化の物語は、地中海沿岸のフランク民族を前にして、ペルシアのみならず中国の文明と芸術とを宣揚するセム諸族の力を、ひとしく意味するものであることもまた、思い出されなくてはならない。アラビアの騎士道、

ペルシアの詩歌、中国の倫理、インドの思想は、すべて単一の古代アジアの平和を物語り、その平和の中に一つの共通の生活が生い育ち、ちがった地域にちがった特色のある花を咲かせてはいるが、どこにも明確不動の分界線を引くことはできないのである。回教すら、剣を手にした馬上の儒教であると言ってよい。なぜなら、黄河流域の古色濃き共同社会主義の中に、回教諸民族の中に抽出実現されているのを見るがごとき、純粋に遊牧的要素の痕跡を見わけることは、十分に可能だからである。

あるいは、西方から東方アジアへとふたたび目を転ずるならば、仏教—東方アジアの思想のすべての河川系統が合流する理想主義の大海—も、ガンジス河の清き水によってのみ彩られているわけではないのである。と言うのは、それに加わった韃靼諸民族もまた支流となってその天分を注ぎ入れ、新しい象徴主義、新しい組織、新しい信心力をもたらして、この信仰の宝蔵に加えているからである。

しかしながら、この複雑の中なる統一をとくに明白に実現することは、日本の偉大なる特権であった。この民族のインド・韃靼的な血は、それ自身に於て、この民族を、これら二つの源泉から汲み取り、かくしてアジアの意識の全体を映すものとなるにふさわしいものとするところの遺伝であった。万世一系の天皇をいただくという比類なき祝福、征服されたことのない民族の誇らかな自恃、膨張発展を犠牲として祖先伝来の観念と本能とを守った島国的孤立などが、日本を、アジアの思想と文化を託す真の貯蔵庫たらしめた。……

アジア文化の歴史的な富を、その秘蔵の標本によって、一貫して研究できるのは、ひとり日本に於てのみである。帝室御物、神社、発掘された古墳などは、漢代の技術の精妙な曲線をあらわに見せてくれる。奈良の寺々は、唐代の文化、および、当時燦然として隆盛をきわめ、この古典期の創作に多大の影響を与えたインド芸術をあらわす作品に富んでいる—それは、かくめざましき時代の宗教的儀式や哲学は言うまでもなく、音楽、発音、式典、衣装までもそのままに保存して来た国民に至極当然な祖先伝来の財宝である。

さらにまた、諸大名の宝庫も、宋および元朝に属する芸術品や写本を豊富に蔵している。そして中国自体にあっては、前者は元の征服期間中に失われ、後者は反動的な明の時代に失われてしまったので、このことから、今日の中国の学者の中には、かれら自身の古代知識の源泉を日本に求めようとする動きを見せている人々もいるのである。

かくのごとくにして、日本はアジア文明の博物館となっている。いや博物館以上のものである。何となれば、この民族のふしぎな天性は、この民族をして、古いものを失うことなしに新しいものを歓迎する生ける不二元論の精神をもって、過去の諸理想のすべての面に意を留めさせているからである。神道家はいまなおその仏教以前の先祖崇拝の儀式を固守している。そして仏家自身もまた、自然の順序のままに順次この国土を豊かならしめるものとなった。宗教的発展のさまざまの宗派のおのおのに固執しているのである。

藤原貴族の政権下にあって唐の理想を反映する和歌と舞楽とは、宋の開明の所産であったところの幽玄な禅と能楽と同じく、今日にいたるまで霊感と歓喜の源泉である。日本を、一方においては近代的強国の地位に押し上げると同時に、アジアの魂に常に忠実にとどまらしめているものは、他(ほか)ならぬこの粘着性である。

　日本の芸術の歴史は、かくして、アジアの諸理想の歴史となる―相ついで寄せて来た東方の思想の波のおのおのが、国民的意識にぶつかって砂の波跡を残して行った浜辺となるのである。…

○ 展望

　アジアの簡素な生活は、蒸気と電気とのために今日それが置かれたヨーロッパとの鋭い対照を、毫(ごう)も恥とする必要はないのである。古い交易の世界、職人と行商人の、村の市場と聖者の縁日の世界、そこでは小舟が国の産物を積んで大きな河を上下し、どこのお邸にも内庭があって、そこに旅商人が布地や宝石を並べ、美しい深窓の婦人たちがそれを見て買うといった世界、そういう世界は、まだまったく死んではいないのである。そして、その形態はいかに変化しようとも、ただ大いなる損失に於てのみアジアはその精神の死滅を許すことができる。なぜならば、幾時代にもわたる父祖伝来の財宝であるところの工芸的、装飾的芸術は、それによって保存されて来たものであり、アジアはそれを失うとともに、ただに事物の美のみならず、制作者の喜び、彼の幻想の個性、および長年月にわたるその労働の人間化のことごとくを、失わなければならないからである。けだし、みずからの手で織った織物でみずからの身を包むことは、みずからの家にみずからを住まわせることであり、精神のためにそれ自身の領域を創り出してやることだからである。

　たしかにアジアは、時間を貪り喰らう交通機関のはげしい喜びは何も知らない。だがしかし、アジアは、いまなお、巡礼や行脚僧という、はるかにいっそう深い旅の文化を持っているのである。すなわち、村の主婦にその糧を乞い、あるいは夕暮の樹下に坐して土地の農夫と談笑喫煙するインドの行者こそは、真の旅人だからである。彼にとっては、一つの田舎はその自然の地形のみから成っているものではない。それは慣習と連想との、人間的要素と伝統との、結合したものであり、そこに住む人の身の上に起ったドラマの喜びと悲しみとを、たとえ一瞬にせよ分ち合った人の、やさしさと友情とにあふれているものなのである。日本の鄙の旅人もまた、その漂白の途上、名所を去る時にはかならず彼の発句、すなわち、どんな無学な者にも可能な芸術形式である短詩、を残して行くのである。

　このような様式の経験を通じて、円熟しかつ生きた知識、堅固にしてしかも温厚な成人の調和した思想感情としての東洋的な個性の概念が育てられるのである。このような様式による相互のやりとりを通じて、教養の真の手段としての、印刷された索引にあらずして、人間的交わりの、東洋的な観念が維持されるのである。

対照の連鎖はどこまでも引き伸ばすことができよう。しかし、アジアの栄光は、これらよりももっと積極的な何ものかである。それは、すべての人の胸に脈打つ平和の鼓動の中にある。帝王と田夫(でんぷ)とを合一させる調和の中にある。あらゆる共感、あらゆる礼譲をその結果たらしめるところの、崇高な同心一体の直観の中にある。……これらのものが、アジアの思想、科学、詩歌、芸術に秘められた力である。……

　今日のアジアのなすべき仕事は、アジア的様式を擁護し回復する仕事となる。しかし、これをするためには、アジアみずからがまず、これらの様式の意識を確認し発達させなければならない。けだし、過去の影は未来の約束だからである。いかなる木も、種子の中にある力以上に偉大になることはできない。生命はつねに自己への回帰の中に存する。……「汝自身を知れ」とはデルフォイの神託によって語られた最大の秘義であった。「すべては汝自身の中に」と、孔子の静かな声は言った。そしてさらに著しいのは、聞く者に同じ教えを伝えるインドの物語である。……ある時、師が弟子たちをその周囲に集めていると、かれらの前に突如として……大神シヴァの姿が燦然として輝き出た。その時、金剛菩薩は……師の方に向かって言った、「教えてください、その数ガンジス河の砂にもひとしいあらゆる星や神々の間を探し歩きましたのに、どうしてわたしはこの輝かしい姿をどこにも見なかったのでございましょう。彼は何びとですか」と。すると仏陀は言った、「彼は汝自身だ!」と。かくて金剛菩薩はたちまちにして大悟したと言う。

　日本を改造し、また、日本をして、東洋世界のかくも多くを打ち倒した嵐を無事に切り抜けることを得させたものは、小規模ながらこれと同じ自己認識であった。そして、アジアをふたたび往昔の確固不動と力強さとに築き上げるものは、この同じ自覚の再生でなければならない。

出典：『茶の本 日本の目覚め 東洋の理想 付『東洋の目覚め』—岡倉天心コレクション』(櫻庭信之・斎藤美洲・富原芳彰・岡倉古志郎訳、ちくま学芸文庫、2012年刊)。
　著者・岡倉天心の著作はすべて原文が英文で、この「ちくま学芸文庫」版にはその全作品が翻訳・収録されており、"岡倉天心著作集"と言えるものとなっている。ここでとりあげる『東洋の理想』の原題は"The Ideals of the East: with Special Reference to the Art of Japan"で、1903年にロンドンのJohn Murray書店から刊行されている。以下に紹介するのは「ちくま学芸文庫」版中の富原芳彰による翻訳である。

[著者略歴]
岡倉(おかくら)天心(てんしん)(1863—1913)、明治時代の思想家・美術界の指導者。名は覚三(かくぞう)、天心は号。横浜の生まれ(一説に江戸=東京の馬喰=ばくろ町ともい

う)。1875年東京開成学校をへて東京帝国大学へ入り、アーネスト・フェノロサ(明治政府お雇い外国人。帝国大学で政治学・経済学・哲学などを教えるとともに日本美術史を研究)に学んだ。卒業後文部省に勤めて美術行政に携り、当時の日本画壇の中心人物(狩野芳崖・橋本雅邦ら)たちと交わった。フェノロサとともに近畿の古社寺宝物調査を行い、長く秘宝とされていた法隆寺夢殿の救世観音を拝した話は有名。1889年東京美術学校(現・東京芸術大学美術学部)開校、翌年若くして校長に就任したが、排斥運動で1898年に辞職。文部官僚の重鎮九鬼隆一(哲学者・京都帝国大学教授、九鬼周造の父)の妻との不倫が原因ともされる。その後、横山・橋本らと日本美術院を創設する一方、中国・インド・欧米を巡り、1904年ボストン美術館中国・日本美術部長となった。門下に近代日本画壇の重鎮、横山大観・菱田春草・下村観山らがいる。著書は本項[出典]欄を参照のこと。

[テキスト解説]

　この本の英文原題は"The Ideals of the East:with Special Reference to the Art of Japan"であり、『東洋の理想―特に日本美術について―』である。つまりこの本の主題は、「東洋」的視野にたって日本美術の歴史的展開過程を概説することにあった。しかし、ここで紹介した冒頭の「理想の範囲」や最終項「展望」からも読み取れるように、美術史を素材に著者の考える「東洋文明論」を展開し、英文で書くことによって西洋文明と異なる「東洋文明」の特質を欧米人たち紹介し、その独自の高い価値を訴えるものでもあり、その意味で「思想書」でもあった。

　この著作を一躍有名にしたのは、本文冒頭の"Asia is one."「アジアは一つである」という一句であった。

　ここで言う「アジア」の「範囲」は、日本・中国・インドに加えてアラブ・ペルシアまでも含み、その文明の特質は、人間の「個」としての存在にかかわるインドの仏教・ヒンズー教と、「共同体」としての存在にかかわる北方中国の儒教とからなる「東洋」の思想・文化が、南方中国の「老荘思想と道教」を媒介にして、有機的な統一性をもつ普遍的な文化・思想と「理想」を保持してきたところにあるというのが、著者の主張である。この「文明論」の枠組みから、ここで紹介した1「理想の範囲」に続いて、2日本の原始芸術／3儒教―北方中国／4老荘思想と道教―南方中国／5仏教とインド芸術／6飛鳥時代／7奈良時代／8平安時代／9藤原時代／10鎌倉時代／11足利時代／12豊臣および初期徳川時代／13後期徳川時代／14明治時代、まで、まず儒教・道教・仏教などの思想と芸術の原理的基底を説き、続いて各時代を追った日本美術史を概説し、最後に15「展望」を述べるというのがこの本の構成である。

　岡倉の主張のもう一つの特徴は、紹介部分からも容易に読み取れるとおり、日本の美術・宗教・習俗など総じて日本文化こそが、ここでいう東洋文明＝アジア文化の「理想」の

「博物館」であると主張していることにある。そして、押し寄せる西洋文明の嵐に抗して「東洋文明」の「理想」を目覚めさせるには、東洋の諸国が自ら振り返り、この「理想」を知ることが必要不可欠である。日本が明治維新で不十分ながらも辛うじて混迷を脱しえたのは、この自国文化の思想と理想を認識した力にあった。すべての東洋諸国はこの自覚を持たねばならないという。

しかし、岡倉が「アジアは一つである」と言い、「究極普遍的なるものを求める愛……この愛こそは、すべてのアジア民族に共通の思想的遺伝」であると言ったとき、日本はすでに日清戦争（甲午中日戦争1894―95）をへて中国・韓国（朝鮮）に敵対し、西欧的大帝国形成への道を歩み始めていた。アジア民族に共通する「愛」の「思想的遺伝」など、しらじらしく聞こえる東アジア地域の現実しかなかった。そればかりではなく、岡倉の本意ではなかったにせよ、彼の死後、1930年代以降の日本が日中全面戦争からアジア・太平洋戦争へとアジアでの戦争を拡大し、日本を盟主とした「大東亜共栄圏」の建設を唱えた時代には、この本はそれを支える思想とスローガンとして利用された。岡倉の思想の中にそういう要素がもともと混在していたこともしばしば指摘されてきた。「朝鮮半島は、有史以前久しく日本の植民地となっていた形跡がある」（出典の『日本の目覚め』p.173.）と記し、朝鮮の考古学的遺跡と日本の古墳類の類似性や言語の類似性、さら『日本書紀』的な神話・伝説の類を無批判にその例証として挙げていることなどがそれである。また、現代の日本美術史の研究では岡倉の美術史を「時代遅れのもの」と扱われる傾向が強い。さらに、「アジアは一つ」という一句を「罪深い『創出』」という意見さえある。

もう一つ。最初にふれたように、この本はもともと英語で欧米人に伝えることを目的に出版されたものであったから、同時代の日本人にそれほど大きな影響を与えたわけではなかった。戦時体制の中で片言隻句がスローガン的に一般日本人の中に広げられたに過ぎないという指摘もある。

しかし、ここで引用した最終項で指摘されている文明論の中には、それを「東洋の理想」というかどうかは別にして、一考に値する「現代文明」への鋭い批判の論点が含まれていることは明らかであろう。

[参考文献]
- 梅原猛編『岡倉天心集』（近代日本思想大系7）　筑摩書房　1976。
- 梅原猛編『岡倉天心全集』　平凡社　1979―1981。
- 色川大吉責任編集『岡倉天心』（日本の名著39）　中央公論社　1984。
- 佐伯彰一・桶谷秀昭・橋川文三訳『東洋の理想 日本の覚醒 東洋の覚醒』　平凡社東洋文庫1983。
- 佐伯彰一・桶谷秀昭・橋川文三訳『東洋の理想』　講談社学術文庫1986。
- 宮川寅雄『岡倉天心』（日本美術史叢書）　東京大学出版会　1956。
- 斉藤隆三『岡倉天心』（吉川弘文館＜人物叢書＞新装版）　吉川弘文館　1960。

- 橋川文三『岡倉天心 人と思想』 平凡社　1982。
- 大岡信『岡倉天心』 朝日新聞社　1985。
- 木下長宏『詩の迷路―岡倉天心の方法』 学藝書林　1989。
- 坪内隆彦『岡倉天心の思想探訪―迷走するアジア主義』 勁草書房　1998。
- 岡倉古志郎『祖父 岡倉天心』 中央公論美術出版1999。
- 高階絵里加編『異界の海―芳翠・清輝・天心における西洋』 三好企画　2000。
- 木下長宏『岡倉天心』 ミネルヴァ書房　2005。
- 岡倉登志『世界史の中の日本 岡倉天心とその時代』 明石書店　2006。
- 岡倉登志『曾祖父覚三 岡倉天心の実像』 宮帯出版社　2013。

原典

遠野物語

柳田国男

○「オクナイサマ」

● 第15段　オクナイサマを祭れば幸多し。土淵村大字柏崎の長者阿部氏、村にては田圃の家といふ。この家にてある年田植の人手足らず、明日は空も怪しきに、わづかばかりの田を植ゑ残すことかなどつぶやきてありしに、ふと何方よりともなく丈低き小僧一人来たりて、おのれも手伝ひ申さんと言ふに任せて働かせおきしに、午飯時に飯を食はせんとて尋ねたれど見えず。やがて再び帰り来て終日、代を掻きよく働きてくれしかば、その日に植ゑはてたり。どこの人かは知らぬが、晩には来て物を食ひたまへと誘ひしが、日暮れてまたその影見えず。家に帰りて見れば、縁側に小さき泥の足跡あまたありて、だんだんに座敷に入り、オクナイサマの神棚の所に止まりてありしかば、さてはと思ひてその扉を開き見れば、神像の腰より下は田の泥にまみれていませし由。

「ザシキワラシ」

● 第17段　旧家にはザシキワラシといふ神の住みたまふ家少なからず。この神は多くは十二、三ばかりの童児なり。をりをり人に姿を見することあり。土淵村大字飯豊の今淵勘十郎といふ人の家にては、近き頃高等女学校にゐる娘の休暇にて帰りてありしが、ある日廊下にてはたとザシキワラシに行き逢ひ大いに驚きしことあり。これはまさしく男の児なりき。同じ村山口なる佐々木氏にては、母人ひとり縫物をしてをりしに、次の間にて紙のがさがさといふ音あり。この室は家の主人の部屋にて、その時は東京に行き不在の折なれば、怪しと思ひて板戸を開き見るに何の影もなし。暫時の間坐りてをればやがてまたしきりに鼻を鳴らす音あり。さては座敷ワラシなりけりと思へり。この家にも座敷ワラシ住めりといふこと、久しき以前よりの沙汰なりき。この神の宿りたまふ家は富貴自在なりといふことなり。

● 第18段　ザシキワラシまた女の児なることあり。同じ山口なる旧家にて山口孫左衛

門といふ家には、童女の神二人いませりといふことを久しく言ひ伝へたりしが、ある年同じ村の何某といふ男、町より帰るとて留場の橋のほとりにて見馴れざる二人のよき娘に逢へり。物思はしき様子にてこちらへ来る。お前たちはどこから来たと問へば、おら山口の孫左衛門が処からきたと答ふ。これからどこへ行くのかと聞けば、それの村の何某が家にと答ふ。その何某はやや離れたる村にて、今も立派に暮らせる豪農なり。さては孫左衛門が世も末だなと思ひしが、それより久しからずして、この家の主従二十幾人、茸の毒にあたりて一日のうちに死に絶え、七歳の女の子一人を残せしが、その女もまた年老いて子なく、近き頃病みて失せたり。

○「神隠し」

● 第7段　上郷村の民家の娘、栗を拾ひに山に入りたるまま帰り来たらず。家の者は死したるならんと思ひ、女のしたる枕を形代として葬式を執り行なひ、さて二、三年を過ぎたり。しかるにその村の者猟をして五葉山の腰のあたりに入りしに、大なる岩の蔽ひかかりて岩窟のやうになれる所にて、はからずこの女に逢ひたり。互ひにうち驚き、いかにしてかかる山にはゐるかと問へば、女の曰く、山に入りて恐ろしき人にさらはれ、こんな所に来たるなり。逃げて帰らんと思へど、いささかの隙もなしとのことなり。その人はいかなる人かと問ふに、自分には並の人間と見ゆれど、ただ丈きはめて高く、眼の色少し凄しと思はる。子供も幾人か生みたれど、われに似ざればわが子にはあらずといひて食ふにや殺すにや、皆いづれへか持ち去りてしまふなりといふ。まことにわれわれと同じ人間かと押し返して問へば、衣類なども世の常なれど、ただ眼の色少しちがへり。一市間に一度か二度、同じやうなる人四、五人集まり来て、何事か話をなし、やがて何方へか出て行くなり。食物など外より持ち来たるを見れば町へも出ることならん。かく言ふうちにも今にそこへ帰つて来るかも知れずといふゆゑ、猟師も怖ろしくなりて帰りたりといへり。二十年ばかりも以前のことかと思はる。（注：一市間は遠野の町の市の日と次の市の日の間なり。月六度の市なれば一市間はすなはち五日のことなり）

○「河童」

● 第56段　上郷村の何某の家にても河童らしき物の子を産みたることあり。確なる証とてはなけれど、身内まつ赤にして口大きく、まことにいやな子なりき。忌はしければ棄てんとこれを携へて道ちがへに持ち行き、そこに置きて一間ばかりも離れたりしが、ふと思ひ直し、惜しきものなり、売りて見せ物にせば金になるべきにとて立ち帰りたるに、早取り隠されて見えざりきといふ。

● 第58段　小烏瀬川の姥子淵の辺に、新屋の家といふ家あり。ある日淵へ馬を冷やしに行き、馬曳きの子は外へ遊びに行きし間に、河童出でてその馬を引き込まんとし、かへ

りて馬に引きずられて厩の前に来たり、馬槽に覆はれてありき。家の者馬槽の伏せてあるを怪しみて少しあけて見れば河童の手いでたり。村中の者集まりて殺さんか宥さんかと評議せしが、結局今後は村中の馬に悪戯をせぬといふ堅き約束をさせてこれを放したり。その河童今は村を去りて相沢の滝の淵に住めりといふ。

○「天狗」

● 第90段　松崎村に天狗森といふ山あり。その麓なる桑畠にて村の若者何某といふ者、働きてゐたりしにしきりに睡くなりたれば、しばらく畠の畔に腰掛けて居眠りせんとせしに、きはめて大なる男の顔はまつ赤なるが出で来たれり。若者は気軽にて平生相撲などの好きなる男なれば、この見馴れぬ大男が立ちはだかりて上より見下すやうなるを面にくく思ひ、思はず立ち上がりてお前はどこから来たかと問ふに、何の答へもせざれば、一つ突き飛ばしてやらんと思ひ、力自慢のまま飛びかかり手を掛けたりと思ふや否や、かへりて自分の方が飛ばされて気を失ひたり。夕方に正気づきて見ればむろんその大男はをらず。家に帰りて後人にこの事を話したり。その秋のことなり。早池峯の腰へ村人大勢と共に馬を曳きて萩を苅りに行き、さて帰らんとする頃になりてこの男のみ姿見えず。一同驚きて尋ねたれば、深き谷の奥にて手も足も一つ一つ抜き取られて死してゐたりといふ。今より二、三十年前のことにて、この時の事をよく知れる老人今も存在せり。天狗森には天狗多くゐるといふことは昔より人の知る所なり。

○「魂の行方」

● 第22段　佐々木氏の曾祖母年よりて死去せし時、棺に取り納め親族の者集まり来てその夜は一同座敷にて寝たり。死者の娘にて乱心のため離縁せられたる婦人もまたその中にありき。喪の間は火の気を絶やすことを忌むが所の風なれば、祖母と母との二人のみは、大なる囲炉裏の両側に坐り、母人は旁に炭籠を置き、をりをり炭を継ぎてありしに、ふと裏口の方より足音して来る者あるを見れば、亡くなりし老女なり。平生腰かがみて衣物の裾の引きずるを、三角に取り上げて前に縫ひつけてありしが、まざまざとその通りにて、縞目にも見覚えあり。あなやと思う間もなく、二人の女の坐れる炉の脇を通り行くとて、裾にて炭取にさはりしに、丸き炭取なればくるくるとまはりたり。母人は気丈の人なれば振り返りあとを見送りたれば、親縁の人々の打ち臥したる座敷の方へ近より行くと思ふほどに、かの狂女のけたたましき声にて、おばあさんが来たと叫びたり。その余の人々はこの声に睡を覚ましただ打ち驚くばかりなりしといへり。

● 第99段　土淵村の助役北川清といふ人の家は字火石にあり。代々の山臥にて祖父は正福院といひ、学者にて著作多く、村のために尽くしたる人なり。清の弟に福二といふ人は海岸の田の浜へ婿に行きたるが、先年の大海嘯に遭ひて妻と子とを失ひ、生き残りたる

二人の子と共に元の屋敷の地に小屋を掛けて一年ばかりありき。夏の初めの月夜に便所に起き出でしが、遠く離れたる所にありて行く道も浪の打つ渚なり。霧の布きたる夜なりしが、その霧の中より男女二人の者の近よるを見れば、女はまさしく亡くなりしわが妻なり。思はずその跡をつけて、はるばると船越村の方へ行く﨑の洞ある所まで追ひ行き、名を呼びたるに、振り返りてにこと笑ひたり。男はと見ればこれも同じ里の者にて海嘯の難に死せし者なり。自分が婿に入りし以前に互ひに深く心を通はせたりと聞きし男なり。今はこの人と夫婦になりてありといふに、子供は可愛くはないのかといへば、女は少しく顔の色を変へて泣きたり。死したる人と物言ふとは思はれずして、悲しく情なくなりたれば足元を見てありし間に、男女は再び足早にそこを立ち退きて、小浦へ行く道の山陰を廻り見えずなりたり。追ひかけて見たりしがふと死したる者なりと心付き、夜明けまで道中に立ちて考へ、朝になりて帰りたり。その後久しく煩ひたりといへり。

○「狼」

- 第39段　佐々木君幼き頃、祖父と二人にて山より帰りしに、村に近き谷川の岸の上に、大きなる鹿の倒れてあるを見たり。横腹は破れ、殺されて間もなきにや、そこよりはまだ湯気立てり。祖父の曰く、これは狼が食ひたるなり。この皮ほしけれども御犬は必ずどこかこの近所に隠れて見てをるに相違なければ、取ることができぬといへり。
- 第41段　和野の佐々木嘉兵衛、ある年境木越の大谷地へ狩りにゆきたり。死助の方より走れる原なり。秋の暮れのことにて木の葉は散り尽くし山もあらはなり。向かふの峰より何百とも知れぬ狼こちらへ群れて走り来るを見て恐ろしさに堪へず、樹の梢に上りてありしに、その樹の下をおびただしき足音して走り過ぎ北の方へ行けり。その頃より遠野郷には狼はなはだ少なくなれりとのことなり。

> 出典：　新版『遠野物語 付・遠野物語拾遺』（角川文庫、初版2004年、第31版2013年刊）「角川ソフィア文庫：柳田国男コレクション」中の一冊。末尾の【参考文献】に挙げるとおり多くの出版社から全集や文庫本として出版されているが、最近年のもので、『遠野物語』に続いて続篇として出された『遠野物語拾遺』も収録されており、最も入手容易な文庫本を底本にした。

[著者略歴]

柳田（やなぎだ）国男（くにお）（1875—1962）、民俗学者、文化勲章受章者（1951）。飾磨県神東郡田原村（現・兵庫県神崎郡福崎町）生まれ。儒学者で医師・松崎操の6男。少年期に関東利根川べりの現・利根川町に移る。第一高等中学校（現・東京大学教養学部）をへて、東京帝国大学法科大学政治学科卒業後、1900年農商務省に入り、主に東北地方の農村

調査に従事。学生時代から森鷗外と交わり、田山花袋・国木田独歩・島崎藤村らと親交をもち、詩人「松岡国男」の時期もあった。1901年柳田家養嗣子に入籍。明治後期の自然主義文学の傾向に批判的となり、農村調査の中で民間伝承の世界に関心を深めた。1913年雑誌『郷土研究』発刊。1919年貴族院書記官長を最後に退官し、1935年「民間伝承の会」（後に「日本民俗学会」と改称）を組織。敗戦後、1947年財団法人民俗学研究所を開設し、蔵書を寄付した。日本の民俗学の創始者として多数の作品を著し、後継者の育成に貢献した。日本芸術院会員(1947)・日本学士院会員(1949)。『遠野物語』は柳田民俗学の出発点とされる作品で、今日も多数の人々に読み継がれている。

[テキスト解説]

出典：新版『遠野物語 付・遠野物語拾遺』（角川文庫、初版2004年、第31版2013年刊）。「角川ソフィア文庫：柳田国男コレクション」中の一冊。

この本は、日本の東北地方、岩手県遠野市土淵町（旧・陸中上閉伊郡遠野町土淵村）出身の小説家・民話蒐集家だった佐々木喜善（1886—1933）が語った遠野地方に伝わる民話・伝承を、柳田国男が聴き取り、筆記・編集したものである。作品には、山の神・里の神・家の神などの神々、天狗・山男・山女・河童・狼・熊・狐・鳥などの妖怪や動物が登場する話や、幽霊・神隠しの怪談など、多種多様な118の短い話と最後の119段には遠野地域の「獅子踊り」で用いられた歌が収録されている。ここで紹介したのはそのうちのわずか11話である。これだけで作品がもつ文化論的意義を読み取れと言うのは少々無理なことかも知れない。しかし、この作品を出発点に柳田が日本の民俗学を築き上げていったことを考えるとき、少なくとも以下の視点に留意して読み込んでいくことが重要であろう。①柳田はこの本の序文で、佐々木は誠実な人で、嘘の作り話を言う人ではなく話は信頼できるものである、それを聴いた自分はそのままを文章に書き留めたのではなく、「一字一句を加減ぜず感じたるままを書きたり」（傍点－井口）と記している。つまり、ここには柳田がもつ感性がひそみ、研ぎ澄まされた文章でそれが表現されているということである。少し厄介な文語体の雅文調の文章だが、例えば、過去形の助動詞「けり」よりも「き」を多く使っていることなどにもぜひ注目して読解を試みてほしい。②同じく序文で柳田は「願はくはこれを語りて平地の人を戦慄せしめよ」と書いている。明治以来急速に「文明開化」し「近代都市」に変貌しつつある都会の人に、山間の盆地に今なお伝わる異なった文化の世界があることを知らせ、「戦慄」させたいと言うのである。このことは、別に紹介した新渡戸稲造『武士道』や岡倉天心『東洋の理想』などとはまったく異なった日本文化の世界を語ろうとしているということでもある。③さらに、序文には「これ目前の出来事なり」「要するにこの書は現在の事実なり」と書いている意味を考えることである。ここに採りあげた「オクナイサマ」「ザシキワラシ」「神隠し」や「河童」「天狗」など神々や妖怪の類など、現実には信じがたい話であろう。一方、「魂の行方」で紹介した話は、「昔々」の「話」

ではなく近い過去のことであり、とりわけ99段で語られている、「大海嘯」とは1896年に東北地方を襲った大地震と大津波であり、それにまつわる話である。とはいえ、話自体は「死の世界」と「生の世界」の境界を行き来する話である。柳田がいう「目前の出来事」「現在の事実」というのは、これらの「不可思議」を含めたものである。近代的思考と言われるものは、一般的に「嘘」か「本当」かという二分法で判断することを基軸としているが、ここではそういう方法ではとらえきれない人間の「心」「精神的世界」に生じる事柄を否定せず、「現実の事実」としてとらえる視点が示されている。柳田が「民俗学」を出発させたということでもあろう。しかも、「河童」の話などは「子殺し」の話でもあり、この作品の中ではこの時代にこの地域で起こった実際の「親殺し」事件さえ語られている。『遠野物語』研究家石井正巳はこのような「負の遺産」を含むことにも留意せよという。④「狼」で紹介した二つの話には自然と人間との関係、自然に接する人間が守るべきルールのことなどが、示唆的に語られている。

　最後にもう一つ。この作品の初版は1910年にわずか350部限定で自費出版されたものだったが、外国人にも注目した人があった。ロシアの言語学者ニコライ・ネフスキーと中国の作家・翻訳家であり民俗学者だった周作人(魯迅の弟)である。周は「遠野物語」(『東方雑誌』第29巻第2号、1932年1月所収)でこの作品を紹介し、序文の他に49—52と109のわずか5話に過ぎないが中国語に翻訳している。この作品の世界で最初の外国語訳であったとされている。

　この古典は民俗学的日本文化論というに限らない、現代文明と人間のあり方を考える普遍性をもった作品と言えるであろう。

[参考文献]
- 『定本柳田国男集』（1962—1971)筑摩書房　新装版　1975。
- 『柳田国男全集』　筑摩書房1997-継続中。
- 『柳田国男全集』　シリーズちくま文庫1991。
- 山田農里夫『遠野物語の人－わが佐々木喜善伝』　椿書院　1974。
- 桑原武夫解説『遠野物語・山の人生』　岩波文庫1976。
- 三浦佑之『村落伝承論－「遠野物語」から－』　五柳書院　1987。
- 柳田国男研究会編『柳田国男伝』　三一書房　1988。
- 菊池照雄『「遠野物語」を歩く』　講談社カルチャー・ブックス1992。
- 岩崎敏夫『柳田国男と遠野物語』　遠野市立博物館　1992。
- 遠野常民大学編『注釈 遠野物語』　筑摩書房　1997。
- 川田稔『柳田国男－その生涯と思想』　吉川弘文館、歴史文化ラーブラリー19、1997。
- 石井正巳『遠野物語の誕生』　若草書房、　2000、ちくま文庫2005。
- 谷川健一『柳田国男の民俗学』　岩波新書2001。
- 石井正巳『柳田国男と遠野物語』　三弥井書店　2003。

- 石井正巳監修『遠野物語辞典』 岩田書院　2003。
- 石井正巳『遠野物語』を読み解く』 平凡社新書　2009。
- 佐藤誠輔訳『口語訳 遠野物語』 改訂新装版河出書房新社　2013。
- 石井正巳『柳田国男 遠野物語』(2014、NHKテレビテキスト：100分de名著：6月号)。

現代日本の開化

夏目漱石

　現代の日本の開化は前に述べた一般の開化とどこが違うかというのが問題です。もし一言にしてこの問題を決しようとするならば私はこう断じたい。西洋の開化（すなわち一般の開化）は内発的であって、日本の開化は外発的である。ここに内発的といのは内から自然に出て発展するという意味でちょうど花が開くようにおのずから蕾が破れて花弁が外に向かうのをいい、また外発的とは外からおっかぶさった他の力でやむをえず一種の形式を取るのを指したつもりなのです。もう一口説明しますと、西洋の開化は行雲流水のごとく自然に働いているが、御維新後外国と交渉をつけた以後の日本の開化は大分勝手が違います。もちろんどこの国だって隣づき合いがある以上はその影響を受けるのがもちろんだから吾日本といえども昔からそう超然としてただ自分だけの活力で発展してきたわけではない。ある時は三韓またある時は支那という風に大分外国の文化にかぶれた時代もあるでしょうが、長い月日を前後ぶっ通しに計算して大体の上から一瞥して見るとまあ比較的内発的の開化で進んで来たといえましょう。少なくとも鎖港排外の空気で二百年も魔酔したあげく突然西洋文化の刺戟に跳ね上がったぐらい強烈な影響は有史以来まだ受けていなかったよいうのが適当でしょう。日本の開化はあの時から急劇に曲折し始めたのであります。また曲折しなければならないほどの衝動を受けたのであります。

　これを前の言葉で表現しますと、いままで内発的に展開して来たのが、急に自己本位の能力を失って外から無理押しに押されて否応なしにそのいう通りしなければ立ち行かないという有様になったのであります。それが一時ではない。四五十前に一押し押されたなりじっと持ち応えているなんて楽な刺戟ではない。時々に押され刻々に押されて今日に至ったばかりでなく向後何年の間か、またはおそらく永久に今日のごとく押されて行かなければ日本が日本として存在できないのだから外発的というよりほかに仕方がない。その理由は無論明白な話で、前詳しく申し上げた開化の定義に立ち戻って述べるな

らば、吾々が四五十年前始めてぶつかった、またいまでも接触を避けるわけに行かないかの西洋の開化というものはわれわれよりも数十倍労力節約の機関を有する開化で、またわれわれよりも数十倍娯楽道楽の方面に積極的に活力を使用し得る方法を具備した開化である。粗末な説明ではあるが、つまりわれわれが内発的に展開して十の複雑の程度に開化に漕ぎつけた折も折、図らざる天の一方から急に二十、三十の複雑の程度に進んだ開化が現れて俄然として我らに打ってかかったのである。この圧迫によって吾人はやむをえず不自然な発展を余儀なくされるのであるから、いまの日本の開化は地道にのそりのそりと歩くのでなくって、やっと気合を懸けてはぴょいぴょいと飛んで行くのである。開化のあらゆる階段を順々に踏んで通る余裕をもたないから、できるだけ大きな針でぼつぼつ縫って過ぎるのである。足の地面に触れる所は十尺を通過するうちにわずか一尺ぐらいなもので、他の九尺は通らないのと一般である。私の外発的という意味はこれでほぼご了解になったろうと思います。

　そういう外発的な開化が心理的にどんな影響を吾人に与うるかというとちょっと変なものになります。（pp.59-61.）
（中略）
　日本の開化は自然の波動を描いて甲の波が乙の波を生み乙の波が丙の波を押し出すように内発的に進んでいるかというのが当面の問題なのですが、残念ながらそう行っていないので困るのです。行っていないというのは、先程も申した通り活力節約活力消耗の二大方面においあてちょうど複雑の程度二十を有しておったところへ、俄然外部の圧力で三十代まで飛びつかなければならなくなったのですから、あたかも天狗にさらわれた男のように無我夢中で飛びついて行くのです。その経路はほとんど自覚していないくらいなものです。元々開化が甲の波から乙の波へ移るのはすでに甲は飽いていたたまれないから内部欲お求の必要上ずるりと新しい一波を開展するので甲の波の好所も悪所も酸いも甘いも嘗め尽くした上にようやく一生面を開いたといってよろしい。したがって従来経験し尽くした甲の波には衣を脱いだ蛇と同様未練もなければ残り惜しい心持ちもしない。のみならず新たに移った乙の波に揉まれながら毫も借り着をして世間体を繕っているという感が起こらないというところが日本の現代の開化を支配している波は西洋の潮流でその波を渡る日本人は西洋人でないのだから、新しい波が寄せるたびに自分がその中で食客をして気兼をいるような気持になる。新しい波はとにかく、今しがたようやくの思で脱却した旧い波の特質やら真相やらも弁えるひまのないうちにもう棄てなければならなくなってしまった。食膳に向かって皿の数を味い尽くすどころか元来どんなご馳走が出たかハッキリと眼に映じない前にもう膳を引いて新しいものを並べられたと同じことであります。こういう開化の影響を受ける国民はどこかに空虚の感がなければなりません。またどこかに不満と不安の念を懐かなければなりません。それをあたかもこの開化が内発的ででもあるかのごとき顔をして得意でいる人のあるのはよろしくない。

それはよほどハイカラです。よろしくない。虚偽でもある軽薄である。(pp.65-66.)
（中略）
　これを一言にしていえば現代日本の開化は皮相上滑りの開化であるということに帰着するのである。無論一から十まで何から何までとは言わない。複雑な問題に対してそう過激な言葉は慎まなければ悪いがわれわれの開化の一部分、あるいは大部分はいくら己惚れてみても上滑りと評するより致し方がない。しかしそれが悪いからお止しなさいというのではない。事実やむをえない、涙を呑んで上滑りに滑って行かなければならないというのです。
　それでは子供が背に負われて大人といっしょに歩くような真似をやめて、じみちに発展の順序を尽して進むことはどうしてもできまいかという相談が出るかもしれない。そういうご相談が出れば私も無いこともないとお答えする。が西洋で百年かかってようやく今日に発展した開化を日本人が十年に年期をつづめて、しかも空虚の譏を免れるように、誰が見ても内発的であると認めるような推移をやろうとすればこれまた由々しき結果に陥るのであります。百年の経験を十年で上滑りもせずやりとげようとするならば年限が十分一に縮まるだけわが活力は十倍に増さなければならんのは算術の初歩を心得たものさえ容易く首肯するところである。これは学問を例にお話をするのが一番早分かりである。西洋の新しい説などを生嚙りにして法螺を吹くのは論外として、本当に自分が研究を積んで甲の説から乙の説に移りまた乙から丙に進んで、毫も流行を追う陋態なく、またことさらに新奇を衒う虚栄心なく、まったく自然の順序階級を内発的に経て、しかも彼ら西洋人が百年もかかってようやく到達し得た分化の極端に、われわれが維新後四五十年の教育の力で達したと仮定する。体力脳力ともに吾らよりも旺盛な西洋人が百年の歳月を費したものを、いかに先駆の困難を勘定に入れないにしたところでわずかその半ばに足らぬ歳月で明々地に通過し了るとしたならば吾人はこの驚くべき知識の収穫を誇り得ると同時に、一敗また起つ能わざるの神経衰弱に罹って、気息奄々としていまや路傍に呻吟しつつあるは必然の結果としてまさに起こるべき現象でありましょう。現に少し落ちついて考えてみると、大学の教授を十年間一生懸命にやったら、たいていの者は神経衰弱に罹りがちじゃないでしょうか。ピンピンしているのは、皆嘘の学者だと申しては語弊があるが、まあどちらかといえば神経衰弱に罹る方が当り前のように思われます。学者を例に引いたのは単にわかりやすいためで、理窟は開化のどの方面へも応用できるつもりです。
　すでに開化というものがいかに進歩しても、案外その開化の賜として吾々の受くる安心の度は微弱なもので、競争その他から種々しなければならない心配を勘定に入れると、吾人の幸福は野蛮時代とそう変わりはなさそうであることは前お話しした通りである上に、いま言った現代日本が置かれたる特殊の状況に因って吾々の開化が機械的に変化を余儀なくされるためにただ上皮を滑って行き、また滑るまいと思って踏張るために神経

衰弱になるとすれば、どうも日本人は気の毒と言わんか憐れと言わんか、まことに言語道断の窮状に陥ったものであります。私の結論はそれだけに過ぎない。ああなさいとか、こうしなければならぬとかいうのではない。どうすることもできない。じつに困ったと嘆息するだけできわめて悲観的の結論であります。こんな結論にはかえって到着しない方が幸であったのでしょう。真というものは、知らないうちは知りたいけれども、知ってからはかえってアア知らない方がよかったと思うことが時々あります。(pp.67-69.)

（中略）とにかく私の解剖したことが本当のところだとすれば、われわれは日本の将来というものについてどうしても悲観したくなるのであります。外国人に対して乃公の国には富士山があるというような馬鹿は今日はあまりいわないようだが、戦争以後一等国になったんだという高慢な声は随所に聞くようである。なかなか気楽な見方をすればできるものだと思います。ではどうしてこの急場を切り抜けるかと質問されても、前申した通り私には名案も何もない。ただできるだけ神経衰弱に罹らない程度において、内発的に変化して行くが好かろうというような体裁の好いことを言うよりほかに仕方がない。(pp.70-71.)

> **出典**：『社会と自分：漱石自選講演集』(ちくま学芸文庫、2014年刊)所収の第2に収録された講演による。漱石の講演集『社会と自分』は1913年に刊行され、1915年に縮刷版が出ている。底本にしたちくま学芸文庫版は、ちくま文庫版『夏目漱石全集』10を底本として初版本などを適宜参照し、かつ、現代かなづかいに改められているほか、漢字もかなに改められたところもある。読みやすさを考慮したもので、最新版なので入手しやすこともも考慮して、この文庫から引用した。なお、この文庫には付録として「私の個人主義」も収められている。
>
> 漱石が1911年8月に行った大阪朝日新聞社主催の関西での連続講座は、13日「道楽と職業」(於：兵庫県明石)、15日「現代日本の開化」(於：和歌山市)、17日「中味と形式」(於：堺市)、18日「文芸と道徳」(於：大阪市)である。いずれも本書に収録されている。

[著者略歴]
夏目(なつめ)漱石(そうせき)(1867—1916)、江戸牛込馬場下横町(現：東京都新宿区喜久井町)生まれ。小説家・英文学者。本名金之助。少年期に南画的世界や江戸伝来の落語・講釈などの口承芸能に親しむ。明治に入って正岡子規と親交をもち影響も受けた。1890年帝国大学英文学科入学、1893年同大学院に進むも翌年神経衰弱から鎌倉円覚寺で参禅。以後、東京高等師範、愛媛県尋常中学校(のちの松山中学)、熊本第五高等学校などの教師を歴任。1900年第1回給費留学生としてイギリス留学。神経衰弱に罹り1903年に

帰国。以後、しばしばこの病や胃潰瘍に悩む。第一高等学校・東京帝国大学の講師をつとめるかたわら、1905年1月から『ホトトギス』に「吾輩は猫である」を発表（連載11回）。1907年高校・大学を退職し朝日新聞社に入社。職業作家に転身し、以後、日本近代小説の古典的名作を相次いで発表（作品名などは全集などを参照のこと）。また、講演・評論活動も活発に展開し、日本近代の社会や文明に批判的警鐘を鳴らした。1916年胃潰瘍で死去。享年50歳。俳句・漢詩にも優れ、詩書画一体の東洋的な文人としても知られた。

[テキスト解説]
　漱石は「吾輩は猫である」の最終章（1906.8）で、昔は「御上の御威光ならなんでも出来た時代」だったが、やがて「御上の御威光でも出来ないものが出てくる時代」になり、さらに「今の世は昔と違って、御上の御威光だから出来ないのだと云ふ新現象のあらはれる時代」だと書いた。また、1909年の小説「それから」では主人公につぎのように語らせて、日露戦争後の日本の現状を批判した。
　「なぜ働かないって、そりゃ僕が悪いんじゃない。つまり世の中が悪いのだ。もっと、おおげさに言うと、日本対西洋の関係がだめだから働かないのだ。第一、日本ほど借金をこしらえて、貧乏震いをしている国はありゃしない。この借金が君、いつになったら返せると思うか。そりゃ外債ぐらいは返せるだろう。けれども、そればかりが借金じゃありゃしない。日本は西洋から借金でもしなければ、とうてい立ち行かない国だ。それでいて、一等国をもって任じている。そうして、無理にも一等国の仲間入りをしようとする。だから、あらゆる方面に向かって、奥行きをけずって、一等国だけの間口を張っちまった。なまじい張れるから、なお悲惨なものだ。牛と競争をする蛙と同じことで、もう君、腹が裂けるよ。その影響はみんな我々個人の上に反射しているから見たまえ。こう西洋の圧迫を受けている国民は、頭に余裕がないから、ろくな仕事はできない。ことごとく切りつめた教育で、そうして目の回るほどこき使われるから、そろって神経衰弱になっちまう。話してみたまえ、たいていは馬鹿だから。自分のことと、自分の今日の、ただいまのことよりほかに、なにも考えてやしない。考えられないほど疲労しているんだからしかたがない。精神の困憊と、身体の衰弱とは不幸にしてともなっている。のみならず、道徳の敗退もいっしょに来ている。日本国じゅうどこを見渡したって、輝いてる断面は一寸四方もないじゃないか。ことごとく暗黒だ。」（角川文庫版『それから』p.90.）
　日露戦争後の日本は、漱石の言うとおり「借金帝国」であった。日露戦争の戦費外債も含めて第一次世界大戦勃発の前年1913年までの外債総額は国・地方団体・政府関係社債を合わせて20億3,100万円（当時の国家財政の4倍弱）を超える巨額に達しており、この他に財閥系の企業や金融機関の多額の外債もあった。この外債で東京・横浜・大阪・名古屋・京都など大都市の港湾修復・道路拡張・上下水道整備・電気ガスの施設整備等

々、都市の近代的基盤建設が進められている。国家財政は膨張し、国民一人あたりの租税負担額は日露戦争開戦時1904年の5,217円から1913年には8,910円へと急増している。このため、戦争賠償金が取れなかった日露講和条約に反対する1905年9月5日の東京での民衆暴動に始まる主要都市での暴動以後いわゆる「大正政変」など大正初期の都市民衆暴動が頻発する時代が出現し、この最大の民衆暴動が1918年に全国で起こった米騒動だった。まさしく漱石がいった「今の世は昔と違って、御上の御威光だから出来ないのだと云ふ新現象のあらはれる時代」だったと言えよう。

　ここにとりあげた講演「現代日本の開化」では、「開化」を「人間活力の節約(消極的)」＝近代生産技術・交通手段などの発展と「人間活力の消耗(積極的)」＝文化・芸術など精神活動の発展という二つの側面で定義し、これら二つの西洋社会での「内発的」発展に対し日本ではどちらも「外発的」でしかないのがこの時期の特徴だと指摘している。しかし、漱石の真意は、「外発的」だから駄目だ強調したいのではなく、この避けられない事態の中を日本は進むほかないというところにあったと理解すべきであろう。

[参考文献]
- 新版『漱石全集』(28巻別巻1巻)　岩波書店　2004。
- 三好行雄他編『講座夏目漱石』　有斐閣　1982。
- 荒正人『漱石研究年表(増補改訂)』　集英社　1984。
- 三好行雄編『夏目漱石事典』『別冊国文学』39　1990。
- 江藤淳『漱石とその時代』『新潮選書』　1999。
- 井口和起『日露戦争の時代』　吉川弘文館　1998。
- 末延芳晴『夏目金之助ロンドンに狂せり』　青土社　2004。

原典

和歌について

西田幾多郎

○ 国語の自在性

　文化の発展には民族というものが基礎とならねばならぬ。民族的統一を形成するものは風俗慣習等種々生活様式を挙げることができるであろうが、言語というものがその最大な要素でなければならない。故に優秀な民族は優秀な言語を有つ。ギリシャ語は哲学に適し、ラティン語は法律に適するといわれる。日本語は何に適するか。私はなおかかる問題について考えて見たことはないが、一例をいえば、俳句という如きものは、とても外国語には訳のできないものではないかと思う。それは日本語によってのみ表現し得る美であり、大きくいえば日本人の人生観、世界観の特色を示しているともいえる。日本人の物の見方考え方の特色は、現実の中に無限を摑むにあるのである。しかし我々は単に俳句の如きものの美を誇とするに安んずることなく、我々の物の見方考え方を深めて、我々の心の底から雄大な文学や深遠な哲学を生み出すよう努力せなければならない。我々は腹の底から物事を深く考え大きく組織して行くと共に、我々の国語をして自ら世界歴史において他に類のない人生観、世界観を表現する特色ある言語たらしめねばならない。本当に物事を考えて真に或物を摑めば、自ら他によって表現することのできない言表が出て来るものである。
　日本語ほど、他の国語を取り入れてそのままに日本文化する言語は少ないであろう。久しい間、我々は漢文をそのままに読み、多くの学者は漢文書き下しによって、否、漢文そのものによって自己の思想を発表して来た。それは一面に純なる生きた日本語の発展を妨げたともいい得るであろう。しかし一面には我々の国語の自在性というものを考えることもできる。私は復古癖の人のように、徒らに言語の純粋性を主張して、強いて古き言語や語法によって今日の思想の源であり、我民族の成立と共に、我国語の言語的精神もそこに形成せられたものとして、何処までも深く研究すべきはいうまでもない。しかし言

語というものは生きたものということを忘れてはならない。「源氏」などの中にも、如何に多くの漢字がそのまま発音を丸めて用いられていることよ。また蕪村が俳句の中に漢語を取り入れた如く、外国語の語法でも日本化することができるかも知れない。ただ、その消化如何にあるのである。

○ 島木赤彦君

　歌人としての島木赤彦の名は久しい以前から聞いていたが、私が久保田君〔赤彦の本名久保田俊彦〕に逢うたのは極めて暫くの間に過ぎなかった。久保田君は『万葉』の研究をしておられ、京都大学にある仙覚本(真の仙覚本かどうか知らぬが)を見たいというので岩波氏を通じて私に依頼せられた。その頃久保田君が私宅を訪われ、私も閲覧室にて『万葉』を校訂しておられる君を尋ねて話したことが合った。君は毎日黒谷から図書館に通われ、終日『万葉』の校訂に没頭せられたようであった。

　それ以来久保田君に逢ったことはないのであるが、君は時々文通をせられ、歌集や著述を出版せられる毎に、必ず送って下さった。『歌道小見』の批評や『アララギ』に何か書くようにと依頼せられたが、君の生前遂に君の望にそうことのできなかったことを遺憾に思う。君の歌については、そのさびた自然その者の深い奥に入ったような風調に動かされつつも、私如き門外漢が歌を批評して見ようという如き自信を持つことはできない。唯、『歌道小見』は私の近頃見た書物の中で最も面白く読んだものの一つであった。美学などを読んでそれから歌を考えたものはあるであろう。しかし歌人自ら実地に刻苦せし経験から論じたものは少ない。かかる経験の言表こそ最も貴ぶべきものである。概念的には粗笨な点もあるであろう、しかしそれは動かすべからざる真理である。君の歌も君が「歌道小見」において論ぜられたように、君のいわゆる写生に刻苦した鍛錬の結晶であった。才豊かな人は他にあるであろう、独り此道今人棄如土「この道、今人棄つること土の如し」である。

　写生といっても単に物の表面を写すことではない、生を以て生を写すことである。写すといえば既にそこに間隙がある、真の写生は生自身の言表でなければならぬ、否生が生自身の姿を見ることでなければならぬ。我々の身体は我々の生命の表現である、泣く所笑う所、一に潜める生命の表現ならざるはない。表現とは自己が自己の姿を見ることである。十七字の俳句、三十一文字の短歌も物自身の有つ真の生命の表現に外ならない。我々の見るところのものは物自身の形ではない、物の概念に過ぎない、詩において物は物自身の姿を見るのである。ものは死せる概念に過ぎない。しかして生きたものを生むものには生む者の努力と苦悩とがなければならぬ、己を尽くしきったところに生きたものが生まれるのである、生まれたものは自己ではなくして、彼の自己を有するものである。

○ 短歌について

　ベルグソンは『創造的進化』において、動物的生命から植物的生命、さては物体運動の如きものに至るまで、物質面を破って進展する飛躍的生命の種々なる形態なることを論じて、人間の生命は生命の大なる息吹であるといっている。我々の生命と考えられるものは、深い噴火口の底から吹き出される大なる生命の焔という如きものなければならぬ。詩とか歌とかいうものはかかる生命の表現ということが出来る、かかる焔の光ということができる。物質面に突き当った生命の飛躍が千状万態を呈する如く、生命には無限の表現がなければならない。熹微たる暁の光も清く美しい、天を焦がす夕焼も荘厳だ。

　私は何でも西洋の文物が東洋のものに勝れると考えるものでもないが、さらばといって何でも東洋のものでなければならぬと考えるものでもない。東洋の文化は東洋の文化として、西洋の文化は西洋の文化として、それぞれ他の有せない人間性の一面を現すものとして貴いのである。西洋画によって南画の美を現すことができないと共に、南画によって西洋画の美を現すことはできない。しかも南画は南画として、西洋画は西洋画としてそれぞれに美しいのである。自由な豊富な偉大なる芸術として、我々は西洋画の前に頭を下げねばならないと共に、南画は南画として西洋画によって現すことのできない深い人間性の一面を現していると思う。我国の短歌とか俳句とかいうものは、文学上如何なる意義を有し、他の文学に比して如何なる位置に置くべきかの論は別として、兎に角ユニックなものであるということができる。支那の五言絶句というものも、短詩の形式においてよく発達したものと思うが、内容によっては俳句の如きものによって、同じ内容を一層よく言い表し得るとも考えることができる。例えば、唐詩の返照入閭巷、憂来誰与語、古道少人行、秋風動禾黍という詩は「この道や行く人なしに秋の暮」という句と殆んどその内容を同じくするものといえるであろう。西洋でも二、三行位の短詩というものはないではないが、多くは概念的であって、教訓的とか諷刺的とかいうものが多い。短詩の形式によってのみ言い表される芸術的内容を言い表したものとして我国の短歌の如くそれ自身の芸術的領域を有つものは少い。短詩の形式によって所有人生の内容を芸術的に表現するという如き芸術は、西洋には発達せなかったといってよい。短詩の形式によって人生を表現するということは、単に人生を短詩の形式によって表現するということではなく、人生には唯、短詩の形式によってのみ摑み得る人生の意義というものがあることを意味するのである。短詩の形式によって人生を摑むということは、人生を現在の中心から摑むということでなければならぬ、刹那の一点から見るということでなければならぬ。人生は固より一つである。しかし具体的にして動き行く人生は、これを環境から見るということと、これを飛躍的生命の尖端から摑むということとは同一でない。そのいずれより見るかによって、人生は異なった観を呈し、我々は異なった意義において生きるということとなるのである。過去を忘れ未来を思わず、現在に即して見、現在に即して行

うというのが我々日本人の特徴であるように思われる。そこに日本文化の長所もあれば、欠点もあるのであろう。俳句は短歌よりも更に短いものであるが、俳句には俳句の領域があり、短歌には短歌の領域がある。私は短歌によっては極めて内面的なるものが言い表されると思う。短歌は情緒の律動を現すものとして、勝義において抒情的というべきであろう。

　嘗てホメロスを読んで、私はその素朴なる中に、能く深い人情の機微に触れ、かつ事物の描写の精緻なるに驚いた。ホメロス以来文学は如何ほど進んだのであろう。シルレルがホメロスは詩の海だといったのも尤だと思った。『万葉』というものについても同様の感なきを得ない。その中には今日青年男女をして正にその心緒を述べしめるも、これ以上にはと思わしめるものもある。歌において『万葉』を師とすべきはいうまでもない。しかし徒らに『万葉』を模倣することは真に『万葉』を学ぶものではない。『万葉』に学ぶべき所はその純真なる所になければならぬ。素朴的といい客観的というも、既に一種の外殻たるに過ぎない。殊更らしい万葉調は却って非万葉的というべきである。我国の短歌というものは形式が簡単であるだけに何人も容易に試み得る如くに考えられる、しかしそれだけに却って内容の充実したもの、鍛錬せられたのものでなければならぬ。

> **出典：** 西田幾多郎著、上田閑照編『西田幾多郎随筆集』岩波文庫、1996年。

[著者略歴]

　西田(にしだ)幾多郎(きたろう)(1870—1945)、居士号は寸心、石川県出身。金沢の第四高等学校を中退後、1891年(21歳)東京帝国大学文科大学哲学科に入学する。卒業後、母校である四高の講師などを歴任しながら、金沢や京都の老師の指導を受け、ほぼ10年間にわたって猛烈に打坐参禅する。この体験――主観と客観の合一した「純粋経験」――を通して真実在の何であるかを自得する。その成果の哲学的表現が処女作『善の研究』(1911)である。すでに中国語にも訳されているこの書は東洋人の手になる最初の独創的な哲学書であると言うことができる。西田の哲学はその後の京都大学教授時代(1910—1928)、さらに退官後の思索生活を通じて種々に展開されてゆく――特に「場所」の着想を得て――が、そうした展開も結局は「純粋経験」の考えの深化発展にすぎない。西田哲学の基本は実在論である。したがって文化について言及される場合にも、例えば「形而上学的立場から見た東西古代の文化形態」(1934)の表題に示唆されているように実在論的な観点から問題にされる場合が多い。ここでは読者に配慮して、西田の日本文化論のうち比較的やさしく読める文章をテキストとして選んだ。『西田幾多郎全集』全40巻、岩波書店。

[テキスト解説]

　ここには執筆時期も掲載場所もそれぞれ異なる西田の小文3編が収められている。そ

うではあるが、それら3編のいずれにも日本文化の一特色である短詩（俳句・短歌）に言及されていて、そういう意味では3編全体で、特に短歌を中心とした、西田には珍しい具体的な日本文化論となっている。

　西田の文化論は先にも述べたように実在論を基礎にしているので、まず彼のそうした哲学的文化論について簡単に見ておこう。西田の考えによれば、文化の形態には有を実在の根底にするものと無を実在の根底にするものとがある。日本文化は東洋文化に属するものとして、無を実在の根底とする「無の文化」として特徴づけることができる。無の文化は文化形成の主体（民族）が自己自身を否定して物（対象）と一つになること（純粋経験）、「無となって見、物となって行う」こと（行為的直観）、自己が物の中の没する無心の境地―――これらはすべて同じことを意味するが――によって形成される。

　このように日本文化を基礎づけている根本的の立場は、西洋的な考え方の特徴である対象的見方とはまったく異なっている。それは、我々の自己の本性を無我と見る仏教哲学の見方、そこから発展して絶対無（有に対する相対的な無でなく、有無の対立を超えた絶対の無）を主張する大乗仏教の精神と淵源を同じくするものである。西田はここに日本文化を論理的に基礎づけ得る最大の要因があると見る。また、日本が古くはインド・中国の文化、明治以後においては西洋の文化を受容し、また変容しながら独自の文化を創造することができたのも、日本民族の精神が本来、絶対無という何ものにも囚われることのない自在の立場に立ってきたからであるとする。

　さて西田の日本文化論の諸相は上述された日本精神の無の立場から説明されることになる。日本文化にはその精神によって作られたものとして無の表現でないものはない。最初の文章「国語の自在性」中に見いだされる、「日本人の物の見方考え方の特色は、現実の中に無限を掴むにあるのである」や「言語というものは生きたものということを忘れてはならない」は、そのことを別の角度から言い換えたものにすぎない。なぜなら「無限を掴む」ことは、我々の自己が無となることによって初めて可能となることであり、このとき我々自身は無の主体にして無の表現者であるからである。また、「言語というものは生きたものということ」は普通でもしばしば言われることであるが、ここでの「生きたもの」とは単に時間の中で生死するいわゆる生物的な生命のようなものを指しているのではなく、生死を超えた無の表現作用を意味している。だから西田において言語とは、一定の語彙と文法によって規定（固定）されたものではなく、そのつど無の根源から新たに創造されるものなのである。だから、「本当に物事を考えて真に或物を掴めば、自ら他によって表現することのできない言語が出て来るものである」と言われているのである。

　西田の考えでは、無となって「現実の中に無限を掴む」日本人の物の見方は、そのことに相応しい言語とともに表現方式をつくりだした。日本語による短詩形がそれである。「島木赤彦君」と「短歌について」の2編は、短詩の形式のうち特に短歌について述べられたものである。それらの短歌論が西田の「絶対無の哲学」の立場からなされていることは言う

までもない。「島木赤彦君」と題された文章では、短歌における写生が「生命の表現である」と言われている点が、また「短歌について」では、短歌形式による人生の把捉が「人生を現在の中心から掴むということ」であると言われていることが、特に西田の哲学に関連している。最後に西田自身が短歌の実作経験者であったことを付け加えておこう。

[参考文献]
- 西田幾多郎「形而上学的立場から見た東西古代の文化形態」(『西田幾多郎全集』第6巻) 1978。
- 西田幾多郎「日本文化の問題」(『西田幾多郎全集』第9巻) 1987。
- 西田幾多郎「歌と詩」(『西田幾多郎随筆集』上田閑照編) 1996。
- 伊藤宏見『西田幾多郎 心象の歌』 大東出版社 1996。

原典

東洋的な見方

鈴木大拙

○ やわらぎ

　お茶に「和敬静寂」ということがある。「和」をいつもわと読んでいるように思う。わは、平和とか和親とか和議とか調和とかいうときの和の義に解せられる。それでお茶の席はいつ和気藹藹たるべきだということになるのだと思う。ところが近頃ふと、この「和」はやわらぎと読んでよいと考えるのである。やわらぎは茶席へ集まる人人の心持の土台となることは勿論であるが、茶室の構造および道具の性格というような非情のものを支配する原理でもあると見てよさそうである。

　茶室の構造にシンメトリイ「対称的均整」を好まぬのは、やわらぎの心から来ているのではなかろうか。直線や直角の組み合わせだけでなくて、その間に自然の曲線を入れて、全体の上になだらかな気分を出すと、その中にいる人間も自らその気を吸うものである。やわらぎは硬直の反対で曲線または弧線である。直線ばかりのところでは、一種の厳粛性を感ずるので、こちらの心も自らつっぱる気分になる、ぎしぎしする。これは茶席に禁物である。

　四角の柱ばかりでなしに、円いものまたは曲がったものが、どこかそこにあると、単にモノトニイ「単調」を破るだけでなく、全体の構造がやわらかになり、そこにいる人の心にも、かたくないもの、こわばらぬものが出て来る。

　自然の物体に幾何学的形体はない、後者はこの点で抽象的である。茶室は人間のこしらえたものであるが、抽象性をもっている、即ち概念的に出来上がっている。茶人はこれを嫌う。それで天井は大体に自然生の材料を使ってあると思う。そうして天井を一様式にしない。これも大体にやわらぎの心を起こさせるに役立つ。

　茶人が古器物を好む一つの理由はその伝統性にもよるのであるが、すべて古器物には或る種のやわらぎがある。新しいものには何もなく、かどがとれぬ。時代を経るという

ことは、とげとげしさを消磨させる意味になる。古いというただその事実が、その物に対して何かしら親しみを覚えさせる。人間は「過去」から出て来るのであるから、自らその出処に対するあこがれを持つ。未来に対してもあこがれを持つが、まだ踏みも見ぬ天の橋立で、一種の危惧がある。これが希望である。過去には危惧はない、とにかく通って来たので、このあこがれには望みはないが親しみはある。親しみはやわらぎに外ならぬ。

　これは利休所持とか、これは宗旦伝来だとか、これは遠州の作だとかなどいって、茶人はやたらに伝統に気をもむ。そのものの本質的．美的価値は第二位にも第三位にもおかれる。美術批評家は茶人の甚だ尚美性にかけているのをあざける。これは大いにことわりであるが、茶人の嗜好は寧ろ美そのものよりもやわらぎというような人情的なものに気を引かれることが多いのではないかしらん。その物の美的価値はとにかくとして、それに付帯する人間味の親しさを味わんとするのが、茶人の心理ではあるまいか。親しみはやわらぎである。

　歴史は妙に親しみを持つものである。が、古色蒼然といえば、今の自分とは縁遠いようである。が、その物を手に執ることによりて、そこにやわらぎを覚える。新しいときには角立っていたものが、年を経た結果として、それがとれてしまう。迫って来るような色合いを持っていたものが、何時の間にかその威性を匿してしまう。「時」は物にメロネス（これがやわらぎである）を与える。ヌボーリッシュ〔にわか成金〕は新画のけばけばしいのを喜ぶと聞くが、彼らも一代二代を経ると、嗜好は燻ったような古画に転向するのが常である。新しい木の香もよいが、くすぶった色も決してわるくない。新しいものには奥行がない、何もかも目に見えるだけである。古いものは、これに反して深味を持っている。この深味に不思議がある、この不思議が人の魂を引きつける。茶人は多くこの魂の持ち主である。

　不思議の深さ、深さの不思議、何れでもよいが、ここにいい知れぬ魅力がある。歴史はこれを持っている。懐古癖というが、これは癖というよりも人間自然の情性である。これは誰にも、多少の差はあれ、あることは疑われる。「時」には不思議の性格がある。これがまたやわらぎの情性を構成する一要因である。

　やわらぎは一種の触覚でもある。やわらぎは生の感覚である。生命は柔らかなものに宿る。死は、こわばる、直線になる、不思議の力はもはやそこからでなくなる、見ただけのものでしかない。生はこれと対蹠対的である。嬰児の柔らかさと老人のこわばりとを比較して見ればわかる。『老子道徳経』にもこのようなことが書いてある。とにかく、柔軟性は生命の表現である。歴史は或る意味で硬直性をもっとも考えられるが、そうした茶人の或るものはかえってこの硬直性に執著する傾きもあるが、歴史の性格は「時」そのものの不思議性を包んでいるところに在る。生物学的にいえば生命の不思議である。これを触覚に翻訳するとやわらぎとなる。茶人はこの不思議を、或る場合では触覚的に、或る場合では視覚的に表現して、その表現を味わんとして、茶室を作り、茶器を作り、同志を集め

て、茶を啜るのである。この間を通じて流れるものはやわらぎであると自分はいいたいのである。

　茶室の中心を茶碗においで見る。茶を飲むに茶碗がいる、この茶碗から次々に種種の茶道具が出来、茶室が作られたのである。茶碗はその形においてアシンメトリカル〔非対称的〕である、直線でない、曲線でもない、不規則をきわめている、予期しないものがある。これでまず茶人の視覚を常識的空間感からそらせる。このそらせられるところに二つの感情が動く。一つは好からぬ方向である、これは邪道である。今一つはやわらぎである、正面から衝いて来るものが横へそれる。衝突すべきものがその鉾先を収めることは和のしるしである。茶人はこれを味わうというのである。

　やわらぎの触覚は目よりも手が直接である。茶碗の触覚のやわらぎは手で感じる。茶碗を取り上げる。両手でこれを抱持する。西洋の茶碗のように取手をつけられては、茶碗は飲む道具のほか何物でもない。茶人の茶碗は普通のよりも二倍も三倍も大きい、どうしても両手で持たなくてはならぬ。両方の手の平で茶碗の肌を感ずる。茶碗から茶をのむというよりも、両手で掬い上げて茶をのむといった方がよい。人間は色々の道具を作るが、いつも茶道具なしの世界を慕う。美しい着物もさることながら、出来るなら真裸の方がよい。

　茶碗には固より種種の焼きがあるが、硬質よりも軟質の方が茶席向きだと思うがこれは素人の観察か。

　やわらぎということが、日本人全体の性格でないかと思うのである。十七条憲法の「以和為貴」の「和」はやわらぎであってわではない。わというと何かその頃の政治的背景を聯想させるようなものがあるが、あるいはそれもあったかも知れぬが、仮名づけはやわらぎであってわではない。太子は仏教徒で、仏教徒の趣味はやわらぎであるから、三宝を篤敬せられる太子は自らやわらぎを第一とせられたのではなかろうか。仏教の徳は恩厚であり柔和である。これが時によると「大乗の立場」なるものになって、その時その時の御都合主義に変わることもあるが、大体に物腰のやわらかなのが仏教徒のしつけである。

　聖徳太子は仏教徒であるからやわらぎをいわれもしようが、日本人全体は必ずしもそうでないというかもしらん。日本文化史のうちで最も日本的なものの発揮せられたのは藤原時代であろう。この時代を特徴づけているのは、やわらぎに他ならぬ。やわらぎはまた実に女性の特徴である。藤原時代または王朝時代ほどに、女性の特徴の顕著になった時代はない。女性は仮名文字を発明しそれを駆使して女性文学を創作した。漢字に支配されている限り、日本文学なるものは、どうしても発展の途が見つからなかったであろう。女文字が出来たので、日本の文化は漢字文化から独立した。『源氏物語』や『枕草子』は女の手で出来たものである。

　女の作った仮名文学の性格はやわらぎで尽きている。漢字の硬いのに比べると比較にならぬほど柔軟性に富んでいる。日本の気候は湿気で支配されているというが、気候だ

けでない、日本の自然の景物は何れもそのせいで、一種の潤いと柔らかさをもっている。日本人の性格はこれに養われて出来た点が多いと思う。

　このやわらぎが、最も日本人的嗜好といわれる茶席の中にも見えているのではなかろうか。(一九四七年一月・二月『知と行』)

> **出典**：　鈴木大拙著、上田閑照編『東洋的な見方』(岩波文庫2013年刊)のⅡの「外から見た日本文化」。

[著者略歴]
　鈴木(すずき)大拙(だいせつ)(1870—1966)、本名は鈴木貞太郎、大拙は居士号。石川県出身。第四高等中学校を中退後、21歳で東京に出て、現在の早稲田大学、東京大学に通うかたわら、鎌倉円覚寺の今北洪川、釈宗演の下で禅の修行に励み、25歳のとき真の自己について悟りを得る(すなわち、無我を体得する)。1897年から約10年間、アメリカに渡り、出版社において主に儒仏に関する英訳の仕事に携わる。帰国後、真宗大谷大学教授として禅仏教や浄土教に関する講義・著作活動に専念する。その一方で、94歳の高齢に至るまで、アメリカ・ヨーロッパの各地で禅仏教に関する講義・講演を精力的にこなした。英語によるこれらの活動を通じて、広く西洋世界に禅および禅仏教を紹介した点で、20世紀の西欧思想界に最も大きな影響を与えた日本人の一人と言えよう。『鈴木大拙全集』全40巻、岩波書店。

[テキスト解説]
　茶道は外国人にも比較的よく知られた、日本を代表する文化の一つである。そして、この茶道が中国においてもそうであったように、禅と結びついて発展したことも周知のことであろう。世界の禅思想家であった鈴木大拙は「やわらぎ」と題されたここに掲げた文章で、禅の精神が茶の湯に採り入れられて「和敬清寂」と定式化されたもののうち、特に「和」の一項に注目して、独特の日本文化論・日本人論を展開している。その眼目は言うまでもなく、従来「わ」と読み慣わしてきた漢語「和」の字は「やわらぎ」と読んでよいという提言である。

　鈴木大拙によれば「やわらぎ」は茶の湯の全体を支配する「原理」である。主人と客との人間関係においては言うまでもなく、茶室や茶室にいたる露地といった建築や庭園、各種の茶道道具に至るまで「やわらぎ」の精神によって貫かれ造形されている。そのために茶人その人が「やわらぎ」の精神の体得者でなければならない。「やわらぎ」の精神は禅の言葉で言えば「柔軟心」と言われるが、茶の湯を大成した村田(むらた)珠光(じゅこう)、武野(たけの)紹鴎(じょうおう)、千利休(せんのりきゅう)はみな熱心な参禅者であったから、そのためによく練り上げられた柔軟心によって、茶の湯の世界を見事に「やわらぎ」の世界

へと演出することができたと言えよう。

　中国から伝来した禅は日本において、禅修行の形態を維持発展させながら、他方で禅文化と総称される文化形態を発展させた。禅文化は確かに日本文化の一つの形態ではあるが、しかし単なる一形態というのではなく、日本文化を代表する文化形態だと言っても過言ではないだろう。禅文化について書かれた鈴木大拙の著作に『禅と日本文化』(原著は英文)がある。「禅と美術」「禅と武士」「禅と剣道」「禅と儒教」「禅と茶道」「禅と俳句」の6項目にわたり、禅と関係する日本の伝統文化が紹介されている。そのうち第六章「禅と茶道」においては、やはり茶の湯における「和敬清寂」について自説が述べられている。そこでも鈴木大拙は「和(やわらぎ)」こそ茶の湯の全体を支配する精神であり、茶室の雰囲気は触感・香気・光線・音響の「やわらぎ」を演出することだとしている。(他方、「和敬清寂」を超える高次の「寂」を根本とする久松真一のような考え方もある。その点から言えば、鈴木大拙の場合、「和(やわらぎ)」と「敬」「清」「寂」との関連性が明確にされていないと言えよう。久松については下記の参考文献を参照)。

　さて「やわらぎ」の根源についてであるが、鈴木大拙はそれを「日本人全体の性格」(233頁)のうちに見ている。先には禅の精神が茶の湯において「和敬清寂」という形になったと述べたが、鈴木大拙に従えば、実は日本における禅の精神すなわち「大乗の立場」(233頁)すら、日本人の根本性格である「やわらぎ」が中国伝来の禅に触れ、それが転じて形成されたものなのである。一般的に文化的創造にはまず異文化との接触があり、つぎに主体的なそれの受容と変容の過程が続くが、鈴木大拙の「やわらぎ」をめぐる上記の所論は、日本茶道文化の精神があくまでも日本人の主体的創造物であることを言わんとしたものである。鈴木大拙は『日本的霊性』という著作の中で、仏教は外来文化ではなく日本人の形而上学的(心理学的ではない)無意識、すなわち日本的霊性の発現したものであるというような一見奇妙な論理を展開しているが、それもまた文化創造における日本的主体性を主張しようとしたものにほかならない。

[参考文献]
- 鈴木大拙『禅と日本文化』 岩波新書　1940。
- 鈴木大拙『日本的霊性』 岩波文庫　1972。
- 鈴木大拙『禅とは何か』 角川書店　2008。
- 鈴木大拙著、工藤澄子訳『禅』 筑摩書房　1987。
- 久松真一『茶道の哲学』 講談社学術文庫　1987。

生花について

西谷啓治

○ 生花について

　実存主義の哲学者サルトルが日本の生花に関心を寄せたという新聞記事を、いつか読んだことがある。簡単な記事だったので、どういう理由からそういう関心を唆られたかということまで知り得なかったが、何となく分かるような気がしないでもなかった。そしてそれと同時に、私自身が十何年か前、ヨーロッパへの留学から帰って来た当時、生花から受けた新鮮な印象を、ゆくりなくも想い起こしたのである。

　私の留学期間は二カ年半にしかすぎなかったが、それでも、帰朝する時分には異国の生活にもかなり馴れていたせいか、帰ってきた当座は、祖国のさまざまのものを、半ば異邦人の眼をもって見るとでもいうような状態にあった。そういう心の状態のうちで、訪れた家々に活けてあった生花の美しさが、思いもかけぬ強さをもって迫ってきたのである。一般に如何に見なれたものでも、久しく見ないでいた後では、改めて見直すような好奇心めいた気性を惹き起こし、それについて色々考えさせられるということは、普通の現象であるが、そういう現象のなかにも、特に眼を拭わせるような驚きを与える場合もある。私にとって、生花の場合はそういう種類の経験の一つであった。ヨーロッパにいる間に一つでも多くと思って見て歩いた美術の作品、或いは、都会のみならず地方の小さな町や村でもたびたび出会ったところの、幾世代もの技術の伝統による精錬と落ち着きを具えた工芸の作品、すべてそういうものとは全く別の精神から誕生しているような一つの芸術を、そこに認め得るような気がした。

　第一に、そこに現われている美は、初めてから単に、一時的なもの、暫くの間のものとして創られている。その芸術は、季節の移り変わりに従って、その時々の花や樹枝を切り、それに数日の美を与えるだけである。それは根本的に即興的である。その美は、それ自身の本質そのもののおいて「仮りのもの」であることを、自ら表明している。そのあり方

自身のうちに時間性を含んだ美であり、いわば時間の移ろいそのものの中から浮かび出た美である。生花を生ける人もそれを承知している。それを美しく仕立てる人の楽しみも、恐らく、彼が創った美の暫時的な性格と呼応した、特殊な気分のものであるに違いない。もちろんその他の種類の美術作品でも、すべて時間の運命のうちにあることは事実である。ケルンの大伽藍でも、サン・ピエトロの寺でも、この世のすべてのものと同様、いつかは滅び去るのであろう。しかし建築でも彫刻での絵画でも、それらのもののあり方には「時」への抵抗が含まれている。時の移ろいを払いのけて、どこまでも踏み留まろうと欲するかのような、持続への意志が現われている。恐らく、芸術家の制作衝動のうちにそういう意欲が潜んでいて、それが美術の作品一般にそういうあり方に映されているとも考えられる。ところが、生花というもののあり方、また、生花に映されている人間の心境は、全く質の違ったものである。それは、時のうちで時を撥ねのけようとするようなあり方とは全く逆に、かえって一分にすき間もなく時へ重ね合わされたあり方である。あたかも家に臥ていた倩女と旅に出ていた倩女とが、一個の倩女に合したように、或いは坐禅をしている人間の呼吸が、自ずから出る息、入る息と合しているように、自らの存在の時間性になり切ったあり方である。

　その芸術のすべては、花や樹枝を切って生けるということのうちにすでに含まれてる。他の造形芸術に対するそれの違いは、単に、生きたままの草花や樹枝を素材にするというところにあるのではない。それは皮相の違いである。根本的な違いは、花や枝を切るというところに含まれている。地から生えている自然のあり方にあっては、草や木もやはり、時のうちで時を撥ねのけようとするあり方をしている。彼らは、いわば自身のうちに働く滅びの重力に抗って、あたかも時の移ろいを追い抜こうとするかのように先へ先へと自分自身から抜け出し、自分自身の前へ自分を投げている。しかも彼らは、そうすることによって時を超えることは出来ない。というのは、そうすることがとりもなおさず、彼らの存在を貫く時間の移ろいにほかならないからである。彼らが時を撥ねのけ時を追い抜こうとすることによって、彼らの存在は移りゆく時間的存在になる。しかしその事が、彼らが生きているということ、彼らが（たとえ時間的にせよ）存在し得るということである。滅びの重力の支配する唯中で彼らの存在可能が成り立つということである。彼らは彼ら自身の内で滅びと闘っている。またそれと結びついて、外では日光や雨や風や、地中の養分や虫などのために心を遣っている。草や木のその心遣いも生きるための闘いである。すべてそれらのことは、時を撥ねのけようとするあり方にほかならぬ。地に生えた自然のままの草木はそういうあり方をしているのである。草木ばかりでなく、人間においても、すべて自然の「生」はそういうものである。昔プラトンは、すべての生物は子孫を生んでゆくことによって、移ろいの世界のうちで永遠であろうと求める、と言ったが、そこにも時のうちで時を撥ねのけようとする姿が見られる。そしてそういう点では、先に言った芸術家の生も、生物に働く自然の生と等しいのである。芸術における生は、人

為の世界、文化の世界に属するものとして、単なる自然の生とは別であるが、根本的には
やはりその源を自然の生にもっている。ゲーテが、芸術的な創造活動を大きな自然の生
産活動に基づけて捉えたように、やはり「生」のうちに立ち、そしてすべての生命活動と等
しく、時のうちで時を撥ねのけようとする意欲を本質としている。しかるに、生花に現れ
ているのは、まさしくかかる自然の「生」が断ち切られたあり方である。野や庭にある花
は、やがて枯れつつ実を結び、子孫を残そうとしている。それは自然的な生の意欲のうち
にある。ところが、生けられた花は、そういう意欲を断念せしめられた花である。それは
むしろ「死」の世界に移され、「死」のうちに立っている。時を撥ねのけようとする「生」と
してのあり方から切り離され、本質的に時とその儚なさのうちへ移されている。本質的
にと言ったのは、自然の生が、時間性を本質としながら、その自らの本質にそむき、その本
質を蔽い隠し、あたかも時を抜け出ようとするかのようにして現存しているのに対して、
根を切られた花は、一挙にしてその本来の本質たる「時」の運命のうちへ還されるからで
ある。それは花の自然の生ではない。花は自分でそうなることは出来ない。ただ人間の
戯れが、花の自然的な意欲に反して、花をそこへ強制したのである。しかもそれによっ
て、花がそれ自身の蔽い隠された本質に立たしめられ、その本質を顕わにするのである。
　本来的に見れば、この世のあらゆるものは根無し草である。しかし土のうちに根を下
ろしている草は、その本質的な根無しの運命を自ら隠している。それは根から切られる
ことによって初めて、根無しなるそれ自身の本質存在へ徹底させられる。生の世界から
死の世界へ移されることは、花にとって一つの超越である。死の上に立たされた花は、生
における「時」の成立から切り離されて、あたかも時なき現在に立つかの如くであり、その
儚なき数日の存在は、生滅なき一点の瞬間となる。花は超越としての瞬間に移され、そこ
に定着せしめられる。それは時のうちに浮かび出た「永遠」の仮現になる。
　生を切られた死、存在可能を断たれた無——それは単なる自然的な死ではない。花の
自然的な死は枯凋であるが、生花は凋れる前に捨てられねばならぬ。しかし生きながら
切られた花の「死」は、自然の生を超え、時の成立を超えて、瞬間としての新しい生へ移さ
れることである。その「無」は、時のうちにおける「永遠」の仮現としての新しい存在可能
を獲ることである。恐らく花を活ける人間も、例えばそれを床の間に置き、それが支配す
べき空間をそれに与えた時、いま言ったことを意識的にか無意識的にか感じているであ
ろう。花はその空間のうちで、あたかも「無」から出現しているかのように、「空」を漂わせ
ながら粛然と存在している。まわりの空間、部屋全体の空間が、花の存在によってあたか
も荷電されたごとくに引き締められ、空気は緊張と厳粛さを帯びている。花は、その澄み
切った現存と場を占める確かさによって、あたりを払っている。しかも花自身はそれ
を知らず意図もしない。あたりを払っているのは無の空間の反応である。(それゆえに、
生花には「床の間」のような様式の置き場所が本質的に必要なのである)。花はただ端然
とそこにある。あたかも生の執着を断ち切った、そしてわが存在の本質をあきらめた人

間のごとく、底知れぬ落ち着きのうちに微かな涼しさを漂わせながら、全き沈黙を通して「永遠」を語っているのである。

　さきに、生花の美の暫時的性格を挙げた。それは全く「時」に従った即興の芸術である。それはその時々の季節の移りに従い、また生きたままの草木の時間的存在に従う。生花の美はたかだか数日で消える美、その代わりまた手軽に創造できる美である。美というもののもつ儚なさ或いは仮現性が昇華された如き、その冪において高次化された如き美である。しかし花や草が芸術の世界に移される根本は、先に言ったように切るという人間の作用による。しかもその草は、「空」に立つ存在として、時のうちでの永遠の仮現となるとも語った。その冪を高められた儚なさが同時に「永遠」の仮現である。それは有限性が有限性自身に徹底することによって「永遠」の象徴となることである。「時」が「時」自身になり切ることによって、生滅を超えた瞬間を現わし出すことである。そういうことが、切るという作用によって、また存在の根柢に「空」が開かれることによって、成立するのである。

　そこから、全く異なった精神的境位に立つ芸術の二方向が考えられる。直接に「生」に立つ芸術と、死の上での生に立つ芸術、或いは、時を撥ねのけることによって永遠を追求しようとする芸術と、時になり切ることによって永遠を開こうとする芸術とである。前者は生の自然的な意欲から出るが、後者はその自然的意欲を断ち切った「空」から出る。日本の芸術、特に禅の影響のもとに立つ芸術は、後者に属する。俳諧や和歌などの或るもの、能、茶、そして恐らく生花もそうである。これらは純粋に日本的な芸術であり、世界性を欠いたその特殊性がしばしば非難されるものである。しかしその非難は皮相的だと思う。根本の事柄は特殊性という点にあるのではなく、芸術としての成立方向の相違にある。しかも先に言った第二の方向も、ヨーロッパにおいて（もちろんヨーロッパ的特殊性をもって）漸く現われつつあるようにも思える。例えばリルケは或る手紙のなかで次のように書いている。

　　　物は限定されている。芸術－物(Kunst-Ding)はそれよりもなお限定されてあらねばならぬ。あらゆる偶然から引き離され、如何なる不明瞭からも脱却せしめられ、時間を超え空間に引き渡されて、芸術－物は持続的となり、永遠性にあずかり得るものとなったのである。モデルは仮現し、芸術－物は存在する。

　リルケがここで「存在」と言っているのは、時間から引き抜かれて「空間」に引き渡されたあり方であり、さきに「空」に立つ存在が永遠の仮現になると言ったことに相応する。これに対して普通に実在物と考えられているモデルが仮現であると彼が言うのは、さきに自然的な生に立つと言ったあり方に相応するであろう。とにかくそこには、芸術における第二の方向、従って純粋に日本的といわれる芸術と根本において通じ合う方向が見

られると思う。純粋に日本的な芸術も、その根本には世界に通じ得る一つの方向がある。リルケのさきの言葉は日本的芸術の解明としても受け取れるものである。また例えば或る思想家は、モンテーニュやヘルダーリン、後期のリルケやニイチェに通ずる一つの流れ、しかも長い間抑えられて来た流れを指摘して、次のように言っている。「それは、世界が絶対でもなく無限でもないことを知っている。しかしそれはその世界の局限性を欠如とは感ぜず、かえって価値と感ずる。世界と人生との剰すところなき有限性こそが、生存の素晴らしさにおける本質的なるもの、それを荷なうもの、として体験される」(R. Guardini,Zur Rainer Maria Rilkes Deutung des Daseins)と。長い間抑えられて来たその流れが、現在次第に強くヨーロッパの人々の心を捉えつつある。それとともに、純粋に日本的な芸術が新たに、深く世界性を含んだものとして認識されて来るということがないとは、どうして言えよう。

近頃、頻繁に来朝するヨーロッパの世界的な芸術家たちが、ほとんど異口同音に日本伝統的な芸術を愛惜し、その芸術を非難する日本の知識人と奇妙な対照をなしている。しかしそれは実は奇妙でもなんでもない。そのヨーロッパ人たちは高度に「よきヨーロッパ人」であり、そのゆえにまた日本の芸術のよさにも感受性をもち得る人々である。彼らはそういう意味で世界人なのである。日本の知識人の多くは、実はヨーロッパ人でも日本人でもない。彼らはその意味での世界人である。問題はそういう違いにあるので、日本の芸術自身にあるのではない。

純粋に日本的な芸術の大きな特長の一つは、その創造的活動に専門家だけしか入り得ないというようなものではなくて、一般の人間でも入り得るもの、従ってまた一般人の日常生活と結びついているものだということである。エリオットは、文化とは、いわゆる選ばれた「文化人」の創造する思想や芸術だけのことでなく、起居動作をも含めた全体としての生き方のことだと言っている。全くその通りであるが、しかも我々の場合、単にそれだけではない。起居動作の日常生活に、選ばれた文化人の芸術にも伍し得る芸術性が結びついている。茶や生け花にそのことが現れている。そういうことは他に類例のない事柄である。それを解明してゆけば、日本の芸術の特質はまた別の角度から考えられてくるであろう。

出典： 西谷啓治著、上田閑照編『宗教と非宗教の間』、岩波書店、1996年。

[著者略歴]
西谷(にしたに)啓治(けいじ)(1900—1990)、居士号は溪声、石川県出身。1921年に西田幾多郎を慕って京都帝国大学文学部哲学科に入学する。西田幾多郎に学びつつ、西洋の根本思想を古代から現代にわたって研究するとともに、坐禅・参禅の経験を通して深く東洋の精神にも触れ、広大深遠な独自の思索を展開した。『ニヒリズム』(1948)は西谷の現

代への関心を端的に示す著作であるが、この書において述べられたニヒリズムの克服の方法、すなわち「ニヒリズムを通してのニヒリズムの超克」などにもそのことが現れていると言えよう。なぜなら、ニヒリズムはもともと西洋において提起された問題であり、しかし西谷がその問題を無を徹底する方向性において打開しようとするのは、まさに禅的な方法を想起させるからである。そのように東西の両思想を視野に収めて現代世界の根本問題を解決しようとする西谷の哲学は、主著『宗教とは何か』(1961)の英訳・独訳などを通じて、いまや欧米の学界においても広く注目を集めつつある。『西谷啓治著作集』全24巻、創文社。

[テキスト解説]

　自然に親しむ、あるいは自然と一体であろうとする情は日本人の場合に特に強いと言えるだろう。現代のような繁忙な時代でも春になれば桜の開花の時期が、秋になればそこかしこの樹々の紅葉する頃合いについて新聞やテレビで報じられ、人々はその頃を見計らって花見や紅葉を見に出かけたりする。こうした風習は日本では古くからあったようで、その時々に歌の題材となってきた。やがてそうした風習はより身近なところで、居ながらにして自然と一体になりたいという気持ちも起こさせるであろう。このために家屋の周辺に野趣味豊かな自然を採り入れた庭園を作ったり、美しい自然の風景を借景にしたりする工夫がなされはじめる。野原に咲いていた草花を切ってきて家の中に飾るということ(生花のはじまり)は、おそらくそうした動向と一つであり、その最も端的な場合と考えられる。

　生花が現在のような技法の意識をもって盛んになったのは室町時代に入ってからであると言われる。そしてその時代の末期以後、茶の湯において茶花が生けられるようになってから、生花が花道として禅的な精神性を帯びるようになり、禅芸術の一領域をしめるようになるのである。

　しかしここに掲げた西谷啓治の生花論は、そういう従来の生花論では気づかれなかった独特の日本文化論となっている。西谷は、芸術に「直接に「生」に立つ芸術」と「死の上での生に立つ芸術」の二種があるとして、「日本の芸術、特に禅の影響のもとに立つ芸術は、後者に属する。俳諧や和歌などの或るもの、能、茶、そして恐らく生花もそうである」と述べている。禅の影響のもとに立つ芸術、すなわち禅芸術は、我々の直接的な生の死を通して、そこから蘇ってくる新たな生の表現である。禅的な芸術には、必ずこの意味の「死」が含まれている。「花や樹枝を切って生ける」という生花においては、花樹を「切る」ということはその生命の「死」を意味している。そして、そのことは花樹を切る人が花樹の生命への思いを「切る」——この意味において、自己に「死」する——ことと一つである。このように生花においては、花を生ける主体の側と生けられる客体の側との全体において「死」が支配している。(さらに、生花においては質素に生けるという、その生け方の「貧」においても「死」が暗示される)。しかし、「生きながら切られた花の「死」」は、自然の生を超え、時

の成立を超えて、瞬間としての新しい生へ移される」と言われているように、切られて生けられた花は、全体が「死」である「空」の世界において、瞬間ごとにかえって永遠の美を放つのである。西谷の生花論は、生花のもつそのような不思議な美の秘密を、禅が体験的に明らかにした絶後に蘇生する生命の論理によって、見事に解き明かしていると言えるだろう。

[参考文献]
- 西谷啓治「日本的なもの──その系譜と構造」(『西谷啓治著作集』第19巻)岩田書店　1991。
- 西谷啓治「日本文化について」(同上)。
- 西谷啓治『随想集 風のこころ』　新潮社　1980。
- 大橋良介『「切れ」の構造──日本美と現代世界』　中央公論社　1986。

原典

雑種文化

加藤周一

○ 日本の小さな希望

　西洋見物から日本へかえってきたときに私の考えは原則の上でも少し変った。綿密にいえば、原則は変わらなかったが、日本文化の問題という一般的な面で西洋見物の途中で考えていたことと、かえってから考えたこととの間に、いくらか内容のずれが生じた。そのずれは、日本人は日本人の立場にたたなければならぬという原則、つまり日本の西洋化を目標にして仕事をしても日本の問題は決して片づくまいという私の考えの原則をたてた上で、それでは日本人の立場とは何かというその内容に係っている。西洋見物の途中で私はその内容を西洋の影響が技術的な面を除けば精神の上でも文化の上でもいたって表面的な浅ぱくなものにとどまっていると考えたからである。私は身のまわりに西洋の街を眺めていた。それは東京の西洋式の街とは似ても似つかぬものである。日本でそれに似たものを想出すとすれば、そこにだけは長い歴史を負った文化が形となってあらわれている京都の古い軒並みを想出すほかない。街とはかぎらぬ。セザンヌのまねと本物のセザンヌとを比較することは、誰にもばかばかしくてできない相談だろう。西洋見物の途中で日本の絵のことを想出すとすれば、北斎にさかのぼり、光琳にさかのぼるほかはない。日本の風土と古い歴史とに根ざしたものの考え方や感受性、また風俗習慣芸術の全体に対し自覚的にそれをとりあげようとする心の動きがおのずからおこる。もしそういう動きを国民主義というとすれば、私は西洋見物の途中で日本の立場を考えたときに、その内容は、国民主義的であった。そしてそういう私の考えは、英仏両国に暮らしている間、英仏両国民の自国の文化に対する極端に国民主義的な態度によって、大いに刺戟されたのである。（中略）英国的な特色は学問芸術から服装や生活様式の末端にまで及んでいるということ、英国の文化は日本でのように医学は外国式で美術はまた別の外国式だが

生活様式は日本流だというような混雑したものではないということ、従って何事も軽薄でなくながい歴史を負っておちついたものだということである。英国を仏国にとりかえても、およそ同じようなことがいえる。英仏両国に軽薄な現象がないわけではなく、そういうことはむろん程度の問題だが、少なくとも日本と比較する場合に、両国の文化が純粋に伝統的なものによって培われているということは、両国を旅行したことのあるほとんどすべての旅行者の注意することであろう。英仏にもそれぞれちがった形でちがった領域に外国の文化に対する強い好奇心がある。しかしそれは多くの場合に自国の文化にとって欠くことのできない原理を外国にもとめるということではなく、外国との接触によって本来の原理の展開を豊かにするということにすぎない。原理に関しては、英語の文化も、フランス語の文化も、純粋種であり、英語またはフランス語以外の何ものからも影響されていないようにみえる。そして多くの英仏人はそのことを多少とも自覚している。そこから一種の文化的国民主義が発達する。いくらか心理学に趣味をもっている旅行者は当然そういうことに気がつくであろう。従って日本人もまた彼らのように文化問題について国民主義的でなければならぬという結論が出やすい。事実そういう結論は昔から何度も出たし、現に私も西洋見物の間そういう結論に傾いていた。しかしそれはまちがっている――ということが私の場合には、誇張していえば、日本へかえる船の甲板から日本の岸をはじめてみたその瞬間にはっきりしたのである。

　日本の第一印象とでもいうべきものはこうであった。海に迫る山と水際の松林、松林のかげにみえる漁村の白壁、墨絵の山水がよく伝えているあの古く美しい日本、これは西ヨーロッパとは全くちがう世界であるということが一つ、しかし他方では玄界灘から船が関門海峡に入ると右舷にあらわれる北九州の工業地帯、林立する煙突の煙と溶鉱炉の火、活動的で勤勉な国民がつくりあげたいわゆる「近代的」な日本、これは東南アジアとは全くちがう世界であるということがもう一つ。神戸に上陸したときの印象も全く同じものである。神戸はマルセーユともちがうが、シンガポールともちがっていた。外見かいえばシンガポールの方が神戸よりもマルセーユにちかいが、それはシンガポールが植民地だからであって、シンガポールの西洋式の街はマレー人が自分たちの必要のために自分たちの手でつくったものではない。そういう植民地にとっての問題は、原則としては、はっきりしている。植民地か独立か、外国からの輸入品か国産品か。もしそういうところで文化が問題になるとすれば、純粋に国民主義的な方向でしか問題になりえないだろう。ところが神戸では話がそう簡単にゆかない。港の桟橋も、起重機も、街の西洋式建物も、風俗も、すべて日本人が自分たちの必要をみたすためにみずからの手でつくったものである。シンガポールの西洋式文物は西洋人のために万事マルセーユと同じ寸法でできているが、神戸では日本人寸法にあわせてある。西洋文明がそういう仕方でアジアに根をおろしているところは、おそらく日本以外にはないだろうと思われる。マレーとちがうし、インドとも中国ともちがう。そのちがいは、外国から日本へかえってきたとき、西

ヨーロッパと日本とのちがいよりもはるかに強く私の心をうごかした。西ヨーロッパで暮らしていたときには西ヨーロッパと日本とを比較し、日本的なものの内容を伝統的な古い日本を中心に考える傾きがあった。ところが日本へかえってきてみて、日本的なものは他のアジアの諸国とのちがい、つまり日本の西洋化が深いところへ入っているという事実そのものにもとめなければならないと考えるようになった。ということは伝統的な日本から西洋化した日本へ注意が移ってきたということでは決してない。そうではなくて日本の文化の特徴は、その二つの要素が深いところで絡んでいて、どちらも抜き難いということそのこと自体にあるのではないかと考えはじめたということである。つまり英仏の文化を純粋種の文化の典型であるとすれば、日本の文化は雑種の文化の典型ではないかということだ。私はこの場合雑種ということばによい意味もわるい意味もあたえない。純粋種に対しても同じことである。よいとかわるいとかいう立場にたてば、純粋種にもわるい点があり、雑種にもおもしろい点があり、逆もまた同じということになるだろう。しかしそういう問題に入るまえに、雑種とは根本が雑種だという意味で、枝葉の話ではないということをはっきりさせておく必要がある。枝葉についていうならば英仏の文化も外国の影響をうけていないどころではない。インドや中国のばあいにはなおさらであって、日本の文化を特に区別して雑種の典型だという理由はない。（インドや中国のことはもう少し調べないと断定的なことはいえないが、私の今までに知るかぎりでは日本の場合と著しくちがうように思われる。）

　簡単な例を一つとろう。西洋種の文化がいかに深く日本の根を養っているかという証拠は、その西洋種をぬきとろうとする日本主義者が一人の例外もなく極端な精神主義者であることによくあらわれている。日本精神や純日本風の文学芸術を説く人はあるが、同じ人が純日本風の電車や選挙を説くことはない。そんなことは不可能だからであり、日本風といわれるものは常に精神的なものばかりである。現に日本の伝統的文化をたたえるその当人が自分の文章を毛筆ではなくてペンでかき、和とじではなくて西洋風の本にこしらえ、その本の売れゆきについては、英国で典型的に発達し日本では「ゆがめられた」といわれるかの資本主義機構の作用を感じている。書斎では和服かもしれぬが外へ出るときは洋服である。つまり日本人の日常生活のはもはやとりかえしのつかない形で西洋種の文化が入っているということになる。政治、教育、その他の制度や組織の大部分も、西洋の型をとってつくられたものだ。くどいようだが、経済の下部構造が「前近代的要素」をひきずりながらもとにかく独占資本主義の段階に達している今日、精神と文学芸術だけが純日本風に発達する可能性があると考えるのは、よほどの精神主義者でなければむずかしいだろう。日本主義者はかならず精神義者となり、日常生活や下部構造がどうあろうと、精神はそういうものから独立に文化を生みだすと考える他はない。ところが念の入ったことに、そう考えた上で行う議論の材料、つまり立論に欠くことのできない概念そのものが、多くは西洋伝来の、和風からは遠いものである。自由とか人間性とか、

分析とか総合とか、そういう概念を使わずに人を説得する議論をくみたてることは、議論の題目によっては不可能であろう。日本の文化の雑種性を整理して日本的伝統にかえろうとする日本主義者の精神がすでにほんやくの概念によって養われた雑種であって、ほんやくの概念をぬきとれば忽ち活動を停止するにちがいない。日本の伝統的文化を外国の影響から区別して拾いだすなどということは、今の日本では到底できるものではない。

　大衆はそれをよく心得ている。だから雑種をそのままの形でうけ入れ、結構おもしろく暮す方法を工夫しているが、雑種を純粋化しようなどという大それた望みはもたないのである。ところがいわゆる知識人は大望を抱いて起ちあがる。知識人が文化問題に意識的であればあるほど、日本文化の雑種性をどの面でか攻撃し、できればそれを純化したいという考えに傾く。明治以来の複雑な文化運動の歴史は、もし一言でいうとすれば、このような文化の雑種性に対する知識人の側からの反応、つまりその純粋化運動の歴史に他ならない。そしてそのかぎりでは必然的に失敗の歴史であった。

> **出典：**『雑種文化　―日本の小さな希望―』講談社文庫1974年刊）の第3章「日本文化の雑種性」第一節の大部分を引用。
>
> 　　論文「日本文化の雑種性」の初出は、岩波書店刊月刊誌『思想』1955年6月号。
>
> 　　後、1956年9月に『雑種文化　―日本の小さな希望―』を講談社ミリオン・ブックス」として刊行。さらに、同書収載のいくつかの論文を差し替えて1974年に上記講談社文庫として刊行した。

[著者略歴]

　加藤（かとう）周一（しゅういち）（1919―2008）、医学博士・作家・文学者、20世紀日本の代表的評論家・思想家の一人。東京生まれ。1940年東京帝国大学医学部入学。1943年繰上げ卒業後、附属病院医局勤務。敗戦後、日米「原子爆弾影響合同調査団」に参加、広島で調査に従事。医療のかたわら文学に関する評論・著書を刊行。1951年フランス政府留学生（医学）として渡仏、1955年3月に帰国。東大附属病院に戻る。「日本文化の雑種性」を発表後、1950年代後半に「雑種文化」論を深化させた。1958年、第2回ＡＡ作家会議準備委員会出席を機に医師廃業。文筆活動に専念し欧米の諸大学で活躍。日本では上智大学教授（1975）・立命館大学客員教授（1988）国際平和ミュージアム初代館長（1992）などを歴任した。この間に、『日本文学史序説』、『日本人とは何か』、『日本　その心とかたち』、『日本文化における時間と空間』など、日本文化に関する多数の著作を発表。また、国内外の社会・政治・文化の動向に関する評論・随筆を書くとともに自叙伝『羊の歌』『続羊の歌』（1968年刊）を著している。晩年は精力的に若い世代に平和主義を訴えた。

　著作は『加藤周一著作集』（第Ⅰ期・全15巻、1978―80、第Ⅱ期・全9巻、1996―2010、平

凡社刊)、『加藤周一自選集』(全10巻、2009、岩波書店刊)等を参照。なお、膨大な蔵書や遺稿・ノート類が遺族から立命館大学図書館に寄贈され「加藤周一文庫」が設置されているが、現在は整理作業中で公開されていない。

[テキスト解説]

　1955年3月に3年半余のフランス留学（自からは「西洋見物」という）から帰国した加藤は、直後の6月、『思想』に「日本文化の雑種性」発表した。以後、3年ばかり加藤は「日本的なもの」と「近代化」をめぐって考察を深めていく。

　「日本文化の雑種性」の主旨はつぎの3点にある。①日本文化の特質は「雑種性」である。②この現実を直視しない日本文化の「純化運動」は誤りを生む。つまり、（ⅰ）日本種の枝葉をおとして西洋化を求める「純化運動」（近代主義）も（ⅱ）西洋種の枝葉を除いて日本的なものを残そうとする「純化運動」（国民主義）も不毛である。日本文化を「純粋化しようとする念願そのものをすてる」ことが肝心である。③「徹底的な雑種性の積極的な意味」を確認することから現代日本文化の問題に立ち向かうことが重要である。

　①について述べた文章がここに引用した部分である。②は続くこの論文の第2節で展開する。「純化運動」が不可能なことは今日では自明であると考えられている。加藤の「雑種文化」論の積極性は③にあった。日本の近代社会で、「西洋文化」を基準に長く日本の「おくれ」や「ゆがみ」と考えられていた側面も含めて、それを「日本文化の雑種性」として「積極的意味」を持っているととらえ直すことを提唱した。そして加藤にとって、「積極的な意味をみつけること」とは、とりもなおさず「文化をつくりあげてゆくということに他ならない」。加藤は、戦後日本の大衆的基盤をもった民主主義的潮流の成長とアジア・アフリカの旧植民地における国民主義的な自覚と独立運動の成長、それと密接にからむ民主主義的・人間的自覚の世界的な拡がりにその基礎を見出し、そこに「小さな希望」を託した。『雑種文化』文庫版「あとがき」で、「私がここで言おうとしたのは、現代日本の文化の雑種性に積極的な意味を認めようではないか、ということと、対外的には、排他的でもなく、外国崇拝でもなく、国際社会のなかでの日本の立場を、現実に即して、認識しようではないか、ということであった。その考えは今も変わらない」と記している。加藤の「雑種文化」論を読み解く第一の鍵は、なによりもこの「実践性」を確認しておくことにある。

　この論文を出発点に加藤は日本文化と「近代化」とについて思索を深めていった。

　「近代日本の文明史的位置」（『中央公論』1957.3.）では、農村と農民大衆の意識、都市の知識人と労働者など、文化や意識の階層的な分析を試み、①文化の持続性を強調し、「近代化」の中で「断絶」を強く意識したのは都市の知識人であり、彼らは「近代化」＝「西洋化」という考え方からの脱却し、「大衆との意識上のつながりを回復」する必要がある。②その大衆の意識は万葉集の時代から構造的に変わらず、西洋的な「超越的一神教」や精神構造の「超越的構造」はない。③「感覚的な『自然』」が神の役割を演じてきた日本では、形而上

学的・思想的文化でなく、独自の芸術と感覚的文化が洗練された。ただし、④「もののあわれやわび・さび・枯淡」など、「国学」の「概念的産物」は日本文化の一面でしかない。⑤国学者が見なかった僧侶の仏教的・思想的営みや『今昔物語』、狂言・川柳・俳諧、木版画や仏像彫刻などを抜きにして日本文化は語れない。⑥国学的概念の産物を固定化し持続させたのは、世襲制度・身分制と近代天皇制とである。

　加藤の「雑種文化」論は決して「体系化」されてはいない。海老名武『加藤周一』(岩波新書、2013.4.)は、「雑種文化論なるものは一種の〈つぎはぎ理論〉」であるという。「雑種性」と大衆の精神構造の「基底」(土着・古層)に「変わらずある」ものとの関係は解り難い。「日本的なもの」や「大衆の精神構造」に関する言及には「揺れ」がある。「しかしまさにそれゆえに、次々と多様な問いを生み出し、その問いが次の段階の〈つぎはぎ〉を方向づけるという生産性を有している」、事実、加藤の文学、美術、思想など、「三領域」にわたる晩年の探究と作品は「〈つぎはぎ〉に発している」と海老名はいう。この未完の「体系」で「次々と多様な問いを生み」出す構造であることに、加藤の「雑種文化」論を読み解く第二の鍵がある。

　いずれにしても、日本語以外に英・仏・独・伊・中などの言語を使った遺稿に見られる語学の天才で、世界と日本の古典・美術に深い造詣をもち、広汎な分野の評論を行い、「知の巨匠」と言われる「加藤周一の世界」の全体像を知ることはほとんど不可能であろうと言われている。

[参考文献]
- 加藤周一『加藤周一著作集』　平凡社(第Ⅰ期・全15巻、1978—80、第Ⅱ期・全9巻、1996—2010)。
- 加藤周一『加藤周一自選集』　岩波書店　2009。
- 加藤周一　自叙伝『羊の歌』『続羊の歌』　岩波新書　1968年。
- 加藤周一『日本人とは何か』　講談社学術文庫　1976年。
- 菅野昭正編『知の巨匠　加藤周一』　岩波書店　2011。
- 鷲巣力『加藤周一を読む』　岩波書店　2011。
- 鷲巣力『「加藤周一」という生き方』　筑摩書房　2012。
- 海老名武『加藤周一』　岩波新書　2013。

原典

日本の思想

丸山眞男

○ 日本における思想的座標軸の欠如

　各時代にわたって個別的には深い哲学的思索もあるし、また往々皮相に理解されているほど、独創的な思想家がいないわけでもない。けれども、時代を限定したり、特定の学派や宗教の系列だけをとり出すならば格別、日本史を通じて思想の全体構造としての発展をとらえようとすると、誰でも容易に手がつかない所以は、研究の立ち遅れとか、研究方法の問題をこえて、対象そのものにふかく根ざした性質にあるのではなかろうか。たとえば各々の時代の文化や生活様式にとけこんだいろいろな観念——無常感とか義理とか出世とか——をまるごとの社会的複合形態ではなくて一個の思想として抽出してその内部構造を立体的に解明すること自体なかなか難しいが（九鬼周造の『いきの構造』(1930年) などはその最も成功した例であろう）、たとえそれができても、さてそれが同時代の他の諸観念とどんな構造連関をもち、それが次の時代にどう内的に変容してゆくかという問題になると、ますますはっきりしなくなる。また学者や思想家のヨリ理性的に自覚された思想を対象としても、同じ学派、同じ宗派といったワクのなかでの対話はあるが、ちがった立場が共通の知性の上に対決し、その対決のなかから新たな発展をうみ出してゆくといった例はむろんないわけではないが、少くもそれが通常だとはどう見てもいえない。キリシタンのように布教されると間もなく宣教師自身が驚嘆するほどの速度で勢いをえて、神学的理解の程度もきわめて高度に達したものが、外的な条件で急速に力をうしない、思想史の流れからは殆ど全く姿を没してしまうような場合もある。一言でいうと実もふたもないことになってしまうが、つまりこれはあらゆる時代の観念や思想に否応なく相互連関性を与え、すべての思想的立場がそれとの関係で——否定を通じてでも——自己を歴史的に位置づけるような中核あるいは座標軸に当る思想的伝統はわが国には形成されなかった、ということだ。私達はこうした自分の置かれた位置をただ悲嘆したり美

化したりしないで、まずその現実を見すえて、そこから出発するほかはなかろう。

　自己認識の意味　K・レーヴィットはかつて、日本的「自愛」をヨーロッパの自己批判の精神と対照させて論じた(『ヨーロッパのニヒリズム』)が、彼のいおうとするところは、「愛国心」を失って思想的にも「自虐」に陥ったように見える戦後の状況にも必ずしも矛盾しない(その証拠に論壇でも最近いろいろな形でまた「自愛」復活のきざしが見える)。
　むろん私達はヨーロッパにおけるキリスト教のような意味の伝統を今から大急ぎで持とうとしても無理だし、したがって、その伝統との対決(ただ反対という意味ではない)を通じて形成されたヨーロッパ的近代の跡を—たとえ土台をきりはなして近代思想に限定しても—追えるものでもないのも分かりきった事だ。問題はどこまでも超近代と前近代とが独特に結合している日本の「近代」の性格を私達自身が知ることにある。ヨーロッパとの対比はその限りでやはり意味があるだろう。対象化して認識することが傍観とか悪口とかほめるとかけなすとかいったもっぱら情緒的反応や感情的嗜好の問題に解消してうけとられている間は、私達の位置から本当に出発することはできない。日本の「近代」のユニークな性格を構造的にとらえる努力—思想の領域でいうと、色々な「思想」が歴史的に構造化されないようなそういう「構造」の把握ということになるが—がもっと押しすすめられないかぎり、近代化した、いや前近代だといった二者択一的規定がかわるがわる「反動」をよびおこすだけになってしまう。
　話がひろがりすぎたので、もとへもどすと、私達が思想というもののこれまでのありかた、批判様式、あるいはうけとりかたを検討して、もしそのなかに思想が蓄積され構造化されることを妨げて来た諸契機があるとするならば、そういう契機を片端から問題にしてゆくことを通じて、必ずしも究極の原因まで遡らなくとも、すこしでも現在の地点から進む途がひらけるのではなかろうか。なぜなら、思想と思想との間に本当の対話なり対決が行われないような「伝統」の変革なしには、およそ思想の伝統化はのぞむべくもないからである。(pp.4—6.「はじめに」の一部)

● おわりに

　ここでもう一度、この小論の出発点をふりかえって見よう。私達の伝統的宗教がいずれも、新たな時代に流入したイデオロギーに思想的に対決し、その対決を通じて伝統を自覚的に再生させるような役割を果たしえず、そのために新思想はつぎつぎと無秩序に堆積され、近代日本人の精神的雑居性がいよいよ甚だしくなった。日本の近代天皇制はまさに権力の核心を同時に精神的「機軸」としてこの事態に対処しようとしたが、国体が雑居性の「伝統」自体を自らの実体としたために、それは私達の思想を実質的に整序する原理としてではなく、むしろ、否定的な同質化(異端の排除)作用の面だけ強力に働き、人格的主体—自由な認識主体の意味でも、倫理的な責任主体の意味でも、また秩序形成の主体

の意味でも一の確立にとって決定的な桎梏となる運命をはじめから内包していた。戦後の変革はこのエセ「精神的機軸」を一挙に顛落させた。ここに日本人の精神状況に本来内在していた雑居的無秩序性は、第二の「開国」によってほとんど極限にまであらわになったように見える。思想界の混迷という言葉は明治以来、支配層や道学的保守主義者の合言葉であった。しかし思想が現実との自由な往復交通をする条件は戦前には著しく阻まれていたことを思えば、今にして私達ははじめて本当の思想的混迷を迎えたわけである。そこから何が出てくるかは何とも分からない。ただ確実にいえるのはもはやこの地点から引きかえすことはできないし、また引きかえす必要もないということである。

　加藤周一は日本文化を本質的に雑種文化と規定し、これを国粋的にあるいは西欧的に純粋化しようという過去の試みがいずれも失敗したことを説いて、むしろ雑種性から積極的な意味をひきだすよう提言されている。傾聴すべき意見であり、大方の趣旨は賛成であるが、こと思想に関しては若干の補いを要するようである。第一に、雑種性を悪い意味で「積極的」に肯定した東西融合論あるいは弁証法的統一論の「伝統」もあり、それはもう沢山だということ、第二に、私がこの文でしばしば精神的雑居という表現を用いたように、問題はむしろ異質的な思想が本当に「交」わらずにただ空間的に同時存在している点にある。多様な思想が内面的に交わるならばそこから文字通り雑種という新たな個性がうまれることも期待できるが、ただ、いちゃついたり喧嘩したりしているのでは、せいぜい前述した不毛な論争が繰り返されるだけだろう。

　私はさきごろ「タコ壺文化」と「ササラ文化」という比喩でもって、基底に共通した伝統的カルチュアのある社会と、そうでなく、最初から専門的に分化した知識集団あるいはイデオロギー集団がそれぞれ閉鎖的な「タコ壺」をなし、仲間言葉をしゃべって「共通の広場」が容易に形成されない社会とを類型的に区別し、日本を後者の典型に見立てたことがある。(本書Ⅲ「思想のあり方について」参照。むろんこういう類型化は一つの特徴をきわ立たせるためのもので、何も普遍的な社会形態論として言ったつもりはない。)戦前ではともかく「機軸」としての天皇制が一種の公用語となって、「タコ壺」間をつないでいたが、戦後はそれも通用しなくなり、しかも国際的交流が激増したので、国内の各集団やグループ相互よりも、むしろそれぞれのルートでの国際的コミュニケーションの方が話が通ずるといった奇現象がうまれている。むろんその反面、戦後の社会的流動性の増大とジャーナリズムの発展は異ったグループ間の接触機会を著しく増大したこともたしかである。

　例の昭和史論争なども、歴史学者の中ではああいう方向での太平洋戦争史の研究はかなり前から行われ著書も出ていたのではあるが、たまたま新書というような形で普及したことがきっかけになったわけである。あの論争は社会科学者の歴史観と文学者のそれとのギャップがいかに甚だしいかをはしなくも露呈したが、それは逆にいえば両者のコミュニケーションがこれまでいかになかったかを物語っている。その意味で従来全く異っ

た価値基準でものを考えていた知的サークルが交通し会話することは——ジャーナリズムの悪い側面に毒されなければ——多様な経験からの抽象化がそれぞれの領域で練磨される一つの条件にはなりうるであろう。さらにヨリ大衆的規模で考えるならば、多様な争点(イッシュウ)をもった、多様な次元(階級別、性別、世代別、地域別等々)での組織化が縦横に交錯することも、価値関心の単純な集中による思惟の懶惰(福沢諭吉のいわゆる惑溺)を防ぎ、自主的思考を高めるうえに役立つかもしれない。けれどもそうした社会的条件は、他面において同時にますます認識の整序を困難にするばかりか断片的「実感」に固着し、あるいはそれを新たな思想形態と錯覚する傾向を甚だしくする条件でもある。雑居を雑種にまで高めるエネルギーは認識としても実践としてもやはり強靭な自己制御力を具した主体なしには生まれない。その主体を私達がうみだすことが、とりもなおさず私達の「革命」の課題である。

> **出典**：『日本の思想』(岩波文庫1961年刊)の第1章「日本の思想」「まえがき」と「おわりに」から大部分を引用。
> 　　　論文「日本の思想」の初出は、岩波講座『現代思想』第11巻「現代日本の思想」(岩波書店、1957年刊)所収。

[著者略歴]
　丸山(まるやま)眞男(まさお)(1914—1996)、政治学者・思想史家。専攻は日本政治思想史。大阪府に生まれ、兵庫県芦屋・東京で育つ。1934年東京帝国大学法学部政治学科入学。『日本資本主義発達史講座』熟読。1937年卒業後、同学部助手。40年助教授を経て1950年東京大学法学部教授。この間、1944—1945年応召、広島で勤務中に被爆。1971年病気で定年前に退職。1974年名誉教授。1978年日本学士院会員。1960年代以降欧米の大学やアカデミーでも活躍。『日本政治思想史研究』、『現代政治の思想と行動』(上下)など日本政治思想史の研究とともに福沢諭吉研究にも大きな足跡を残した。東京大学で研究・教育に従事する学者であるとともに、積極的な言論活動を展開して、戦後日本の平和主義・民主主義の発展や進歩的市民運動に指導的影響を与えた。1961年の『日本の思想』(岩波新書)は彼の思想と活動を広く社会に説いた代表作である。
　著作は『丸山眞男集』(全16巻別冊1、1995−1997、岩波書店刊)、『丸山眞男 戦中備忘録』(1997、日本図書センター)、『丸山眞男講義録』(全7巻、1998—2000.東京大学出版会)、『丸山眞男座談』(全9巻、1998.岩波書店)、『丸山眞男書簡集』(全5巻、2003—2004、みすず書房)、『丸山眞男話文集』(全4巻、丸山眞男手帖の会編、2008—2009、みすず書房)等。

[テキスト解説]
　「日本の思想」の〈まえがき〉で、丸山眞男は、日本には儒学史とか仏教史とか個別の分野

の研究の伝統はあるが、さまざまな思想の相互の関係を解き明かし、「時代の知性」の構造＝「精神史」全体をたどるような研究の伝統はないと述べ、それはなぜかと自問する。それに続く「はじめに」の文章がここで前半に引用した部分である。

ここでは二つのことが確認される。第一は「あらゆる時代の観念や思想に否応なく相互連関性を与え、すべての思想的立場がそれとの関係で自己を歴史的に位置づけるような中核あるいは座標軸に当る思想的伝統」が日本には「形成されなかった」ということ。第二は、そのために日本ではさまざまな思想が互いの関連づけなしに混在するという思想的「伝統」が形成されてきた。そのことを日本の思想史の「伝統」として自覚的・主体的に認識することがわれわれの出発点である。そこから出発してこの「日本的伝統」の「変革」を目指すことが大切だという。

出発点のこう見定めたうえで、丸山はこの論文で、①日本の「思想の歴史」の非連続性、②大日本帝国憲法下の「天皇制」=「国体」論の特質、③「実感信仰」と「理論信仰」という三つを主題に論を展開している。①の論点はこうである。思想と思想同士が互いに「対決」し「交流」しながら、その蓄積のうえに「思想の歴史」の「伝統」が形成されていくヨーロッパ文明とは異なって、日本ではさまざまな思想の断片が論理や歴史的連関などを無視して恣意的に取捨選択されていく。その結果、原理的に矛盾するものまでが混在させられてそれがまるで一つの思想のようにあつかわれていく。丸山はそれを思想の「無限抱擁」といい、「精神的雑居性」という。このようなことを原理的に認めない西欧的なキリスト教やマルクス主義思想などは、「異端」として排除される。また、思想の内在的な価値や論理的な整合性の視点からの批判ではなくて、思想の果たす「政治的社会的役割からの批判」=「イデオロギー暴露」が横行する。それがまたかえってイデオロギー一般への嫌悪・侮蔑や、推論的解釈を拒んで「自己の直観的解釈」の「絶対化」などを確信させる思想的「伝統」を残した。普遍宗教に共通する開祖も経典ももたない神道は、「その時代時代に有力な宗教と『習合』してその教義内容を埋めてきた」という「無限抱擁」性によって、思想的雑居性という日本の思想的伝統を集約的に表現している。そのため神道は日本人の「内面的機軸」として作用する「伝統」にはならない。そこで明治日本が創出したのが②で論じられる「国体」である。「我国ニ在リテ機軸トスヘキハ、独リ皇室アルノミ」とした大日本帝国憲法下の近代天皇制は、「国家秩序の中核自体を同時に精神的機軸」とした。「国体」の創出である。そこでは、「臣民」に「無限責任」をおわせる「国体」思想が国民の精神内に浸透させられていく。他方で国家意思は一元化されず、「輔弼」という、元老・重臣や国務大臣らが天皇の意思を「推しはかる」と同時に「助言」を通じて具体的な意思決定を行うというシステムのもとで、「巨大な無責任」の体制が生まれる。西欧の立憲君主制をモデルに作られた憲法体制は、およそ異なる思想の「日本的伝統」のもとでは責任の明確化をともなわず、近代日本の社会は「官僚的機構化」と「『いえ』的同化」、制度と内実、建前と本音などのくい違いや対立などから、学問や芸術の世界での非生産的な論争などが生じてく

る。それを論じたのが③である。「あらゆる政治や社会のイデオロギーに『不潔な抽象』を嗅ぎつけ、ひたすら自我の実感にたてこもる…思考様式」すなわち「実感信仰」が文学者をはじめ、知識人全般にひろがる。他方、「現実からの抽象化作用よりも、抽象化された結果」を重視する傾向が、「理論」と「現実」との間にある「自己の知的操作に対する厳しい倫理意識」をうすれさせ、理論の「物神化」をうむ。この「理論信仰」はマルクス主義に限らず、社会科学・哲学・歴史学等々にひろがっている。

　このように論じた筆者が、最後にまとめているのが後半に引用した「おわりに」の論文全体のまとめである。

　この論文は、西欧の近代を「理想」化して、日本の精神構造や日本人の行動様式の「欠陥や病理だけを暴露した」ものという受け取り方をされた（岩波新書『日本の思想』の「あとがき」参照）が、それは浅薄な理解である。丸山の戦中戦後の精神的な苦悩の中からどのようにして「天皇制」の呪縛から自らを解放し、自らを「内面的な自立に立脚した社会的な主体」として形成し得るかを求めていく出発点を築こうとしたものである。筆者自身の言葉で言えば「戦争体験をくぐり抜けた一人の日本人としての自己批判を根本的な動機」（前掲新書、p.186）として書かれたものであり、現代日本人の思想的・精神的課題に迫るために「日本の思想的過去の構造化を試みた」ものにほかならない。

[参考文献]
- 丸山眞男『丸山眞男集』（全16巻別冊1）　岩波書店 1995－1997。
- 丸山眞男『丸山眞男 戦中備忘録』　日本図書センター　1997。
- 都築勉『戦後日本の知識人―丸山眞男とその時代』　世織書房　1995。
- 苅部直『丸山眞男―リベラリストの肖像―』　岩波新書　2006。

文明の生態史観

梅棹忠夫

○ 高度文明国・日本

　現代の日本文化を要素に分解して、そのおのおのの系譜をあきらかにして、分類しても、あまりかいのないことだ。それでは、日本文化の特徴は、はっきりつかめない。
　では、文化の素材の問題は棚あげにして、現代日本の文化は、全体としてどういうデザインで設計されているか、日本人の生活様式は、どういう特徴をいるかをとおう。それはじつにかんたんなことだが、高度の文明生活ということだとおもう。(中略)近代文明とよんでもよい。この場合、くりかえしいうけれど、その材料がどこからきたかは問題ではない。材料のくみあげかたの問題である。現代の日本文化は、雑種か純系かはしばらくおくとして、高度の近代文明のひとつであることはまちがいない。
　戦前は文明国ということばをよくきいた。戦後はもっぱら文化国で、文明をいわなくなったのはどうしたことだろうか。戦争にまけて、鼻べちゃになったので、文明国の名を返上したのだろうか。しかし日本は、戦争にまけても、依然として高度の文明国である。ある部分では、戦前より文明の度がすすんでさえいる。
　いちいち文明の特徴をあげるまでもないが、たとえば、巨大な工業力である。それから、全国にはりめぐらされた膨大な交通通信網。完備した行政組織、教育制度。教育の普及、豊富な物資、生活水準のたかさ。たかい平均年齢、ひくい死亡率。発達した学問、芸術。
　わたしはなにも、日本の現状をもって理想的な状態だというつもりはすこしもない。それどころか、日ごろは欠陥ばかり目について、ぶうぶう不平をならしている。マイクロ・ウェーヴ網ができようというのに、市内電話の発達のわるさはどうだ。鉄道はあっても、自動車道路はこれでも道か。化学工業、造船、光学機械はたいしたものでも、工作機械はだめ。数百の大学と、わずかな研究費。たしかにこういうデコボコはあるにしても、

全体としてみれば、やはり日本人の生活様式は、高度の文明生活であることは、うたがいをいれない。

第一地域と第二地域

このことは、日本の現状および将来をかんがえるうえでの、すべての基礎になる事実だとおもう。これをかんがえにいれないような日本文化論は、いっさいナンセンスだ。また、どんな変革も、文明をいっそう前進させるという方向においてのみ、かんがえることができる。文明こそは、わたしたちがよってたつところの基点であり、わたしたちがまもるべきところの伝統である。

このことは、日本が高度資本主義の国であるということとはべつのことである。資本主義国がみんなこういう高度の文明国になるとはかぎらないし、日本のような高度の文明国が社会主義にならないともいえない。

しかしながら、実際問題として、旧世界においてこういう状態の実現に成功した国は、その体制がどのようなものであれ、まだ、ごくすくないのである。部分的には、これにちかい状態にある地域もあるが、国全体として高度の文明国になったのは、日本と、その反対側の端にある西ヨーロッパの数ヵ国とだけである。あとは、中国も、東南アジアも、インドも、ロシアも、イスラーム諸国も、東欧も、まだ格段の差がある。

ここでわたしは、問題の旧世界を、バッサリふたつの地域にわけよう。それぞれを、第一地域、第二地域と名づけよう。旧世界を横長の長円にたとえると、第一地域は、その、東と西の端に、ちょっぴりくっついている。とくに、東の部分はちいさいようだ。第二地域は、長円の、あとのすべての部分をしめる。第一地域の特徴は、その生活様式が高度の近代文明であることであり、第二の地域は、そうでないことである。

近代化と西欧化（前略）

わたしは、明治維新以来の日本の近代文明と、西欧近代文明との関係を、一種の平行進化とみている。はじめのうちは、日本はたちおくれたのだから仕かたがない。そうとう大量の西欧的要素を日本にもってきて、だいたいのデザインをくみたてた。あとは運転がはじまる。ただ西欧から、ものをかってくればよい、というのではなかったはずだ。あたらしい要素の出現のたびに、全体のシステムは修正され、成長をつづけてきた。あたらしい要素は、西欧からもちこまれる場合もあり、内部でくふうされた場合もあった。西欧だっておなじことだ。はじめから自動車があり、テレビがあったわけではない。そういうあたらしい要素が出現するたびに、西欧流に、やはりふるいシステムを修正しながら成長をつづけてきた。あたらしい要素は、西ヨーロッパのどこかの国に出現する場合もあり、新大陸からもちこまれる場合もあり、また、テレビのアンテナの例のように、はるかにとおい極東の第一地域、日本からあらわれる場合もあった。

とにかく、日本はかならずしも西欧化を目ざしていたのではない。いまでもそうではない。日本には日本の課題があった。ただ、西ヨーロッパ諸国と日本とは、いろいろな点

でたいへん条件がにていたために、平行的な道をあゆんでしまったとみるのである。その途中で、どちらに由来する要素がよりおおいかという系譜論は、じつはあまりたした問題ではないようにおもう。(pp.105—109.)

資本主義と革命

　第一地域と第二地域という区分をして、その、近代における特徴的な事件をならべてみた。わたしは、かならずしも歴史的な事件の推移が、それぞれの地域において一致しているということに興味があるわけではなく、その背後にある、両地域における共同体の、生活様式に興味があるのだ。あるいは、それぞれの地域における、文化の機能論的なデザイン、または社会の一般的構造といってもよい。それぞれ、対応をつけることができるだろう。

　わたしはつまり、第一地域と第二地域とでは、もともと、社会の構造がかなりちがうのだとかんがえている。それが、それぞれの条件のもとに発展してゆく。第一地域に属する社会は、おたがいに共通点をもつから、にた条件においては、にた反応をしめす。第二地域に属する各社会も、同様である。しかし、第一地域の社会と、第二地域の社会とでは、かなり差がある。

　第一地域の、現代における経済上の体制は、いうまでもなく高度資本主義である。その国ぐにでは、ブルジョワが実質的な支配権をにぎっている。そしてその体制は、みんな革命によって獲得された。

　革命によってブルジョワが実質的な支配権をえた、ということは、それらの第一地域の国ぐにでは、ブルジョワの力が、すでにそうとうおおきかった、ということだ。革命以前、すでにそういう階級が、これらの国ぐにでは成長していた。革命以前はどういう体制か。いうまでもなく、封建体制である。封建体制が、ブルジョワを養成した。ここで、第一地域の歴史において、たいへんいちじるしい共通点をみいだす。つまり第一地域というのは、封建体制のあった地域なのだ。

　第二地域は、それの裏がえしになる。第二地域では、資本主義は未成熟である。すくなくともいままで、高度資本主義国になった例はひとつもない。そこでは、革命によってもたらされるものは、おおむね独裁者体制である。そして、革命以前の体制は、封建制ではなくて、主として専制君主制か、植民地体制である。専制君主や植民地体制の支配のもとでは、ブルジョワは発育不良である。すると、第一地域の国ぐには、最近数十年間の、近代文明の建設時代だけでなく、ずっとむかしから、封建制の時代から、しらずしらずのうちに、平行進化をとげてきたのだ、ということになる。だから、この点からも、明治以来の日本文化の発展は、歴史の法則の、必然的な展開にすぎないのであって、文明の改宗とか、西欧化とか、いうべきものではなかった、ということになる。くりかえしいうが、そういうことは、文化の素材の原産地の吟味にすぎない。素材をくみあわせた構築物の、いきてはたらいている機能の問題ではない。(pp.113-115.)

○ 生態史観（前略）

　わたしが世界史をやりたいとおもったのは、人間の歴史の法則をしりたいからだ。そして、いまこころみている方法は、比較によって歴史における平行進化をみつけだすという方法である。そしてじっさいは、わたしの頭のなかに、理論のモデルとして、生態学理論をおいている。

　ここで、むしろ用語をかえたほうがよい。進化ということばは、いかにも血統的・系譜的である。それはわたしの本意ではない。わたしの意図するところは、共同体の生活様式の変化である。それなら、生態学でいうところの遷移（サクセッション）である。進化はたとえだが、サクセッションはたとえではない。サクセッション理論が、動物・植物の自然共同体の歴史を、ある程度法則的につかむことに成功したように、人間共同体の歴史もまた、サクセッション理論をモデルにとることによって、ある程度は法則的につかめるようにならなうだろうか。

　文化要素の系譜論は、森林でいえば、樹種の系統論である。生活様式ろんでは、それが森林であるかどうか、森林なら、どういう型の森林であるかが問題なのであって、樹種はなんでもよい。もともと、落葉広葉樹林とか照葉樹林とかいっても、同じ種に属するものだけの純林などというものは、むしろすくない。まじりあいながら、しかもひとつの生活様式―生活形共同体をつくっているところに、植物生態学が成立した。さもなければ、区系地理学だけでじゅうぶんなところであった。そして、一定の条件のもとでは、共同体の生活様式の発展が、一定の法則にしたがって進行する、ということをみとめたところに、サクセッション理論が成立した。

　人間は植物とはちがうから、おなじようにゆくとはかぎらない。しかし、うまくゆくかもしれないから、やってみようではないかというのが、わたしの作業仮説である。（中略）うまく成功すれば、それはひとつの有力な歴史の見かた―史観でありうる。生態学的史観、あるいはみじかく、生態史観とよぶことにしようか。

出典：『文明の生態史観』（中公文庫1974年刊）の第3章に収録されている「文明の生態史観」から、この論文の骨格を追うことが出る部分を抽出して引用した。

[著者略歴]
　梅棹（うめさお）忠夫（ただお）(1920—2010)、京都市生まれ。理学博士。生態学者、文化人類学者、民族学者。比較文明論専攻。旧制京都第一中学校・第三高等学校をへて京都帝国大学理学部入学。1943年、同動物学科卒業。大阪市立大学理学部助教授・京都大学人文科学研究所助教授・教授をへて1974年創設の国立民族博物館初代館長に就任。1993年退職後、同顧問。同館名誉教授。1994年文化勲章受賞。1996年京都大学名誉教授。

1999年叙位勲一等瑞宝章受章。自伝に『行為と妄想―わたしの履歴書』(中公文庫、2002)がある。

当初、動物生態学を専攻していたが、今西錦司の影響を受けて文化人類学に転じ、日本における文化人類学のパイオニアの一人となった。「文明の生態史観」で一躍著名になり、その後、情報学産業論や比較宗教論など旧来の人類学が扱わなかった分野にも独自の学術的見解を早い時期から発表し、人文、社会、自然の分野を超えて多方面に影響を与えた。

[テキスト解説]

梅棹は1955年に京都大学カラコルム：ヒンズークシ学術探検隊に加わり、アフガニスタン、パキスタン、インドをまわって帰国した直後、「日本をヨーロッパからではなくアジアからみたらどうみえるかを、かたりたいとおもう」というので「東と西のあいだ」を書いた。その延長線上に旅行中から考えていたことを「1年間あたためて」材料を補充しつつ理論的に整理して書いたのがこの論文である。

この「文明の生態史観」はいわゆる「日本論」でも「日本文化論」でもない。筆者の本意は世界史認識のパラダイムの大転換を提案しているという自負である。日本人が初めて世界に向かって発した独自の世界史理論ともいえる。しかし、この論文が発表された当時から多くは日本の現代社会や歴史、文化をどう捉えるかという点に力点をおいて理解され、議論されていった。現代でもそういう状況にある。それはこの理論の基本的な枠組みの前提にそれまでには無かった大胆な日本把握があったから、不可避的に起こる状況でもあった。その意味で一種に「日本論」「日本文化論」でもある。

梅棹がこの論文で提案した世界史理論はつぎのようなものである。考察の対象を当面は旧世界、つまりアジア、ヨーロッパ、北アメリカに限るとことわりつつ、まず、この地域を従来のような東洋と西洋とに区分して把握することを否定する。そのうえで、この世界の中での日本の位置を定めるにあたって、日本の文化の系譜から説き起こす方法は建築にたとえれば、素材や材料の由来を尋ねるようなもので、それらを用いてどんな建築物が生まれるか、学校か病院か…を検討することとは異なる。後者は機能である。つまり、文化を様々な要素に分解してその系譜を探る方法ではなく、現代日本は全体としてどういうデザインで設計され、日本人の生活様式はどういう特徴をもっているかを確認するところから立論することを主張する。梅棹のいう「生活様式」はすなわち「文明」である。そしてまさしく現代日本は高度な文明国であるとする(引用部分「高度文明国・日本」)ついで、旧世界で高度な文明国となったのは西ヨーロッパの数カ国だけであり、その他の地域はまったく異なり、「格段の差」があるという。ここから、梅棹は旧世界を二つの地域に区分し、第一地域の特長はその生活様式が高度な近代文明であり、第二の地域はそうではないことだとする。さらに、第一地域の中での日本と西ヨーロッパについて、この二つは「平行的な道をあゆんだ」という。後進日本が大急ぎで西欧化を進めたのだとは考えない

（引用部分「第一地域と第二地域」「近代化と西欧化」）。なぜなら、高度な近代文明の生活様式のもとにある国々は、いずれも高度に発展した資本主義国でもあるのだが、それらには資本主義の担い手であるブルジョアが生まれ、権力を握る革命が起こる。こういう道を歩んできたのは、西ヨーロッパと日本だけであり、そこにブルジョアが成長したのは前近代社会に封建制が存在したからだ。これに対して、第二では、資本主義は未成熟であり、前近代社会は専制君主制か植民地支配体制であり、戦後独立しあるいは革命を起こしても、その多くには独裁政権が成立する。このように、梅棹は単系的な発展段階論的歴史理論による世界史把握を拒否し、多様な歴史の道を「文明」論として構想する（引用部分「資本主義と革命」）。しかも、その方法に生態学の理論や方法を適用することを試みた。

　イギリスの世界的に著名な歴史家トインビーは壮大な歴史理論を構想したが、それは歴史に登場した文明をそれぞれ誕生から成長と死にいたる生体の一生に類比されるパターンをもっているという見方で、世界史を説明し把握しようとするものであった。これに対して、梅棹は、個々の生体ではなく個体の集まりとしての群落、言い換えると、木だけではなく森を見る視点で、種々の樹木が共同体を形成している森林のサクセッション（遷移）の展開をモデルに、人間共同体の生活様式の変化すなわち文明の変化を生態学のサクセッションの理論をもとに世界史の展開過程を把握できないかと考え、そのための「作業仮説」を提案した。だから、この見方を梅棹は「文明の生態史観」と名づけたのである（引用部分「生態史観」）。

　この論文は発表直後から大きな反響をよんだ。文化人類学、比較文明学、比較宗教学などの分野の飛躍的発展をもたらす契機になり、梅棹自身もそれらの分野の開拓と発展に大きく寄与した。しかし、肝心の「世界史理論」として歴史学分野にどのような影響を与えたかについては今なお判然としない。

[参考文献]
- 梅棹忠夫『日本とは何か—近代日本文明の形成と発展』　NHKブックス　1986。
- 元は1984年にパリのコレージュ：ド：フランス行った同名の講演。
- 梅棹忠夫『日本語と日本文明』　くもん選書　1988。
- 梅棹忠夫『行為と妄想—私の履歴書』　中公新書　1997。
- 梅棹忠夫『近代世界における日本文明—比較文明学序説』　中央公論新社　2000。
- 梅棹忠夫『文明の生態史観はいま』　中公叢書　2001。
- 梅棹忠夫『文明の生態史観ほか』　中公クラシックス　2002。
- 梅棹忠夫『梅棹忠夫著作集』（全22巻、別巻1）中央公論社　1994。

タテ社会の人間関係

中根千枝

○―「場」による集団の特殊性

1 ―集団分析のカギ―「資格」と「場」／「資格」および「場」とはなにか

　一定の個人からなる社会集団の構成の要因を、きわめて抽象的にとらえると、二つの異なる原理―資格と場―が設定できる。すなわち、集団構成の第一条件が、それを構成する個人の「資格」の共通性にあるものと、「場」の共有によるものとである。

　ここで資格とよぶものは、普通に使われている意味より、ずっと広く、社会的個人の一定の属性をあらわすものである。……一定の個人の他から区別しうる属性による基準のいずれかを使うことによって、集団が構成されている場合、「資格による」という。たとえば、特定の職業集団、一定の父系血縁集団、一つのカースト集団などがその例である。

　これに対して、「場による」というのは、一定の地域とか、所属機関などのように、資格の相違をとわず、一定の枠によって、一定の個人が集団を構成している場合をさす。たとえば、××村の成員というように。産業界を例にとれば、旋盤工というのは資格であり、P会社の社員というのは場による設定である。同様に、教授・事務員・学生というのは、それぞれ資格であり、R大学の者というのは場である。

2 ―「場」を強調する日本の社会／職種よりも会社名

　日本人が外に向かって（他人に対して）自分を社会的に位置づける場合、好んでするのは、資格よりも場を優先することである。記者であるとか、エンジニアであるということよりも、まず、A社、S社の者ということである。また他人がより知りたいことも、A社、S社ということがまず第一であり、それから記者であるか、印刷工であるか、またエンジニアであるか、事務員であるか、ということである。……

　ここで、はっきりいえることは、場、すなわち会社とか大学とかいう枠が、社会的に集団構成、集団認識に大きな役割をもっているということであって、個人のもつ資格自体は第

二の問題となってくるということである。

　この集団認識のあり方は、日本人の属する職場、会社とか官庁、学校などを「ウチの」、「オタクの」などという表現を使うことにもあらわれている。

　この表現によく象徴されているように、「会社」は、個人が一定の契約関係を結んでいる企業体であるという、自己にとって客体としての認識ではなく、私の、またわれわれの会社であって、主体化して認識されている。そして多くの場合、それは自己の社会的存在のすべてであり、全生命のよりどころというようなエモーショナルな要素が濃厚にはいってくる。……

　代表は生活共同体としての家　この日本社会に根強く潜在する特殊な集団認識のあり方は、伝統的な、そして日本の社会の津々浦々まで浸透している普遍的な「イエ」(家)の概念に明確に代表されている。(中略)筆者の立場からすれば、「家」を構成する最も基本的な要素は、家をついだ長男の夫婦が老夫婦とともに居住するという形式、あるいは家長権の存在云々(うんぬん)という権力構造ではなく、「家」というものは、生活共同体であり、農業の場合などをとれば経営体であって、それを構成する「家成員」(多くの場合、家長の家族成員からなるが、家族成員以外の者も含みうる)によってできている、明確な社会集団の単位であるということである。すなわち、居住(共同生活)あるいは(そして)経営体という枠の設定によって構成される社会集団の一つである。

　兄弟・姉妹より重要な嫁・婿養子の存在　ここで重要なことは、この「家」集団内における人間関係というのが、他のあらゆる人間関係に優先して、認識されているということである。すなわち、他家に嫁いだ血をわけた自分の娘、姉妹たちより、よそからはいってきた妻、嫁というものが比較にならないほどの重要性をもち、同じ兄弟ですら、いったん別の家を構えた場合、他家の者という認識をもち、一方、まったく他人であった養子は「家の者」として自己にとって、他家の兄弟よりも重要な者となる。……(pp.26-33.)

3 ―「タテ」組織による序列の発達

1．構造分析のカギ―「タテ」「ヨコ」の関係／「タテ」組織の象徴「親分・子分」

　理論的に人間関係をその結びつき方の形式によって分けると、「タテ」と「ヨコ」の関係となる。たとえば、前者は「親子」関係であり、後者は「兄弟姉妹」関係である。また、上役・部下の関係に対する同僚関係も同様である。社会組織においては、両者いずれも重要な関係設定要因であるが、社会によって、そのどちらかがより機能をもつもの、また両者とも同等の機能をもつものがある。

　前章に述べた、資格の異なるものを包含する社会集団というものを前提とすれば、その構成員を結びつける方法として、理論的にも当然「タテ」の関係となる。すなわち、「タテ」の関係とは、同列におかれないA・Bを結ぶ関係である。これに対して「ヨコ」の関係は、同質のもの、あるいは同列に立つX・Yによって設定される。個々人に共通する一定の資格によって集団が構成される場合は、その同質性ゆえに「ヨコ」の関係が機能をもつ。

この「ヨコ」の関係は、理論的にカースト、階級的なものに発展し、「タテ」の関係は親分・子分関係、官僚組織によって象徴される。

　同質の身分・資格者にも必ず序列意識　さて、日本における社会集団構成のあり方から理論的に予測される「タテ」の関係は、実際に強調され、機能をもち、それが現実の集団構成員の結合の構造原理となると、たとえ同一集団内の同一資格を有する者であっても、それが「タテ」の運動に影響されて、何らかの方法で「差」が設定され、強調されることによって、いわゆる驚くほど精緻な序列が形成される。……(pp.70-72.)

　序列意識なしには暮らせない日常　日本社会における根強い序列偏重は、年功序列制などという近代社会に発達した制度を取りあげるまでもなく、私たちの日常生活—長い伝統をもつ—においても遺憾なく発揮されている。

　第一に、私たちは序列の意識なしには席に着くこともできない（日本間(ま)のしつらえは、特に決定的な作用を果たしている）し、しゃべることもできない（敬語のデリケートな使用、発言の順序・量などに必然的に反映される）。

　日本ではどんな会合に招かれても（それが西洋式な部屋だとしても）、招いた側の集団の成員の序列は、一目瞭然であるのが普通である。招客のすぐ横が上座であり、入り口の方が下座で、発言の順序・量・態度といったものが驚くほどその座順を反映しているからである。……(pp.82-83.)

○―中国・インド・チベットとの比較／日本人は意見の発表にまで序列意識

　先にもふれたように、序列という規準は、いかなる社会にも存在している。しかし、日本以外の社会では、その規準が社会生活におけるあらゆる人間関係を支配するというほどの機能をもっていないことである。きわめて弾力性・限界性をもって、他の規準（たとえば能力）に対して譲歩しうるのである。

　たとえば、「長幼の序」の本家、中国をみると、長幼の序、あるいは地位の序というものは、社会秩序としてきわめて明瞭に礼節にささえられ、守られているが、個人の実力とか、ひいでた功績に対しては、いつでも序列を譲る用意がある。……

　中国人はつねに年長の者に対して、象徴的にいえば、二、三歩さがった地点に自分をおくといったような行動において序列を示しているが、何か重要な決定を要する相談事となると、年長者に対してもいちおう堂々と自分の意見を披瀝する。日本人のように、下の者が自分の考えを披瀝する度合にまで序列を守るということはない。

　これはインド人においても同様であり、また、意見の披瀝という点では中国人以上に自由である。インドで私が最も驚いたことは、中国同様に敬老精神が強く、またカーストなどという驚くべき身分差があるにもかかわらず、若い人々や、身分の低い人々が、年長者や、上の身分の人々に対して、目に見える行動においては、はっきりした序列をみせるが

(決してタバコをすわないとか、着席しないとかいうように)、一方、堂々と反論できるということである。

　日本では、これは口答えとして慎まなければならないし、序列を乱すものとして排斥される。日本では、表面的な行動ばかりではなく、思考・意見の発表までにも序列意識が強く支配しているのである。

　純粋な学問的討論ができない日本　……諸社会のうちでも、日本の序列意識に最も近いと思われるのはチベット社会で、彼らの間では、日本の場合にまさるともおとらない序列意識があり、それは社会生活における席順の重要性や驚くべき敬語のデリケートな使用法によくあらわれている。しかし、私が感心したことは、学者(伝統的に僧侶であるが)の間の討論の場においては、完全にこの序列意識が放擲(ほうてき)されることである。敬語は完全に姿を消し、発言の仕方、応酬もまったく同列にたってなされ、そこには実力以外には何も介在しなくなるのである。こうした討論の参加にはダライ・ラマでさえ、玉座を降り、他の学者と同列の座につく習慣となっている。(注)

　注
　このチベットの学僧の討論にみられる実力主義(序列の否定)は、明らかに仏教教義とともにインドから輸入された文化と思われる。日本には、中国文化・インド文化・西欧文化も輸入されたのもかかわらず、ついにこの実力主義は日本社会に根をおろさなかったのである。

　この実力主義というものは、根本的に対人関係のあり方であるから、実際の人間接触をとおさないかぎり、なかなか会得できないものである。日本の外来文化の輸入というものが、どちらかといえば形式的になりがちであったのは、海を越えてくるため、どうしても関節輸入に依存したためと思われる。

　この意味でも、文化というものは受容・変化しやすいが、社会構造の基盤をなすところの人間関係のあり方というものは、歴史的、文化的変容にもかかわらず、変わりにくいものであることが指摘できるのである。

出典：　中根千枝『タテ社会の人間関係』講談社現代新書、1967年刊。

[著者略歴]
　中根(なかね)千枝(ちえ)(1926―　)、社会人類学者・専門研究分野はインド・チベット・日本の社会組織など。東京大学名誉教授・日本学士院会員。文化勲章受章。東京府豊多摩郡戸塚村(現・新宿区)生まれ。東京都立第八高等女学校(現・東京都立八潮高校)卒業後、1947年津田塾専門学校外国語科を卒業し、東京大学文学部東洋史学科へ入学。1952年に同・大学院を修了して東京大学東洋文化研究所助手。その後、同大学講師・助教授・教授、同研究所長も務めた。この間、1953―1957年インド・イギリス・イタリ

アに留学。1959—1960年シカゴ大学客員助教授、1960—1961年ロンドン大学客員講師、1970年には英国王立人類学会名誉会員、コーネル大学特別客員教授など、欧米の大学でも活躍するととともに、国内でも大阪大学人間科学部教授・国立民族学博物館教授なども併任した。1987年に東京大学を定年退職後、帝京大学教授を経て、2002—2004年東京女学館大学初代学長を務めた。国際人類学・民族学連合ゴールドメダル・紫綬褒章・勲二等宝冠章など受賞。

[テキスト解説]

　中根千枝『タテ社会の人間関係：単一社会の理論』は、『中央公論』(1964年5月号)に発表した論文「日本的社会構造の発見」に「加筆・修正し、発展させたもの」(序文)である。刊行と同時に日本人・日本社会論を展開した代表的な一般書として注目され、ベスト・ロングセラーとなり、販売部数は110万部を超え、世界13ヵ国語に訳されている。

　全体は、1―序論、2―「場」による集団の特性、3―「タテ」組織による序列の発達、4―「タテ」組織による全体像の構成、5―集団の構造的特色、6―リーダーと集団の関係、7―人と人との関係、の7章で構成されている。中根は第1章で、この著作の理論的枠組みを大要つぎのとおり提起する。これまでの日本社会分析の方法は二つあった。一つは、①西欧でうまれた西欧社会分析の理論・モデルを使って日本社会の諸現象を整理・説明するもの、もう一つは、②西欧モデルを前提に日本にしか見られない特徴によって日本の社会・文化を把握しようとするものである。一見、この二つは異なるようだが、どちらも西欧社会を前提としている点で共通している。中根はこのどちらをも批判し、そもそも「理論」(model)と「現実」(reality)の間にはズレがあることを前提としつつ、そのズレを本質的なところで生じさせないような社会分析の方法として、「社会構造の比較研究」を提唱する。中根が「社会組織」(socisal organization)と区別している「社会構造」(social structure)はかなり抽象的なものだが、「社会人類学で基本原理とされる個人と個人、個人と集団、また個人からなる集団と集団の関係」のあり方を、その社会を特徴づける基盤として当該社会の構造的特質をを分析・把握するという方法である。この方法論に基づいて、①の典型ともいうべき土台(下部構造＝社会の生産様式・生産関係・経済構造)が上部構造(社会の政治・文化・思想・人間関係)を規定するというマルクス主義的社会分析の方法を批判する。明治以降、高度な工業化・近代化を遂げた近現代日本社会に見られる西欧的でない諸現象を日本の後進性・封建遺制と把握した従来の日本社会論は誤だとする。(第1章)。この方法論(「個人と個人、個人と集団、また個人からなる集団と集団の関係」のあり方の特質を解明する)に基づいて、第2章以下で日本社会を分析し、その特質を体系的に説明している。その結果、日本の社会構造の特質は集団所属と集団志向を第一義的に重要視し、個人が集団の中で占める地位＝資格や個人の特徴・能力よりも、その集団の一員であること＝「場」の「志向」を優先する社会構造であることを明らかにした。そ

のことによって、このテキストの引用箇所に見られる日本人の人間関係、その思考と行動様式の特質をはじめ、階級やカーストなどによってできる社会＝「横断的な層化」ではなく、企業別・学校別などの「タテ」の集団の束で構成される「縦断的層化」社会であること。「対立」ではなく「並立」の関係が軸となり、西欧的な民主主義とは異質な人間平等主義（能力差を認めない、素朴で感情的な人間平等主義）と「ぬるま湯的」道徳が重んじられること。同質のタテ組織（例えば同業種の企業）間の「並列競争」が展開され、社会全体の分業型形成には向かわないこと。そのため、何もかもを一企業（集団）内部に抱え込もうとする「ワン・セット主義」が主流を占める社会となり、同種の集団は互いに競争相手であり、過当競争が生じること。他方で、集団内では同僚は競争相手であり個人は孤立すること。タテ関係で形成された集団の構造は、頂点の存在から下方に広がるが、底辺のない三角形型を形成し、リーダーは一人で交代が困難で、リーダーと集団の成員の関係は等質にはならないこと。リーダーシップに対する制約や権威主義・平等主義、リーダーには個人的な能力よりも人間的な情や包容力が強く求められること。社会全体に「契約精神が欠如」しているからこそ、組織の「和」の維持がリーダーの主要任務となること。個人と個人の理性的関係よりも直接的でエモーショナルな人と人との関係が基本となるタテ組織が生まれ、相対的価値観が支配的で、論理よりも感情が優先される社会になること、等々、多くの日本人自身が日常的に感じ、首肯しうる諸現象—たとえば、終身雇用制・企業別労働組合・親分子分関係・派閥抗争等々—を論理的に見事に説明した。

　このことが、現代日本でも本書が多くの日本人はもちろん、外国人からもある種の共感をもって受け入れられる代表的日本人・日本社会論としての地位を維持している所以でもある。

　しかし、方法論的な批判もあり、特に、著作の時代よりもはるかに工業化・現代化が進んだ現代日本社会ではどのような変化を遂げているか、また、本書ではほとんど言及されていない近代以前の日本社会の「社会構造」論としてどの程度の妥当性をもっているかについては多くの検討課題も残されている。

[参考文献]
- 中根千枝『適応の条件：日本的連続の思考』　講談社現代新書　1972。
- 中根千枝『家族を中心とした人間関係』　講談社学術文庫　1977。
- 中根千枝『タテ社会の力学』　講談社現代新書1978、のち講談社学術文庫　2009。
- 中根千枝『日本人の可能性と限界』　講談社　1978。
- 中根千枝『社会構造の比較：アジアを中心として』　旺文社　1981。
- ロバート・M・マーシュ「社会構造と近代化—中根千枝批判—」（大森清美訳：日本民俗学会編・刊『民族学研究』第35巻1号、1970年所収）。

原典

美しい日本の私

川端康成

　春は花夏ほととぎす秋は月冬雪さえて冷しかりけり

　道元禅師の「本来の面目」と題するこの歌と、

　雲を出でて我にともなふ冬の月風や身にしむ雪や冷たき

　明恵上人のこの歌とを、私は揮毫を求められた折りに書くことがあります。

　明恵のこの歌には、歌物語と言えるほどの、長く詳しい詞書きがあって、歌の心を明らかにしています。
　元仁元年（1224）12月12日の夜、天くもり月くらきに花宮殿に入りて座禅す。やうやく中夜にいたりて、出観の後、峰の房を出でて下房へ帰る時、月雲間より出でて、光り雪にかがやく。狼の谷に吼ゆるも、月を友として、いと恐ろしからず。下房に入りて後、また立ち出でたれば、月また曇りにけり。かくしつつ後夜の鐘の音聞こゆれば、また峰の房へのぼるに、月もまた雲より出でて道を送る。峰にいたりて禅堂に入らんとする時、月また雲を追ひ来て、向ふの峰にかくれなんとするよそほひ、人しれず月の我にともなふかと見ゆれば、
　この歌。それにつづけて

　　　山の端に傾ぶくを見おきて峰の禅堂にいたる時、

　　　山の端にわれも入りなむ月も入れ夜な夜なごとにまた友とせむ
　明恵は禅堂に夜通しこもっていたか、あるいは夜明け前にまた禅堂に入ったか

して、
　禅観のひまに眼を開けば、夜明けの月の光り、窓の前にさしたり。我身は暗きところにて見やりたれば、澄める心、月の光りに紛るる心地すれば、

　隈もなく澄める心の輝けば我が光りとや月思ふらむ

　西行を桜の詩人ということがあるのに対して、明恵を「月の歌人」と呼ぶ人もあるほどで、

　あかあかやあかあかあかやあかあかやあかやあかあかあかあかや月

と、ただ感動の声をそのまま連ねた歌があったりしますが、夜半から暁までの「冬の月」の三首にしても、「歌を詠むとも実（げ）に歌とも思はず」（西行の言）の趣きで、素直、純真、月に話しかける言葉そのままの３１文字で、いわゆる「月を友とする」よりも月に親しく、月を見る我が月になり、我に見られる月が我になり、自然に没入、自然と合一しています。暁前の暗い禅堂に坐って思索する僧の「澄める心」の光りを、有明の月は月自身の光りと思うだろうという風であります。
　「我にともなふ冬の月」の歌も、長い詞書きに明らかのように、明恵が山の禅堂に入って、宗教、哲学の思索をする心と、月が微妙に相応じ相交わるのを歌っているのですが、私がこれを借りて揮毫しますのは、まことに心やさしい、思いやりの歌とも受け取れるからであります。雲に入ったり雲を出たりして、禅堂に行き帰りする我の足もとを明るくしてくれ、狼の吼え声もこわいと感じさせないでくれる「冬の月」よ、風が身にしみないか、雪が冷たくないか。私はこれを自然、そして人間にたいする、あたたかく、深い、こまやかな思いやりの歌として、しみじみとやさしい日本人の心の歌として、人に書いてあげています。
　そのボッティチェリの研究が世界に知られ、古今東西の美術に博識の矢代幸雄博士も「日本美術の特質」の一つを「雪月花の時、最も友を思う。」という詩語に約（つづ）められるとしています。雪の美しいのを見るにつけ、月の美しいのを見るにつけ、つまり四季折り折りの美に、自分が触れ目覚める時、美にめぐりあう幸いを得た時には、親しい友が切に思われ、このよろこびを共にしたいと願う、つまり、美の感動が人なつかしい思いやりを強く誘い出すのです。この「友」は、広く「人間」ともとれましょう。また「雪、月、花」という四季の移りの折り折りの美を現わす言葉は、日本においては山川草木、森羅万象、自然のすべて、そして人間感情をも含めての、美を現わす言葉とするのが伝統なのであります。そして日本の茶道も、「雪月花の時、最も友を思う」のがその根本の心で、茶会はその「感会」、よい時によい友どちが集うよい会なのであります。―ちなみに、私の小説「千羽

鶴」は、日本の茶の心と形の美しさを書いたと読まれるのは誤りで、今の世間に俗悪となった茶、それに疑いと警めを向けた、むしろ否定の作品なのです。

　春は花夏ほととぎす秋は月冬雪さえて冷しかりけり

　この道元の歌も四季の美の歌で、古来の日本人が春、夏、秋、冬に第一に愛でる自然の景物の代表をただ四つ無造作にならべただけの、月並み、常套、平凡、この上ないと思えば思え、歌になっていない歌と言えば言えます。しかし別の古人の似た歌の一つ、僧良寛の辞世

　形見とて何か残さん春は花山ほととぎす秋はもみぢ葉

　これも道元の歌と同じように、ありきたりの事柄とありふれた言葉を、ためらいもなく、と言うよりも、ことさらもとめて、連ねて重ねるうちに、日本の真髄を伝えたのであります。まして良寛の歌は辞世です。

　霞立つ永き春日を子供らと手毬つきつつこの日暮らしつ

　風は清し月はさやけしいざ共に踊り明かさむ老いの名残りに

　世の中にまじらぬとにはあらねどもひとり遊びぞ我はまされる

　これらの歌のような心と暮らし、草の庵に住み、粗衣をまとい、野道をさまよい歩いては、子供と遊び、農夫と語り、信教と文学との深さを、むずかしい話にはしないで、「和顔愛語」の無垢な言行とし、しかも、詩歌と書風と共に、江戸後期、18世紀から19世紀の始め、日本の近世の俗習を超脱、古代の高雅に通達して、現代の日本でもその書と詩歌をはなはだ貴ばれている良寛、その人の辞世が自分は形見に残すものはなにも持たぬし、なにも残せるとは思わぬが、自分の死後も自然はなお美しい、これがただ自分のこの世に残す形見になってくれるだろう、という歌であったのです。日本古来の心情がこもっているとともに、良寛の宗教の心も聞こえる歌です。

　いついつと待ちにし人は来りけり今は相見てなにか思はん

　このような愛の歌も良寛にはあって、私の好きな歌ですが、老衰の加わった68歳の良寛は、29歳の若い尼、貞心とめぐりあって、うるわしい愛にめぐまれます。永遠の女性にめ

ぐりあえたよろこびの歌とも、取れます。「今は相見てなにか思はん」が素直に満ちています。

良寛は74歳で死にました。私の小説「雪国」と同じ雪国の越後、つまり、シベリアから日本海を渡って来る寒風に真向いの、裏日本の北国、今の新潟県に生れて、生涯をその雪国に過ごしたのでしたが、老い衰えて、死の近いのを知った、そして心がさとりに澄み渡っていた、この詩僧の「末期の眼」には、辞世にある、雪国の自然がなお美しく映ったであろうと思います。私に「末期の眼」という随筆がありますが、ここでの「末期の眼」という言葉は、芥川龍之介の自殺の遺書から拾ったものでした。その遺書のなかで、殊に私の心を惹いた言葉です。

「所謂生活力と云う」、「動物力」を「次第に失っているであろう」、

僕の今住んでいるのは氷のように澄み渡った、病的な神経の世界である。(中略)僕のいつ敢然と自殺出来るかは疑問である。唯自然はこう云う僕にはいつもよりも一層美しい。君は自然の美しいのを愛し、しかも自殺しようとする僕の矛盾を笑うであろう。けれども自然の美しいのは、僕の末期の眼に映るからである。

1927年、芥川は35歳で自殺しました。私は「末期の眼」のなかにも「いかに現世を厭離するとも、自殺はさとりの姿ではない。いかに徳行高くとも、自殺者は大成の域に遠い。」と書いていまして、芥川やまた戦後の太宰治などの自殺を賛美するものでも、共感するものでもありません。しかし、これも若く死んだ友人、日本での前衛画家の一人は、やはり年久しく自殺を思い「死にまさる芸術はないとか、死ぬることは生きることだとかは、口癖のようだったそう」(末期の眼)ですが、仏教の寺院に生まれ、仏教の学校を出たこの人の死の見方は、西洋の死の考え方とはちがっていただろうと、私は推察したものでした。「もの思う人、誰か自殺を思わざる。」でしょうが、そのことで私の胸にある一つは、あの一休禅師が、二度も自殺を企てたと知ったことであります。

ここで一休を「あの」と言いましたのは、童話の頓智和尚として子供たちにも知られ、無礙奔放な奇行の逸話が広く伝わっているからです。「童児が膝にのぼって、ひげを撫で、野鳥も一休の手から餌を啄む。」という風で、これは無心の極みのさま、そして親しみやすくやさしい僧のようですが、実はまことに峻厳深念な禅の僧であったのです。天皇の御子であるとも言われる一休は、六歳で寺に入り、天才少年詩人のひらめきも見せながら、宗教と人生の根本の疑惑に悩み「神あらば我を救え。神なくんば我を湖底に沈めて、魚の腹を肥せ。」と、湖に身を投げようとして引きとめられたことがあります。また後に、一休の大徳寺の一人の僧が自殺したために、数人の僧が獄につながれた時、一休は責任を感じて「肩の上重く」、山に入って、食を断ち、死を決したこともあります。

一休はその「詩集」を自分で「狂雲集」と名づけ、狂雲とも号しました。そして「狂雲集」

とその続集には、日本の中世の漢詩、殊に禅僧の詩としては、類いを絶し、おどろきに肝をつぶすほどの恋愛詩、閨房の秘事までをあらわにした艶詩が見えます。一休は魚を食い、酒を飲み、女色を近づけ禅の戒律、禁制を超越し、それらから自分を解放することによって、そのころの宗教の形骸に反逆し、そのころ戦乱で崩壊の世道人心のなかに、人間の実存、生命の本然の復活、確立を志したのでしょう。

　一休のいた京都紫野の大徳寺は、今日も茶道の本山のさまですし、一休の墨蹟も茶室の掛け物として貴ばれています。私も一休の書を二幅所蔵しています。その一幅は、「仏界入り易く、魔界入り難し。」と一行書きです。私はこの言葉に惹かれますから、自分でもよくこの言葉を揮毫します。意味はいろいろに読まれ、またむずかしく考えればきりがないでしょうが、「仏界入り易し」に続けて「魔界入り難し」と言い加えた、その禅の一休が私の胸に来ます。究極は真・善・美を目指す芸術家にも「魔界入り難し」の願い、恐れの、祈りに通う思いが、表にあらわれ、あるいは裏にひそむのは、運命の必然でありましょう。「魔界」なくして「仏界」はありません。そして「魔界」に入る方がむずかしいのです。心弱くてできることではありません。

仏ニ逢ヘバ仏ヲ殺セ 祖ニ逢ヘバ祖ヲ殺セ

　これはよく知られた禅語ですが、他力本願と自力本願とに仏教の宗派を分けると、勿論自力の禅宗にはこのように激しくきびしい言葉もあるわけです。他力本願の真宗の親鸞の「善人往生す。いはんや悪人をや。」も、一休の「仏界」「魔界」と通う心もありますが、行きちがう心もあります。その親鸞も「弟子一人持たず候」と言っています。「祖に逢へば祖を殺し」、「弟子一人持たず」は、また芸術の厳烈な運命でありましょう。

　禅宗に偶像崇拝はありません。禅寺にも仏像はありますけれども、修行の場、座禅して思索する堂には仏像、仏画はなく経文の備えもなく、瞑目して、長い時間、無言、不動で坐っているのです。そして、無念無想の境に入るのです。「我」をなくして「無」になるのです。この「無」は西洋風の虚無ではなく、むしろその逆で、万有が自在に通う空、無涯無辺、無尽蔵の心の宇宙なのです。禅でも師に指導され、師と問答して啓発され、禅の古典を習学するのは勿論ですが、思索の主はあくまで自己、さとりは自分ひとりの力でひらかねばならないのです。そして、論理より直観です。他からの教えよりも、内に目ざめるさとりです。真理は「不立文字」であり、「言外」にあります。維摩居士の「黙雷ノ如シ」まで極まりもしましょう。中国の禅宗の始祖、達磨大師は「面壁九年」と言いまして、洞窟の岸壁に向って九年間坐りつづけながら、沈思黙考の果てに、さとりに達したと伝えられています。禅の座禅はこの達磨の座禅から来ています。

問へば言ふ問はねば言はぬ達磨どの心の内になにかあるべき（一休）

また、同じ一休の道歌

心とはいかなるものを言ふならん墨絵に書きし松風の音

　これは東洋画の精神でもあります。東洋画の空間、余白、省筆もこの墨絵の心でありましょう。「能ク一枝ヲ画キテ風声アリ」（金冬心）です。
　道元禅師にも「見ずや、竹の声に道を悟り、桃の花に心を明るむ。」との言葉があります。日本の花道、生け花の名家の池坊専応も、その「口伝」に「ただ小水尺樹をもって、江山数程の勝機を現はし、暫時傾刻のあひだに千変万化の佳興をもよほす。あたかも仙家の妙術と言ひつべし」と言っています。日本の庭園もまた大きい自然を象徴するものです。西洋の庭園が多くは均整に造られるのにくらべて、日本の庭園はたいてい不均整に造られますが、不均整は均整よりも、多くのもの、広いものを象徴出来るからでありましょう。勿論その不均整は、日本人の繊細微妙な感性によって釣り合いが保たれての上であります。日本の造園ほど複雑、多趣、綿密、したがってむずかしい造園法はありません。「枯山水」という、岩や石を組み合わせるだけの法は、その「石組み」によって、そこにない山や川、また大海の波の打ち寄せるさまままでを現わします。その凝縮を極めると、日本の盆栽となり、盆石となります。「山水」という言葉には、山と水、つまり風景画、庭園などの意味から、「ものさびたさま」とか、「さびしく、みすぼらしいこと」とかの意味まであります。しかし「和敬清寂」の茶道が尊ぶ「わび・さび」は、勿論むしろ心の豊かさを蔵してのことですし、極めて狭小、簡素の茶室は、かえって無辺の広さと無限の優麗とを宿しております。
　一輪の花は百輪の花よりも花やかさを思わせるのです。開き切った花を活けてはならぬと、利休も教えていますが、今日の日本の茶でも、茶室の床にはただ一輪の花、しかもつぼみを生けることが多いのであります。冬ですと、冬の季節の花、たとえば「白玉」とか「侘助」とか名づけられた椿、椿の種類のうちでも花の小さい椿、その白をえらび、ただ一つのつぼみを生けます。色のない白は最も清らかであるとともに、最も多くの色を持っています。そして、そのつぼみには必ず露をふくませます。幾滴かの水で花を濡らしておくのです。五月、牡丹の花を青磁の花瓶に生けるのは茶の花として最も豪華ですが、その牡丹はやはり白のつぼみ一つ、そしてやはり露をふくませます。花に水のしずくを添えるばかりではなく、花生けもあらかじめ水に濡らしておく焼きものが少なくありません。
　日本の焼きものの花生けのなかで最も位が高いとし、また価いも高い、古伊賀（およそ15～16世紀）は水に濡らして、はじめて目ざめるように、美しい生色を放ちます。伊賀は強い火度で焼きますが、その焚きもの（燃料）の藁灰や煙が降りかかって花瓶の体に着いたり流れたりで、火度のさがるにしたがって、それが釉薬のようになるのです。陶工による人工ではなく、窯のなかの自然のわざですから、窯変と言ってもいいような、さまざま

な色模様が生まれます。その伊賀焼きの渋くて、粗くて、強い肌が、水気を含むと、艶な照りを見せます。茶碗もまた使う前から水にしめしておいて、潤いを帯びさせるのが、茶のたしなみとされています。池坊専応は「野山水辺をおのづからなる姿」(口伝)を、自分の流派の新しい花の心として、破れた花器、枯れた枝にも「花」があり、そこに花によるさとりがあるとしました。「古人、皆、花を生けて、悟道したるなり。」禅の影響による、日本の美の心の目ざめでもあります。日本の長い内乱の荒廃のなかに生きた人の心でもありましょう。

　日本の最も古い歌物語集、短編小説とも見られる話を多く含む「伊勢物語」(10世紀成立)のなかに、

　　なさけある人にて、かめに花をさせり。その花のなかにあやしき藤の花ありけり。花のしなひ、三尺六寸ばかりなむありける。

という、在原行平が客を招くのに花を生けた話があります。花房が三尺六寸も垂れた藤とは、いかにもあやしく、ほんとうかと疑うほどですが、私はこの藤の花に平安文化の象徴を感じることがあります。藤の花は日本風にそして女性的に優雅、垂れて咲いて、そよ風にもゆらぐ風情は、なよやか、つつましやか、やわらかで、初夏のみどりのなかに見えかくれで、もののあわれに通うようですが、その花房が三尺六寸となると、異様な華麗でありましょう。唐の文化の吸収がよく日本風に消化されて、およそ千年前に、華麗な平安文化を生み、日本の美を確立しましたのは「あやしき藤の花」が咲いたのに似た、異様な奇蹟とも思われます。歌では初めての勅撰和歌集の「古今集」、小説では「伊勢物語」、紫式部の「源氏物語」、清少納言の「枕草子」など、日本の古典文学の至上の名作が現れまして、日本の美の伝統をつくり、八百年間ほどの後代の文学に影響をおよぼすというよりも、支配したのでありました。殊に「源氏物語」は古今を通じて、日本の最高の小説で、現代にもこれに及ぶ小説はまだなく、十世紀に、このように近代的でもある長編小説が書かれたのは、世界の奇蹟として、海外にも広く知られています。少年の私が古語をよく分からぬながら読みましたのも、この平安文学の古典が多く、なかでも「源氏物語」が心におのずからしみこんでいると思います。「源氏物語」の後、日本の小説はこの名作へのあこがれ、そして真似や作り変えが、幾百年も続いたのでありました。和歌は勿論、美術工芸から造園にまで「源氏物語」は深く広く、美の糧となり続けたのであります。

　紫式部や清少納言、また和泉式部や赤染衛門などの名歌人もみな宮仕えの女性でした。平安文化一般が宮廷のそれであり、女性的であるわけです。「源氏物語」や「枕草子」の時は、この文化の最盛期、つまり爛熟の絶頂から退廃に傾きかける時で、すでに栄華極まった果ての哀愁がただよっていますが、日本の王朝文化の満開がここに見られます。

　やがて王朝は弱まって政権も公卿から武士に移って、鎌倉時代となり、武家の政治が明治元年まで、おおよそ七百年つづきます。しかし、天皇制も王朝文化も滅び去ったわけではなく、鎌倉初期の勅撰和歌集「新古今集」は、平安朝の「古今集」の技巧的な歌法をさら

に進めて、言葉遊びの弊もありますが、妖艶・幽玄・余情を重んじ、感覚の幻想を加え、近代的な象徴詩に通うのであります。西行法師は、この二つの時代、平安と鎌倉をつなぐ代表的歌人でした。

　思ひつつ寝ればや人の見えつらむ夢と知りせば覚めざらましを

　夢路には足を休めず通へども現に一目見しごとはあらず

など「古今集」の小野小町の歌は、夢の歌でもまだ率直に現実的ですが、それから「新古今集」を経たのち、さらに微妙となった写生、

　群雀声する竹にうつる日の影こそ秋の色になりぬれ。

　真萩散る庭の秋風身にしみて夕日の影ぞ壁に消えゆく

など、鎌倉末の永福門院のお歌は、日本の繊細な哀愁の象徴で、私により多く近いと感じられます。「冬雪さえて冷しかりけり」の歌の道元禅師や「われにともなふ冬の月」の歌の明恵上人は、ほぼ「新古今集」の時代の人でした。明恵は西行と歌の贈答もしています。
　西行法師常に来りて物語りして言はく、我が歌を読むは遥かに尋常に異なり。花、ほととぎす、月、雪、すべて万物の興に向ひても、およそあらゆる相これ虚妄なること、眼に遮り、耳に満てり。また読み出すところの言句は皆これ真言にあらずや。花を読めども実(げ)に花と思ふことなく、月を詠ずれども実に月と思はず。ただこの如くして、縁に随ひ、読みおくところなり。紅虹たなびけば虚空色どれるに似たり。白日かがやけば虚空明らかなるに似たり。しかれども、虚空はもと明らかなるものにもあらず。また色どれる物にもあらず。我またこの虚空の如くなる心の上において、種々の風情を色どるといへども更に蹤跡なし。この歌即ち如来の真の形体なり。(弟子喜界の「明恵伝」より)
　日本、あるいは東洋の「虚空」、無はここにも言いあてられています。私の作品を虚無という評家がありますが、西洋流のニヒリズムという言葉はあてはまりません。心の根本がちがうと思っています。道元の四季の歌も「本来ノ面目」と題されておりますが、四季の美を歌いながら、実は強く禅に通じたものでしょう。

出典：　川端康成『美しい日本の私―その序説』講談社現代新書、1969年。

[著者略歴]
　川端(かわばた)康成(やすなり)は、1899年(明治32年)大阪市に生まれた。日本の小説

家。大東京帝国大学文学部国文学科卒業。大正13年、横光利一らと共に『文藝時代』を創刊し、新感覚派の代表的作家として活躍。『伊豆の踊子』、『雪国』、『千羽鶴』、『山の音』、『眠れる美女』、『古都』などで、川端は東洋（日本）精神伝統をふまえた文学世界を確立した。1968年（昭和43年）、日本人として初めてノーベル文学賞を受賞した。西洋から移入した近代的心理小説の枠組みに伝統東洋精神性を盛り込み、高い達成を実現したことが評価された。1972年（昭和47年）、72歳で自殺した。

　[テキスト解説]「美しい日本の私」は、日本人として初のノーベル文学賞を授与された川端康成が、1968年12月12日にストックホルムで行われた受賞記念講演において演説したものである。川端は世界に向かい、伝えようとしているのは、日本における禅の精神のありようであり、自らの文学がそれに通じているということである。演説は道元禅師の和歌から話を始め、明恵、良寛、一休禅師などに言及して、枯山水、生け花、茶道にみられる禅の精神を取り上げた。また、『伊勢物語』、『源氏物語』などの平安文学の美を言祝ぎ、その根底をなす伝統的な日本人の心性や思想の特質を説き、最後に道元禅師の歌に回帰して、締めくくられる。
　冒頭に掲げられたのは道元禅師の

春は花夏ほととぎす秋は月冬雪さえて冷しかりけり

　という歌と、明恵上人の

雲を出でて我にともなふ冬の月風や身にしむ雪や冷めたき

　という歌である。
　はじめの歌は、日本の四季を道元禅師が永平寺の夜空を眺めていて詠われたものである。悟りくさいことは何も言わずに、眼前の自然を歌っている道元禅師の姿が伺える。目前の自然がすべてそのまま道元禅師の「本来ノ面目」であって、禅師の心と自然の間には何の隔たりもない、そういう境地が道元禅師の悟りであったかと思われる。自然の美をありのまま、素直に賞でる気持ちがそのまま仏の御いのちに通じることを表している。
　また、明恵上人が禅堂へ行き帰りする道を照らしてくれる冬の月へ、三十一文字であたたかく呼びかけた心を川端が、「自然、そして人間にたいする、あたたかく、深い、こまやかな思ひやり」、「しみじみとやさしい日本人の心」と述べたのである。
　さらに、川端は良寛の

形見とて何か残さん春は花山ほととぎす秋はもみぢ葉

という歌を引いている。良寛は死んで後に遺すものは何もなかったが、春には花を夏にはほととぎすを、秋には満山の紅葉を遺しておくから、自然がそのまま良寛であり、良寛がそのまま自然であったであろうという禅の精神に共感を寄せたようである。

これらの三つの歌に共通するのが、自然との一体化、合一であり、それこそが日本人の美意識の根本であると川端は指摘しようとするものである。豊かな自然の美しさを四季おりおりに感じるには、澄み切った心を持たなければならない。それが禅の境地であり、「無」の心である。禅の悟りとは、己を無にすることであり、その「無」は、「万有が自在に通う空、無涯無辺、無尽蔵の心の宇宙」であって、西洋の虚無ではなく、むしろその逆であると強調している。

そして、川端は、禅の精神から生まれてくる日本絵、生け花、庭園、盆栽、茶道などの美意識、「一輪の花は百輪の花よりも花やかさを思わせる」日本人の感覚、生け花や焼き物に表れている芸道、「無」にすべてを蔵する美意識、心の豊かさを内に包んで簡素閑寂を愛する心を語っている。

また、藤の花に女性的優雅を見た『伊勢物語』の一節を引きながら、『古今集』、『新古今集』、『源氏物語』、『枕草子』など日本の美の伝統を形づくっていった文学作品に触れている。

最後に、川端自身の作品が「虚無」と評されることに対し、西行の歌論—世界観の核心となる虚こそ、西洋の無とは違う日本の無の本質であり、自分の小説がめざすのも、冒頭に掲げた道元の四季の歌も実に禅に通じたものだと述べている。

大久保喬樹は、『日本文化論の系譜』(中公新書、2003年)において、「明治以降の日本文化論の大半が多かれ少なかれ、西欧文化を意識し、それに対抗する姿勢を秘めていたが、『美しい日本の私—その序説』には、さらにそれが強調され前面に表れており、記念講演という儀礼的な雰囲気の限られた枠の中で、川端は可能なかぎり広く日本文学、芸術を紹介しながら、西欧とは根本的に異質の伝統的な日本人の心性の特質を説き、自らもそれを日本人の宿命として引き受けようという姿勢を悲愴なまでの調子で表している。」と述べている。

一方、川端に流れ込んでいる「日本の古典の美意識」のありように対して、批判的な見解も見られる。例えば、大江健三郎は、川端がストックホルムにおいて、自らが到達した独自の神秘的な心象風景を、日本語のままに、中世の禅僧の歌を連想的に引用する仕方で説明したのは、西欧の聴衆の理解をあらかじめ断念していたからだと考える。その意味で川端の言葉が外部に閉じられたという。

[参考文献]
- 大久保喬樹『日本文化論の系譜——「武士道」から『甘え』の構造まで』中公新書　2003年。
- 清水文雄『日本人の心』比治山大学(「河の音王朝文学の会」私家版)　1967年2月。

- 『実録川端康成』 読売新聞社　1969。
- 『新潮日本文学アルバム 16　川端康成』 新潮社　1984。
- 『川端康成・三島由紀夫　往復書簡』 新潮社　1997；新潮文庫　2000年。
- 大久保喬樹『日本文化論の系譜──「武士道」から「『甘え』の構造」まで』 中公新書　2003年。
- 大久保喬樹『川端康成─美しい日本の私』 ミネルヴァ日本評伝選ミネルヴァ書房　2004。

義理と人情

源了圓

○ 日本文化の「情と共感」的性格

　私はこの本で、日本社会における人間関係とそれを支えた日本人の心情——しかもそれはとくに傑出した人びとのそれではなく、名もなき民の心情を、「義理と人情」というテーマで描いてみたいと思う。日本人の心情といっても「義理と人情」というテーマに限定する以上、当然、近世封建社会の問題が中心にならざるを得ないが、できるだけ広い視野をもって、それを生み出した風土的、なかんずく社会的・文化的諸条件との関連において問題をとらえたい。社会構造との関連においては、政治価値優先へといたる個別主義の支配する社会の問題として、文化との関連においては「保持と共感」の文化の問題として、この「義理と人情」の構造を明らかにしてみたいと思うのである。

　このうち、政治価値優先へといたる個別主義的社会構造と「恥の文化」の問題については、第二部で義理の理論的考察をおこなうさいにあわせ論ずることにして、ここでは、「共感の文化」と人情の問題を中心に考えてみたい。私がここで「共感の文化」という名で呼んだのは、よりくわしく「情と共感の文化」と呼んでよい。情は「こころ」とも読み、日本では古くから心の中心的役割を演ずるもの、とみなされてきた。この情の他者に向かって発動したすがたが情けであり、共感である。

　日本文化の性格については、いろいろの側面からの規定が可能であろう。しかし、多くの規定の仕方の中でも、とりわけこの「情と共感」の文化という規定は最も有力な規定の一つであろう。この日本文化の情的・共感的性格は、日本の風土に由来しよう。自然との関係が社会における人間関係、またそれを支える心情に発展し、そして文化形成の基礎的パターンとなったと考えられる。

　私は、義理の問題は、最終的には「義理と人情」の問題として構造的に把握すべきだと思っている。このさい「恥の文化」という規定だけでは、義理・人情の問題の解明は不可

能である。もともと外的生活規範であった義理すらが、時には心情化されている。まして義理が生活の場で機能するときのすがたである「義理と人情」は心情的側面をぬきにしては理解されない。そしてこのとき、「恥の文化」という『菊と刀』におけるベネディクトの規定のほかに、「情と共感の文化」という規定を加え、「恥と共感の文化」というコンテクストの下に、義理・人情の問題を考察する必要があると思う。(以下略)(pp.18-19.)

日本的ヒューマニズムの思想的基盤―宣長の「物のあはれ」論

(前略)「物のあはれ」とは、(1)物や事の心をわきまえ知る、(2)わきまえ知って、それぞれの物や事に応じて感ずる、という二つの心的作用から成り立っている。分析的に言えば、知ること、さらにそれを知性や理性の層から感性の層に沈殿させることを意味する、と言ってよかろうが、また逆に、情によって感じたことを知性化し、理性化するという面も合せて考えてもよいのではなかろうか。簡単にいえば、知と情とが一つになった心のはたらきであり、感動に裏づけられた知的作用である。そしてこの心のはたらきの中核をなすものが情なのである。(後略)(pp.29-30.)

○「情」の性格

情が物や事に触れて感動することによって生まれたのが「物のあはれ」であるとすれば、情は他者に向かって発動することにおいて「情け」となる。そこでは情は人や物への共感となる。'heart'としての情、'affection'としての情は、'sympathy'や'empathy'としての情けへと変容する。この間の機微を宣長はこう表現している。「然らば物語にて、人の心しわざのよきあしきは、いかなるぞといふに、大かた物のあはれをしり、なさけ有て、よの中の人の情(こころ)にかなへるを、よしとし、物のあはれをしらず、なさけなくて、よの人のこゝろにかなはざるを、わろしとはせり」(『源氏物語玉の小櫛(おぐし)』)。情けは強い個性と個性との愛の関係というより、やさしさの感情であり、思いやりであり、いたわりであり、ばあいによっては、個体と個体との差別感が消えたところに成立する愛である。(以下略)(pp.31-32.)

義理の個別主義的性格

義理は一見相反した性格をもっている。義理が、外国人にとってはもちろん、われわれ日本人にとってわかりにくいのも、また義理という観念が同一人間に拒絶反応をおこさせたり、好意反応をおこさせたりするのも、義理のもつ、このあいまいな自己矛盾的性格によることが多い。しかし、この二つの相反した性格をもつ義理に一つの共通性がある。それは、この義理が、だれかへの義理、何者かへの義理であって、そうした関係を超えた普遍的格律ではない、ということだ。友人や仲間への義理、知人への義理、主君への義理、恩人への義理、隣り近所への義理、取り引き関係への義理、組合への義理、―義理の現象形態は無数にあるあ、それはわれわれのだれかへの義理、何者かへの義理、という性格

をもっている。すなわち義理は、普遍主義(universalism)の立場に立つ倫理ではなく、個別主義(particularism)の立場に立つ倫理である。このようなタイプの倫理がなぜ成立したか。それは、われわれの社会が個別主義的社会であったからにほかならない。(中略)義理が、関係において成立する倫理、規範であることを指摘しておけばよい。(中略)

　われわれのいう人情もこれに似た性格がある。(中略)人情というとわれわれはふつう、ある普遍的な人間性を考える。この普遍的な人間性に根ざした欲望や感情の自然なはたらきを人情と考えている。(中略)しかし、われわれが義理と人情というときの人情には、それとは異なったニュアンスが含まれているのではなかろうか。他にたいする思いやりとか共感の念を、われわれは人情ということばで呼んで、人間としてのさまざまな欲望とは異なるニュアンスをそこにもたせているようである。もしこうした意味の人情ということばを英訳すれば、human natureと訳すよりも、sympathyとかempathyとか訳した方がぴったりくることが多いのである。

　こうしてみると、義理も人情もともに個別主義的性格の社会や文化の産物であることが推察される。われわれがだれとかとの、そして何ものかとの関係を重視し、これとの関係を積極的にもしくは消極的に維持強化しようとするとき、その関係の規範的側面が義理であり、心情のはたらきの面が人情である。そしてこの関係が好ましいときに、義理は温かい義理となり、義理と人情の区別は厳密にはつかなくなる。なぜなら、このとき義理は規範とはいっても、心情の倫理なのだから。しかし、このだれかとの関係が好ましくないが、われわれが生きていくためにやむを得ずこの関係を維持しようとするとき、義理は冷たい義理となり、義理と人情は対立するのである。義理はこのとき、われわれにとってよそよそしい、外的拘束力であり、外的規範である。そして人情はそれに対応して、他者との共感的関係を閉じて、自己の欲望の主張を始めようとする。もしくは生きる条件がもっときびしいときには、擬制された共感関係を維持しようと努力するのである。(pp.47-49.)

むすび

　今日われわれは、哲学体系の中で、人間論や文化論の中で、そして社会構造の中で、情の占めるべき位置づけに成功しないまま、大衆社会的状況を迎えた。その人間疎外の中で、ある人びとは他者との心情的癒着を求めて虚構の任侠の世界―義理・人情が生き生きと動いていた在りし日を憧れる。またこの人間疎外的状況を突破しようという、最も知的に尖鋭であり運動として最も急進的な学生運動の中にさえも、「とめてくれるなおっかさん。背中のいちょうが泣いている。男東大どこへ行く」(東大駒場祭ポスターより)と、なかばみずからを揶揄した調子においてであるが、日本的心情が生きている。

　しかしそれにもかかわらず、われわれは「情」に正当な位置づけを与えていない。封鎖社会の中でなく、開かれた社会の中で、日本文化や日本人の心の核心ともいうべき「情」は、今こそその所を得るべきだ。明治以後も、情は日本人の心や日本文化の中でたいせつ

な役割を果たしたはずなのに、われわれはそのことを気恥ずかしくさえ思っていたのである。それは明治以後、われわれが圧倒的にその影響をうけてきた近代西欧の文化が技術的知性を基礎にして成り立つものであり、知性と意志を中核として近代的自我も構成されたのであった、情を低くしか位置づけなかった文化体系であったことにもとづくものであろう。われわれは「情と共感」を基礎とする文化に生きながら、そうでない文化を受容し、しかもその間の矛盾を一つの文化体系として解決する努力をおこたってきたのである。

　わたしは第一部において日本のヒューマニズムの欠陥と思われるものを多く批判し反省してきたが、そのことは、われわれが明治以後、モデルとしてきた西欧の近代文化が完全なものであることを意味しない。そこにおける自己閉鎖的なアトムとしての個人からの脱却が、今日、西欧人にとっていかに必死の課題であるかをわれわれはよく知っている。情を基礎とする日本文化は、たとえどんなに欠陥を含むにせよ、こうした自己閉鎖的なアトムとしての個人からの脱却の問題にたいする一つの解決の示唆を与えるものであろう。そのことはもちろん、われわれの文化体系を即自的に肯定するものではない。今われわれに必要なのは、情を情として大切にしながら、しかもそれを実存の地平に深め、強い人格に結晶することであり、また情と理性とのより(・・)高い次元での統合を試みることである。さらにまた必要なのは、もはや閉鎖社会ではない今日の社会において、そして西欧の近代ないし現代の文明からの挑戦を受けている状況において、情の、人間論・文化論においての位置づけの試みであり、そしてそれを開かれた社会における人間関係にもたらす作業である。

> **出典：** 源　了圓『義理と人情』（中公文庫、2013年刊、初版）より。
> 　　　　源　了圓『義理と人情』は1969年に中央公論社から中公新書の1冊として出されたが、2013年7月に文庫版に改めて出版。

[著者略歴]
　源（みなもと）了圓（りょうえん）（1920—　）、歴史学者、日本思想史専攻。熊本県出身。旧制第五高等学校（現：熊本大学）を経て京都帝国大学哲学科在学時代、1943—1945兵役。復員後、京都帝国大学に戻り1948年卒業。大学院在籍中から『哲学季刊』（世界文学社）、『哲学辞典』（弘文社）、『明治文化史』思想：言論篇（開国百年事業会）などの編集事業に従事。1963年日本女子大学助教授、1968年同教授、1976年東北大学教授、1984年国際基督教大学教授、1991年退職。2001年日本学士院会員。1966—1967年アメリカのコロンビア大学での招聘講義のほか、1991年オックスフォード大学客員教授、1995年北京外国語大学名誉教授、同大学日本学研究センターから功労者証書授与。
　源の研究は江戸時代初期から明治初期の「日本思想史」と室町時代の世阿弥から明治期

の北村透谷にいたる「日本文化論」とに大別される。前者は「実学思想史」として、後者は「型と日本文化」として、総括的に把握したことに卓越性があるとされている。

[テキスト解説]

　源了圓の『義理と人情』は、日本社会の人間関係とそれを支える日本人の心情を庶民の「心情」から「義理と人情」というテーマで描いたものである。

　源は、まず「人情」に着目し、それをヨーロッパ近代思想のヒューマニズムと比較し再検討する仕事から始める。神の権威から解放された人間が人間としての尊厳を自覚し主張するのが西欧近代のヒューマニズムであり、その中核には人間の理性と意志への信頼がある。日本にはそのような意味でのヒューマニズムは成立しなかったが、「情と共感」を軸としてつくられた人と人とのつながりを重んじ、それを維持しようとする意識と行動はあった。これは「人間が人間らしく」生きようとする「日本的ヒューマニズム」である。この「情」(人情)が「欲」をさり、「こころ」に昇華されたとき、日本のヒューマニズムの中核を占めることになる。それが「もののあわれ」に他ならない(引用部分、「日本文化の『情と共感』的性格」pp.18-19、「日本的ヒューマニズムの思想的基盤―宣長の『物のあはれ』論」pp.29-30)。この「情」が他者に向かうと「情け」となり、「やさしさ」や「思いやり」や「いたわり」になる。場合によっては「個体と個体との差別感が消えたところに成立する愛」にもなると源はいう(引用部分「『情』の性格」pp.31-32)。こうして日本的ヒューマニズムは西欧的「個の確立」への方向には向かわない。日本人が「義理と人情」という場合の「人情」は普遍的な人間性に根ざした欲望や感情の自然なはたらきとは異なったニュアンスをもっている。「思いやり」や「共感」であり、人間のさまざまな欲望とも異なる。普遍ではなく私の世界である。

　一方、源は義理を①好意に対する返しとしての義理(基本形態)、②信頼に対する呼応としての義理(契約に対する忠実としての義理はこの「派生形態」)、③自己の体面を保持するための「義理」の三つに区分した。源はこれを「義理の原初的形態」だという。そして、「義理的な事実」と「義理的な観念」を区別する必要性を説いたうえで、上に整理したような「義理」を思わせる行為や社会関係の「事実」は古くからあったにせよ、「義理」という「観念」が社会的に成立したのは日本の近世社会であるとした。それを近世から明治にかけての文学作品の分析を通じて明らかにしたのが、この本の三分の二余りのページ数を占める第3部「義理と人情の文学」である(ここで紹介する紙数はないが)。

　この「義理」の観念も、それにもとづく人びとの行為・行動も、結局は「顔と顔が見える」人間関係の中でのことである。普遍的な「法」や「道徳原理」ではなく、「個別主義的な意識」である。それだけに、「冷たい義理」もあれば、「温かい義理」もある(引用部分「義理の個別主義的性格」pp.47-49)。それにとどまらず、一人の個人の内面において「人情」と「義理」とが深刻な葛藤をおこし思い悩む極限の姿を作品化した文学が現れる。場合によっ

ては作家が文化的内面的葛藤の中で自ら命を絶つことさえある。

このように「義理と人情」を分析した源は、高度に発達した社会経済のもとで、「大衆社会状況」を迎え人間関係が希薄化している現代日本社会で、人びとは虚構の「義理と人情」の世界に哀愁を感じ、「日本的心情」に心の癒しを求めているようにも見える。しかし、真の解決方向を見出そうとするなら、それは日本の近代が西欧化に走る余りに見過ごしてきた日本文化や日本人の心の核心にあった「情」に正当な位置づけを与えることが大切である。それは、西欧的近代個人主義が行き詰まりを見せている現代社会にあって、「情と共感」を基礎とする文化が、さまざまな欠陥をもっているにせよ、何か解決の示唆を与えるのではないかという課題でもある。これが源の本書の「まとめ」である（引用部分「むすび」pp.249-251）。

[参考文献]
- 赤塚行雄『義理と人情』 祥文社　1971。
- 井上忠司『「世間体」の構造』 日本放送出版会　1977。
- 加太こうじ『日本のやくざ』 大和書房　1964。
- 川島武宜『イデオロギーとしての家族制度』 岩波書店　1957。
- 九鬼周造『「いき」の構造』 岩波書店　1930。
- 桜井庄太郎『恩と義理』アサヒ社1960.同『名誉と恥辱』 法政大学出版局　1971。
- 寺内礼二郎『歴史心理学への道』 大日本図書　1984。

原典

坂の上の雲

司馬遼太郎

○ あとがき(一)

　小説という表現形式のたのもしさは、マヨネーズをつくるほどの厳密さもないことである。小説というものは一般に、当人もしくは読み手にとって気に入らない作品がありえても、出来そこないというものはありえない。

　そういう、つまり小説がもっている形式や形態の無定義、非定型ということに安心を置いてこのながい作品を書きはじめた。

　たえずあたまにおいているばく然とした主題は日本人とはなにかということであり、それも、この作品の登場人物たちがおかれている条件下で考えてみたかったのである。

　維新後、日露戦争までという三十余年は、文化史的にも精神史のうえからでも、ながい日本歴史のなかでじつに特異である。

　これほど楽天的な時代はない。

　むろん、見方によってはそうではない。庶民は重税にあえぎ、国権はあくまで重く民権はあくまで軽く、足尾の鉱毒事件があり女工哀史があり小作争議がありで、そのような被害意識のなかからみればこれほど暗い時代はないであろう。しかし、被害者意識でのみみることが庶民の歴史ではない。明治はよかったという。その時代に世を送った職人や農夫や教師などの多くが、そういっていたのを、私どもは少年のころにきいている。

　「降る雪や明治は遠くなりにけり」

　という、中村草田男の澄みきった色彩世界がもつ明治が、一方にある。

　ヨーロッパ的な意味における「国家」が、明治維新で誕生した。日本史上、大化改新という管制上(現実はどうであったか)の強力な中央集団国家が成立した一時期があったが、その後、すぐ日本的自然形態にもどった。日本の自然形態とは、大小無数の地方政権の寄りあいというかたちである。封建とか、地方分権主義とかよんでもいい。あの維新前に

おける最強の政権であった徳川政権ですら、徳川将軍家は、実質的には諸侯のなかでの最大の諸侯というだけにすぎず、その諸侯たちの盟主というにすぎなかった。元禄期の赤穂浪士には浅野侯への忠義はあっても、国家意識などはなかったのである。
　ところが、維新によって日本人ははじめて近代的な「国家」というものをもった。天皇はその日本的本質から変形されて、あたかもドイツの皇帝であるかのような法制上の性格をもたされた。たれもが、「国民」になった。不慣れながら「国民」になった日本人たちは、日本史上の最初の体験者としてその新鮮さに昂揚した。このいたいたしいばかりの昂揚がわからなければ、この段階の歴史はわからない。
　いまからおもえばじつにこっけいなことに米と絹のほかに主要産業のないこの百姓国家の連中が、ヨーロッパ先進国とおなじ海軍をもとうとしたことである。陸軍も同様である。人口五千人ほどの村が一流のプロ野球団をもとうとするようなもので、財政のなりたつはずがない。
　が、そのようにしてともかくも近代国家をつくりあげようというのがもともと維新成立の大目的であったし、維新後の新国民たちの少年のような希望であった。少年どもは食うものも食わずに三十余年をすごしたが、はた目からみるこの悲惨さを、かれら少年たちはみずからの不幸としたかどうか。
　明治は、極端な官僚国家時代である。われわれとすれば二度と経たくない制度だが、その当時の新国民は、それをそれほど厭うていたかどうか。心象のなかに立ち入ればきわめてうたがわしい。社会のどういう階層のどういう家の子でも、ある一定の資格をとるために必要な記憶力と根気さえあれば、博士にも官吏にも軍人にも教師にもなりえた。そういう資格の取得者は常時少数であるにしても、他の大多数は自分もしくは自分の子がその気にさえなればいつでもなりうるという点で、権利を保留している豊かさがあった。こういう「国家」というひらけた機関のありがたさを、よほどの思想家、知識人もうたがいはしなかった。
　しかも一定の資格を取得すれば、国家成長の初期段階にあっては重要な部分をまかされる。大げさにいえば神話の神々のような力をもたされて国家のある部分をつくりひろげてゆくことができる。素姓さだかでない庶民のあがりが、である。しかも、国家は小さい。
　政府も小世帯であり、ここに登場する陸海軍もうそのように小さい。その町工場のように小さい国家のなかで、部分々々の義務と機能をまたされたスタッフたちは世帯が小さいがために思うぞんぶんにはたらき、そのチームをつよくするというただひとつの目的にめかってすすみ、その目的をうたがうことすら知らなかった。この時代のあかるさは、こういう楽天主義からきているのであろう。
　このながい物語は、その日本史上類のない幸福な楽天家たちの物語である。やがてかれらは日露戦争というとほうもない大仕事に無我夢中でくびをつっこんでゆく。最終的

には、このつまり百姓国家がもったこっけいなほどに楽天的な連中が、ヨーロッパにおけるもっともふるい大国のひとつと対決し、どのようにふるまったかということを書こうとおもっている。楽天家たちは、そのような時代人としての体質で、前をのみ見つめながらあるく。のぼってゆく坂の上の青い天にもし一朶の白い雲がかがやいているとすれば、それのみをみつめて坂をのぼってゆくであろう。
　子規について、ふるくから関心があった。
　ある年の夏、からがうまれた伊予松山のかつての士族町をあるいていたとき、子規と秋山真之が小学校から大学予備門までおなじコースを歩いた仲間であったことに気づき、ただ子規好きのあまりしらべてみる気になった。小説にかくつもりはなかった。調べるにつれて妙な気持ちになった。このふるい城下町にうまれた秋山真之が、日露戦争のおこるにあたって勝利は不可能にちかいといわれたバルチック艦隊をほろぼすにいたる作戦をたて、それを実施した男であり、その兄の好古は、ただ生活費と授業料が一文もいらないというだけの理由で軍人の学校に入り、フランスから騎兵戦術を導入し、日本の騎兵をつくりあげ、とうてい勝ち目はないといわれたコサック騎兵集団とたたかい、かろうじて潰滅をまぬかれ、勝利の線上で戦いをもちこたえた。かれらは、天才というほどの者ではなく、前述したようにこの時代のごく平均的な一員としてこの時代人らしくふるまったにすぎない。この兄弟がいなければあるいは日本列島は朝鮮半島をもふくめてロシア領になっていたかもしれないという大げさな想像はできぬことはないが、かれらがいなければいないで、この時代の他の平均的時代人がその席をうずめていたにちがいない。
　そういうことを、書く。どれほどの分量のものになるか、いま、予測しにくい。

昭和四十四年三月

> **出典**：　司馬遼太郎『坂の上の雲』(文春文庫版・第8巻、1997年第35刷)の巻末所収「あとがき」集の内、「あとがき　(一)」(pp.295—299)より。
> 　新聞連載小説であった『坂の上の雲』は、後に、全6巻の単行本(1969—72年刊)として刊行され、その各巻ごとに「あとがき」が掲載されている。各巻は新聞連載中から単行本として出されており、第1巻の刊行は1969年4月。その巻末に掲載されたのが「あとがき　(一)」である。

[著者略歴]
　司馬(しば)遼太郎(りょうたろう)(1923—1996)、日本の小説家・評論家。文化勲章受章者。大阪府大阪市生まれ。本名、福田(ふくだ)定一(ていいち)。筆名は、中国の司馬遷を仰ぎ見て、「遼」＝「はるかに」及ばない「太郎」(日本の者)という意味だという。大阪外国語学校(後、大阪外国語大学を経て、現・大阪大学外国語学部)蒙古語科卒業。学徒出陣で戦車連隊に入り、偽満州の陸軍戦車学校に学ぶ。栃木県佐野市で終戦を迎えた。新日

本新聞京都本社を経て産経新聞社へ入社、文化部長、出版局次長など歴任。1960年「梟の城」で第42回直木賞受賞、翌年産経新聞社退職、作家生活に入った。その後、菊池寛賞・吉川英治文学賞・読売文学賞・新潮日本文学大賞受賞・読売文学賞受賞・大佛次郎賞など、数々の文学賞や毎日芸術賞・日本芸術院恩賜賞・朝日賞など文化・芸術関係の賞を受賞。1981年日本芸術院会員。1993年文化勲章受章。著作は『司馬遼太郎全集』(全68巻、文芸春秋社)ほか多数。

[テキスト解説]

　この『坂の上の雲』「あとがき」(一)は、全6巻からなる単行本の第1巻に付されている「あとがき」で、これを書いたときに、全巻の『坂の上の雲』はまだ完結していない。短い文章だが、『坂の上の雲』について、何の目的で、何を書こうとするのか、大体どういう構想をもって書くのか、この作品が対象とする時代＝「明治」という「時代」(1868年明治維新政府成立から1912年「大正」に改元)を日露戦争を中心に描こうとする意味やこの時代の歴史について著者がどう考えているのかが簡単ながら語られている。

　『坂の上の雲』の成立について、文春文庫版(第8巻)所収の「解説」のなかで、島田謹二氏は次のように述べている。

　「この作品は、昭和四十三年四月二十二日から四十七年八月四日まで、足かけ五年にわたって『サンケイ新聞』の夕刊に連載された。しかし、その前の準備の調査と読書と思索とに作者は五年余りの歳月をあてているから、かれは十年にわたる苦労をなめている。(略)

　この物語は『坂の上』にうかんだ『雲』を目指してか、雲にひかれてか、登ってゆく若者たちの群像を中心にすえている。それは、『明治』という世界史上ユニークな時代を背景にした日本の青春像である。その若者の兄弟は、時代の波にもまれながら、環境の要請から陸海の軍人になって、それぞれの役割に応じ、それぞれの特長を、それぞれに生かしぬいてゆく。病気になって正規の学業も中道で捨てたその友は、万事新しいものごのみの明治に生きながら、伝統の古文芸を新しく見直し、批評の力がそのまま内部に沈潜して、よみがえらせてきた俳句と短歌の開拓者となる。――要するに文武の道にそれぞれうちこんだ四国は松山の明治青年三名を語りつ、描きつ、評しつ、伝えつする長編だといえよう。(略)

　作者は日本語になった両国の公刊戦史、参戦将兵の回顧録、新聞記事(特に明治の「新聞集成」)、従軍者及び遺族の談話と聞き書き。その他日本語に移された外国人の手になる文献を手びろくまた細かに読破した。例えば、参謀本部の大冊『日露戦史』の附録の何百枚かを座右において、図上戦術の対局者のように、両軍の配置と攻守と兵力量を辿り、両軍の運動の経過と理由を、両軍首脳部の立場から、また政略戦略の大局から、考えぬいたそうである。本文を読むと、さもありなんとうなずける。

もちろんこの道には軍部当局者以外に、ひとりの先進がいた。伊藤正徳氏がその人である。この戦争ののち相当の歳月をへて、文字通りに客観できるところに二人の記者は立っていた。両軍の進退を公正に眺めようとした視点も共通している。ただ終戦後間もなく、日本国民の意気をふるいたたせたいという下心から、伊藤はことあることに『良き時代』を回顧して慷慨する。その著書の主眼は、国民精神の振起にあったとみていい。それに対して、『坂の上の雲』は、小説という形をとっているせいか、登場人物の人柄や心理の機微により繊細にはいって、語り口ももっと自由自在である。それはより文学的だといってよかろう。読み去り読みきたって、いよいよ面白いゆえんである」（文春文庫版・第8巻、pp.355―369）。

　しかし、この「坂の上の雲」は、一般的にいう小説とは違う一面がある。

　『司馬遼太郎全集』第28巻の月報に、作者自身が執筆した「首山堡と落合」という一文の冒頭で、「『坂の上の雲』という作品は、ぼう大な事実関係の累積のなかで書かねばならないため、ずいぶん疲れた。本来からいえば、事実というのは、作家にとってその真実に到着するための刺激剤であるにすぎないのだが、しかし『坂の上の雲』にかぎってはそうではなく、事実関係に誤りがあってはどうにもならず、それだけに、ときに泥沼に足をとられてしまったような苦しみを覚えた」と書いている。どのあたりが「自由自在」で、どのあたりは「事実関係の累積のなかで書かねばならない」箇所だったのか、一般の読者には判別が難しい。著者は、この作品を、一般的に考えられているフィクションではなく、ひとつの「史実」として読者に認識してもらいたいという意図を込めて、このように書いているように思う。また、司馬は、「たえずあたまにおいているばく然とした主題は日本人とはなにかということであり、それも、この作品の登場人物たちがおかれている条件下で考えてみたかったのである」ともいう。

　しかし、この作品は、後に戦史の専門家たちからはいくつも誤りを指摘されているだけでなく、作者の日露戦争史像や大きくは日本近代史像に対して、多様な評価と批判が出されている。

　日露戦争史像については、日清戦争も含めて、朝鮮・韓国の国家・社会・民衆からの視点に欠け、根本的な欠陥を持っていると指摘する批判がある。このことは作者も早くから自覚していたようで、作品の映画化やテレビドラマ化を存命中に許さなかったのは、戦争美化論に利用されたくないという気持ちと同時に上のような批判を意識していたのではないかと思われる。しかし、司馬の死後、2009年にNHKのテレビドラマとして放映され、賛否両論の議論が起こった。

　また、日本の近現代史像については、20世紀末から台頭した、「自由主義史観」を標榜して、明治以降の日本の近現代史を栄光の民族史として描こうとする潮流にこの作品も利用された。それに対して、「明るい明治」と「暗い昭和」ととらえる日本近代史把握が「司馬史観」と呼ばれ、歴史学の立場からの厳しい批判も寄せられている。

日本は、明治維新で自国の近代化を実現し、先進国の仲間入りを果たしたと同時に、欧米列強に対抗すると主張しながら、弱い立場にあるアジア諸国への侵略を繰り返し、加害者として関係諸国の人々に測りきれない苦痛を与えた。この歴史についての認識は、日本だけではなく、アジア全体、乃至人類に与えた重い課題であろう。この課題は日本の戦後思想の基本問題でもあり、現代の日本文化論の一つの論点でもある。その意味で検討すべき重要な作品であろう。

[**参考文献**]
- 司馬遼太郎『司馬遼太郎全集』全68巻（第Ⅰ期：1—32巻、1971—1974；第Ⅱ期：33—50巻、1983—1984；第Ⅲ期：第51—68巻、1998—2000）。
- 『坂の上雲』(1~8)（文春文庫版）など著者作品群の他、藤岡信勝『汚辱近現代史』　徳間書房　1996。
- 中村政則『近現代史どうみるか—司馬史観を問う』　岩波ブックレット　1997。
- 成田龍一『司馬遼太郎の幕末・維新—『龍馬がゅうく』と『坂の上の雲』を読む』　朝日選書　2003。
- 碓井昭雄『司馬遼太郎 歴史物語—司馬文学読解』　心交社　2009。
- 成田龍一『戦後思想家としての司馬遼太郎』　筑摩書房　2009。
- 中村政則『「坂の上の雲」と司馬史観』　岩波書店　2009。
- 中塚明『司馬遼太郎の歴史観—その「朝鮮観」と「明治栄光論」を問う』　高文研　2009。
- 原田敬一『「坂の上の雲」と日本近現史』　新日本出版社　2011。

> **原典**

「甘え」の構造

土居健郎

◯ 甘えと日本的思惟

　日本的思惟の特徴については諸家がいろいろな説をのべているが、畢竟するに、西洋的思惟に比較して非論理的直観的であるというものが多いようである。私は、このことは日本で甘えの心理が支配的であることと無関係ではないと思っている。なぜなら分離の事実を止揚し、もっぱら情緒的に自他一致の状態をかもしだすという甘えの心理はまさしく非論理的といわねばならないからである。

　中村元氏は東洋人の思惟方法を比較研究した結果、日本思想の特に顕著な傾向は、閉鎖的な人倫組織を重視することである、とのべておられるが[1]、これは日本人の甘えの心理をいいかえたものと解される。最近、森有正氏[2]がいう、日本的思考の特徴としての私的二項方式[3]というのも同じことである。ところで閉鎖的といい、私的といい、日本的特徴を記載すべく用いられている形容詞はいずれも甘えの世界を外から眺めた場合にあてはまるものであって、この世界の住人にとっては、閉鎖的とか私的という意識自体極めて乏しいということを指摘しておこう。むしろどちらかといえば彼らは自らを開放的と意識することの方が多いといってもよいかもしれない。第一章でのべたように、たしかに他人は他人である限り、甘えの世界に無縁であり、その意味では他人を排する閉鎖性がないわけではない。しかしこれはいいかえれば、この世界が他人を甘えによってとろかしてその他者性を消失させてしまおうとする働きを持っているということであって、その意味では包容的であるとさえいえる。ただ甘えを認めない外部の人たちにとっては、甘え

---
[1] 原著者注：中村元「東洋人の思惟方法３」春秋社、1962年。
[2] 原著者注：森有正『日本の思想・中国の思想・西洋の思想』（座談会：吉川幸次郎・尾藤正英とも）。
[3] 引用者注：「私的二項方式」とは、簡単にいえば、日本人の中では二人の関係（二項関係）しか存在せず、日本社会というものは存在しない。一人の人が、様々な人々と「二項関係」を結ぶだけで、日本は無数の「二項関係」のネットワークのようにつながった人間の集団だと見る日本社会論。

の世界が課する均質性が我慢ならないので、それが閉鎖的私的ないし自己中心的な世界と映るのである。
　このような甘えの世界を批判的否定的に見れば、非論理的・閉鎖的・私的ということになるが、肯定的に評価すれば、無差別平等を尊び、極めて寛容であるとさえいえるであろう。例えば鈴木大拙が禅の悟りとして説いたものはこのような甘えの肯定的評価に他ならないと解することができるように思う。誤解を避けるためにいうが、ここで甘えの肯定的評価というのは、単に甘えを容認し奨励することに留まらない。甘えを達観することにより、その中に含まれる傾向をすべてプラスの方向に救い上げることも含む。したがって現象的にはあたかも甘えを超越するように見えることもあろう。例えば「父母未生以前本来の面目如何」という禅の問いはそのことを狙ったものであると思われる。主客(しゅかく)未分(みぶん)あるいは自他(じた)不二(ふじ)というのも同じことであろう。しかし人間存在は所詮父母を前提としているので、いくら禅で悟ってみても父母を完全に抹殺することはできまい。そこで再び父母のもとに回帰するということが起こる。もっともこれは殊に日本の禅思想に顕著な傾向であるのかもしれない。ともかくある禅僧は禅の悟りは孝順の一語に尽きるといったというし、また鈴木大拙は「欧米人の考え方、感じ方の根本には父がある」のに対して、東洋的心性の根底には母があるといい、次のようにのべている。「母は無条件の愛でなにもかも包容する。善いとか悪いとかいわぬ。いずれも併呑して『改めず、あやうからず』である。西洋の愛には力の残りかすがある。東洋のは十方豁開である。八方開きである。どこからでも入って来られる。」これはほとんど甘えの讃美に他ならないといってもよいのではなかろうか。
　さて、この無差別平等の精神は、ただ日本の禅思想ばかりでなく、古来から日本人の中に脈々と生き続けてきているように思われる。すなわち神ながらの道というのがまさにそれであると思うが、それは神ながらの道がいうなれば無原則の原則・無価値の価値を唱道してきたと考えられるからである。実際日本人はこの方針に従ってこれまで異質の文化を貪欲に摂取しながら、さして消化不良を起こすこともなく、すべてどうにかこうにか自家薬籠中のものにしてきたのである。これは傍(はた)から見れば無思想にも無節操にも見えるかもしれない。丸山真男氏が日本思想の特徴として座標軸の欠如をいうのも同じことを指している。これはしかし外国を模範として見るからそうなので、これでも一向に差し支えないと居直ってきたのが日本人であったのである。(中略)
　次に日本人の審美感について若干考察してみよう。
　ところでこの方面でも甘えの感受性が大きく物をいっているように思われる。まず一般に美というのは、対象の与える印象が感覚に快い場合であって、その体験においては対象の美を享受する者が対象と一つになっていることであるが、これは甘えの体験と似通うところがある。というのは甘えは度々のべてきたように相手と一体感を求めることだからである。もっともその場合、相手がこちらの意図(いと)を理解し、それを受け容れて

くれることが絶対必要である。しかしこのことはいつも可能というわけにはいかないから、甘えを求める者はいきおいフラストレーションを経験することが多く、もし満足を感ずる場合にも永続きしないのが通常である。このことから真の永続的一体感を求めて、ある人々は禅その他の宗教に走ると考えられるが、同じ動機が美の追求に赴(おもむ)かせることもあるのではなかろうか。実際、美を追求している者の間に、しばしば満たされない甘えを強く自覚し、それ故に一層美を追究することに駆り立てられている者を見かけることが少なくない。日本人が全体として他国民に比し審美的なのも同じような理由に基づくことなのかもしれない。すなわち甘えの世界に生息して絶えず甘えの感受性を刺戟されていると、否が応でも美を求めずにはいられなくなると考えられるのである。

　このこと関連して真先に念頭に浮ぶのは、日本的審美感として特に名高い「わび」や「さび」の精神である。「わび」も「さび」も人界を避けて閑寂を愛する心であり、その点甘えによって人と交わることを求めるのとは正反対に見える。しかしその境地に到達した人は孤独をかこつことはなく、却って自分を取り巻く周囲との不思議な一体感を味わう。さらにまたこの境地を媒介として、同好の士との間に新たな交わりを持つことも可能となる。(中略)

　以上日本的思惟の特徴を甘えの心理との関連においてのべてきたが、この他にもいろいろ論じられてよいことがあるであろう。例えば、本居宣長がいいだしたことで有名な「物のあわれ」も、以上のべたものと同じく、甘えの感受性に関係があると思われる。というのは、「あわれ」というのは、人間にせよ自然にせよ対象に感動することであり、しみじみとした情感を以てその対象と一体化することであるからである。結局、「わび」や「さび」も、また「いき」も、さらに義理人情という形で定着した人間関係のあり方も、すべて根源は「物のあわれ」に発しているといってよいのかもしれない。そしてそれはさらに遡れば、古代人の原体験にまで到達するのであろう。結局この原体験がもろもろの神話を生み、それが一方では天皇制およびそれに連な家族社会を形成し、他方ではまた日本独特の情感ないし思惟を養ってきたとみることができるのである。ところでこのような日本人を二千年の間無反省的に培ってきた感動の基調こそ甘えの心性に他ならないと私は主張したいのである。すでに幾度かふれたように、この心性が本質的には幼児的なものであるという自覚は、恐らくこの度の敗戦までは、起こらなかったのではあるまいか。私はそう思うのであるが、もしそうとすれば、この事実は次のように説明できると思う。

　まず古代人自身は、その原体験を原始的とか幼児的とか分けて自覚せずただ一つの感動として体験したであろう。ところでこの原体験の感動が、日本が島国で孤立している故に時代の推移によって洗練されることはあっても比較的そのままの形で後世まで保存されたと想像される。もちろんいくら日本が島国であるといっても、その長い歴史の間には種々の文化的影響を外国から受けているのであって、それに伴って日本の固有の文化を自覚するということも起こってきたにちがいない。本居宣長以来、言挙げせぬ神な

がらの道といいながら、敢えてそれを言挙げするようになったのもそのためであり、明治以後、国体思想が大いに宣揚されたのもそのためであると思われる。また同じく明治以後民間に禅が普及したのも、同じような理由からであろう。このことと関連して、戦前一世を風靡した西田哲学が、主客未分の純粋経験を重んじるということで、明らかに禅の影響を受けていることは面白い。西田は明らかに自分の哲学が、西洋哲学の伝統に触発されながら日本的体験に根ざしていることについて、固い確信を持っていたからである。

ところで以上あげたような日本的体験の本質が幼児期にあるという反省は、先に「甘えのイデオロギー」の項にふれたように、敗戦の衝撃によってこれまで日本の社会を結びつけていた道徳観念の権威が傷つけられることによって初めて可能となったように思われる。すなわち人々が敗戦の傷手の中で忠孝の道徳を投げ出し、義理人情を古くさく感じ、忘恩の誹りを恐れることなく生きはじめた時、彼らを実際に動かしている一番深い欲望が甘えであり、しかもそれがいたく傷ついていることを漸くにして自覚するようになったのである。それと同時に彼らは、この甘えが本来幼児に属するものであることをもあらためて悟るようになったのではあるまいか。もちろん、甘えの心性が幼児的であるということは、必ずしもそれが無価値であることを意味しはしない。無価値であるどころか、それが多くの文化的価値の原動力として働いてきたことは、現に日本の歴史の証明するところである。それはまた単に過ぎ去った文化的価値としてだけではなく、現にわれわれの中に生き続けている。しかし今後われわれは、日本精神の純粋さを誇ってばかりはいられないであろう。われわれはむしろこれから甘えを超克することにこそその目標をおかねばならぬのではなかろうか。それも禅的に主客未分の世界に回復することによってではなく、むしろ主客の発見、いいかえれば他者の発見によって甘えを超克せねばならないと考えられるのである。

> **出典**：『「甘え」の構造』増補普及版（弘文堂 2007年刊）
> 　　　　第3章「甘え」の論理の第4項「甘えと日本的思惟」を中心に引用。
> 　　　　『「甘え」の構造』初版は1971年刊行。現在入手が最も容易な2007年刊の増補普及版を底本にした。このには冒頭に著者の新稿『『甘え』今昔』の他、付録として「『甘え』再考」・「刊行二十周年に際して」が収録されている。

[著者略歴]
土居（どい）健郎（たけお）（1920—2009）、精神科医・精神分析家。東京大学名誉教授・医学博士。東京生まれ。府立高等学校（東京・旧制）を経て、1942年東京帝国大学医学部卒業、陸軍軍医となったが、敗戦後の1950—1952年米国メニンガー精神医学校留学、さらに1955—1956年米国サンフランシスコ精神分析協会留学。1961—1963年米国国立精神衛生研究所に招聘。この間、1957—1971年聖路加国際病院精神科医長。1971—1980年東

京大学医学部教授(保健学科精神衛生学教室教授・1979年医学科精神科教授兼任)。1980—1982年国際基督教大学教授。1983—1985年国立精神衛生研究所所長。聖路加国際病院顧問などを歴任。著書『甘えの構造』は日本人の精神構造を解き明かした日本人論として一躍有名になり、英語・ドイツ語・フランス語・イタリア語・中国語・韓国語・インドネシア語・タイ語などで翻訳が出された。

キリスト教(カトリック教会)信徒。

[テキスト解説]
　1950年代にアメリカに留学した際に土居健郎は精神医学者として文化衝撃(カルチャーショック)を受けた。それは日本語では一般的に使われる「甘える」にあたる欧米言語がなく、それは対人関係の作り方やあり方の相違にまで深くつながっていることに気づいた。そこで土居は「甘え」という言葉に注目し、独自の精神分析理論を構築し、その視点から日本人・日本社会の特性を分析した日本文化論を展開した。

　土居は「甘え」を必ずしも明確に定義してはいないが、大意は次のようにまとめられよう。①乳児の精神がある程度発達して、母親が自分とは別の存在だと知覚した後も母親との密着・一体化を求めている状態を表す言葉。②そこから、乳幼児の「育児」のあり方(文化)と不可分な「幼児性」の継続を生む。③このことは第一義的には感情であるが、この感情は「欲求的性格」をもち、その根底には本能的なものが存在する。④このことが、他者との分離を否定し、分離の痛みを味わいたくないという心理を懐かせる事態を生む。⑤さらに進んで、自分の中に生まれた欲求を自分が主体的に相手に言葉で明確に伝えることをしなくても、相手が自分の気持ちを「汲んでくれ」「察してくれて」対応してくれると考えるような他者との関係のあり方を生む。⑥それがその社会の対人関係をつくる基礎となっているような社会こそが「甘え」という言語を生んだ日本社会であり、日本文化の特質である。

　著書『「甘え」の構造』は、この「甘え」について、どのような文化衝撃(カルチャーショック)がこの理論を生み出すことになったかをまず解説し(第1章)、ついで「甘え」という言葉が日本語では「すねる」「ひねくれる」「うらむ」「ふてくされる」「たのむ」等々の言葉とどんな関係を持つかを解説する。そして、「義理と人情」「内と外」「罪と恥」などの日本文化を象徴する概念を「甘え」との関連で分析し、日本人・日本社会に関する「甘え」から見た「日本批評」を展開する(第2章)。続いて「甘え」概念を「より子細に吟味した」のが第3章である。ここでは「甘え」を日本思想史のなかで位置づけ、西欧思想との比較・「自由」概念の検討・日本語の「気」と中国語の「気」との差異などを論じる。このうちの「甘え」の日本思想史の中での位置づけを試みた部分が、本テキストで引用・紹介した「甘えと日本的思惟」の文章である。第4章では「精神病理」との関連で「甘え」を論じ、最終章の第5章では「甘え」と現代社会を論じている。

1950年代から土居が唱え始めていた「甘え」の理論は、本来は精神分析とそれに基づく精神科医としての治療に関する理論であり、現在もその理論として生かされ検討もされている。一方、著書『「甘え」の構造』発表を契機に、1960年代後半から70年代初期までの日本の高度経済成長達成期にいくつか出されてくる、それ以前のどちらかと言えば、批判的・否定的「日本文化論」に対する、肯定的「日本文化論」の一つの典型ととして受け取られ、代表的な日本文化論の一つとなった。

　しかし、土居が「甘え」の「構造」をもつ日本文化や社会を単純に肯定的に評価して事足れりとしているのでないことは、テキストの引用部分の末尾の一文からも十分に読み取れる。また、ルース・ベネディクトの有名な「罪の文化」「恥の文化」論と「甘え」論との関連を論じた箇所で、「日本人の間では心から詫びれば容易に和解が成立する」ということを知って驚いたという外国人司祭(20世紀日本に滞在)の話を紹介し、「甘え」の社会構造が外国人に理解されにくいことを論じていること(pp.73-87.)などにも注目しておきたい。

　とはいえ、「甘え」という一つの視点からのみ「日本文化」の全体像を論じることへの疑問や、「甘え」という言葉を英語圏との比較だけで日本特有の言語表現と断定することへの批判(例えば韓国語・朝鮮語には同じような言葉があるという意見)などもある。

[参考文献]
- 土居健郎『土居健郎選集』　岩波書店　2000。
- 土居健郎『「甘え」雑稿』弘文堂　1971。
- 土居健郎『「甘え」の周辺』　弘文堂　1987。
- 土居健郎『「甘え」のさまざま』　弘文堂　1989。
- 土居健郎『土居健郎注釈「甘え」の構造』　弘文堂　1993。
- 土居健郎『「甘え」の思想』　弘文堂　1995。
- 土居健郎『続「甘え」の構造』　弘文堂　2001。
- 土居健郎『漱石の心理的世界―「漱石文学における「甘え」の研究視覚」―』角川書店・角川選書1982。
- 土居健郎『信仰と「甘え」』　春秋社　1990。
- 土居健郎『聖書と「甘え」』　ＰＨＰ新書　1997。
- 土居健郎『甘え・病い・信仰』（2001、創文社刊）など著者の「甘え」に関する著書。
- 森有正『経験と思想』　岩波書店　1977。
- 青木保『「日本文化論」の変容』　中公文庫　1999。

原典

あいまいな日本の私

大江健三郎

　さて、正直にいえば、私は二十六年前にこの場所に立った同国人に対してより、七十一年前にほぼ私と同年で賞を受けたアイルランドの詩人ウィリアム・バトラー・イエーツに、魂の親近を感じています。もとより、私がこの天才と自分を同列に並べるのではありません。詩人がこの世紀に復興させたウイリアム・ブリイクによれば、「ヨーロッパとアジアを横切って、さらに中国へ、または日本へ、稲妻のように」と歌われるほど、かれの国から違い土地のひそかな弟子として、そういうのです。

　私がいま自分の小説家としての生のしめくくりとして書きあげたばかりの三部作は、そのタイトル『燃あがる緑の木』をかれの重要な詩のひとつのスタンザ「梢の枝から半ばはすべて、きらめく炎であり/半ばはすべて緑/露に濡れた豊かな茂りである一本の樹木。」によっています。あわせてかれの全詩集は、この作品に徹底した影を投げかけてもいるのです。大詩人ｗ・Ｂ・イエーツの受賞を祝って、アイルランド上院で提出された決議案演説には、次の一節がありました。「われらの文明は氏の力ゆえに世界に評価されるだろう……破壊への狂信から人間の正気を守る氏の文学は貴重である……」

　もしできることならば、私はイエーツの役割にならいたいと思います。現在、文学や哲学によってではなく、電子工学や自動車生産のテクノロジーゆえに、その力を世界に知られているわが国の文明のために。また近い過去において、その破壊への狂信が、国内と周辺国の人間の正気をふみにじった歴史を持つ国の人間とした。

　このような現在を生き、このような過去にきざまれた辛い記憶を持つ人間として、私は川端と声をあわせて「美しい日本の私」ということはできません。さきに私は、川端のあいまいさについていいながら、vagueという言葉を用いました。いま私は、やはり英語圏の大詩人キャスリーン・レインがブレイクにかぶせた「ambiguousであるがvagueではない」という定義にしたがって、同じあいまいなという日本語をambiguousと訳したいと思いますが、それは私が自分について、「あいまいな日本の私」というほかないと考えるから

なのです。

　開国以後、百二十年の近代化に続く現在の日本は、根本的に、あいまいさの二極に引き裂かれている、と私は観察しています。のみならず、そのあいまいさに傷のような深いしるしをきざまれた小説家として、私自身がいきているのでもあります。

　国家と人間をともに引き裂くほど強く、鋭いこのあいまいさは、日本と日本人の上に、多様なかたちで表面化しています。日本の近代化は、ひたすら西欧になろうという方向づけのものでした。しかし、日本はアジアに位置しており、日本人は伝統的な文化を確乎としてまもり続けもしました。そのあいまいな進み行きは、アジアにおける、侵略者の役割にかれ自身を追い込みました。また、西欧にに向けて全面的に開かれていたはずの近代の日本文化は、それでいて、西欧側にはいつでも理解不能の、またはすくなくとの理解を渋滞させる、暗部を残し続けました。さらにアジアにおいて、日本は政治的にのみならず、社会的、文化的にも独立することになったのでした。

　日本近代の文学において、もっとも自覚的で、かつ誠実だった「戦後文学者」、つまりあの大戦直後の、破壊に傷つきつつも、新生への希求を抱いて現れた作家たちの努力は、西欧先進国のみならず、アフリカ、ラテン・アメリカとの深い溝を埋め、アジアにおいて日本の軍隊が犯した非人間な行為を痛苦とともに償い、その上での和解を、心貧しくもとめることでした。かれらの記憶にされるべき表現の姿勢の、最後尾につらなることを、私は志願し続けてきたのです。

　ポスタ・モダーンの日本の、国家としてのまた日本人の現状も、両義性をはらんでいます。日本と日本人は、ほぼ五十年前の敗戦を機に——つまり近代化の歴史の真ん中に、当の近代化のひずみそのものがもたらした太平洋戦争があったのです——「戦後文学者」が当事者として表現したとおりに、大きい悲惨と苦しみのなかから再出発しました。新生に向かう日本人をささえていたのは、民主主義と不戦の誓いであって、それが新しい日本人の根本のモラルでありました。しかもそのモラルを内包する個人と社会は、イノセントな、無傷のものではなく、アジアへの侵略者としての経験にしみをつけられていたのでした。また広島、長崎の、人類がこうむった最初の核攻撃の死者たち、放射能障害を背負う生存者と二世たちが——それは日本人にとどまらず、朝鮮語を母国語とする多くの人びとをふくんでいますが——、われわれのモラルを問いかけているのでもありました。

　現在、日本という国家が、国連をつうじての軍事的な役割で、世界の平和の維持と恢復のために積極的でないという、国際的な批判があります。それはわれわれの耳に、痛みとともに届いています。しかし日本は、再出発のための憲法の核心に、不戦の誓いをおく必要があったのです。痛苦とともに、日本人は新生へのモラルの基本として、不戦の原理を選んだのです。

　それは、良心的徴兵拒否者への寛容において永い伝統を持って、西欧において、もっともよく理解されうる思想ではないでしょうか？この不戦の誓いを日本国の憲法から取り

外せば——それへ向けての策動は国内につねにありましたし、国際的な、いわゆる外圧をそれに利用しようとする試みも、これらの策動にはふくまれてきました——なによりもまずわれわれは、アジアと広島、長崎の犠牲者たちを裏切ることになるのです。その後へ、どのように酷たらしい新しい裏切りが続きうるかを、私は小説家として想像しないわけにゆきません。
　民主主義の原理を越えた、さらに高いところに絶対的な価値をおく、旧憲法を支えた市民感情は、半世紀に及ぼうとしている民主主義の憲法のもとで、単に懐かしまれるよりもさらにリアルに、生き続けています。そこにつないで、戦後の再出発のモラルより別の原理を、日本人があらためて制度化することになれば、いったん瓦解した近代化の廃墟で、普遍的人間性をめざしたわれわれの祈念は、ついにむなしかったというほかなくなるでしょう。一個の人間として、私はそれを想像しないではいられないのです。
　一方、日本の経済的な大きい繁栄は——世界経済の構想に照らして、また環境保全の側面から、様ざまに危険の芽をはらんでいるはずですが——日本人が近代化をつうじて慢性の病気のように育ててきたあいまいさを加速し、さらに新しい様相をあたえました。それはわれわれが国内で自覚しているよりも、国際的な批判の眼には、さらにあきらかですらあるのではないでしょうか？奇妙な言い方になりますが、日本人は戦後の徹底的な貧困を耐えしのんで、復興への希望を失わなかったように、現在の異様な繁栄の底から身体をもたげようとする、先行きへの巨大な不安をも、耐えしのぼうとしているのです。日本の繁栄は、アジア経済の、生産と消費両面における潜勢力の増大に統合されて、いまや新たな相貌を帯びつつあるようにも見えます。
　このような時、東京の消費文化の肥大と、世界的なサブカルチュアの反映としての小説とはことなる、真面目な文学の創造をねがう私たちは、どのような日本人たる自己の表現をもくろんでいるのでしょうか？Ｗ．Ｈ．オーデンは、次のように小説家を定義しました。《正しい者たちのなかで正しく、／不浄のなかで不浄に、／もしできるものなら、／ひ弱な彼みずからの身を以て、／人類すべての被害を、／鈍痛で受けとめねばならぬ。》（深瀬基寛訳）
　このような職業を永く生きることから、自分の「人生の習慣」を——これはフラナリー．オコナーにもとづく言葉ですが——獲得した者らとして、どのような日本人たる自己の再確認をめざしているのでしょうか？その望ましい日本人像について、ジョージ．オーウェルがかれの愛する人間の性格を表すものとした、やはり英語による妥当な言葉をもとめるなら、それは「人間味あふれた」「まともな」「きちんとした」とかの単語と並置されるものとしての、「上品な」日本人ということであるように思われます。表面的にはシンプルなこの言葉と対比される時、「あいまいな日本の私」という自己規定の意味は、さらに明確となるでしょう。われわれが外からながめられている在り方と、内においてそのようでありたいとねがっている在り方との、あからさまなズレにおいても。

しかし、この品の良い人間としての日本人というイメージを、フランス語における、ユマニストとしての日本人という表現にかさねるならば——寛容さ、人間らしさという内容を媒介にして、それらふたつの形容詞を結ぶことに、オーウェルは異議を申し立てないでしょう——、そのような日本人の建設をめざして、苦しい努力をかさねた、われわれの先達はいるのです。
　かれの名は、フランス・ルネサンスの文学と思想の研究者、渡辺一夫。渡辺は大戦直前とそのさなかの、愛国的な狂熱のなかで、ひとり懊悩しながら、それでも根だやしになっていたのではない日本の伝統的な美意識と自然観に——それは川端の「美しい日本」とはまた別のものですが——、ユマニスト的な人間観を加えることを夢みたのでした。
　国家が近代化をめざして荒あらしく進んだ仕方とはことなりながら、しかしそれと複雑に響きあう仕方で、日本の知識人たちは、西欧とかれらの島国とを、深みにおいてつなごうとしました。それは苦しい労作でしたが、喜びにみちたものでもあったはず。なかでも渡辺一夫のフランソワ・ラブレー研究は、実り豊かな達成であったのです。
　若い渡辺が、大戦前に留学したパリで、研究の指導者にラブレーを日本語に訳す決意をうちあけた時、老成したフランス人は、野望にもえる若い日本人にこういう評価をあたえました。"L'entreprise inouïe la traduction de l'intraduisible Rabelais"つまり、翻訳不可能なるラブレーを日本語に翻訳するという、前代未聞の企て、と。またもうひとりの助言者は、さらに率直に、つまり、パンタグリュエル的な見事な企て、驚きを表したということです。しかし渡辺一夫は、大戦中と占領下の窮乏のなかで、この大事業をやりとげたのみならず、ラブレーの先行者の、またラブレーと肩を並べる、そしてラブレーに続いた、多様なユマニストたちの生き方と思想とを、混乱期の日本に移し植えるべく努めたのでした。
　私は、人生と文学において、渡辺一夫の弟子です。私は渡辺から、ふたつのかたちで、決定的な影響を受けました。ひとつは小説について、ミハイル・バフチンが『グロテスク・リアリズム、あるいは民衆の笑いの文化のイメージ、システム』と呼んで理論化したものを、私は渡辺のラブレー翻訳からすでに具体的にまなんでいたのです。物質的、肉体的な原理の重要さ、宇宙的、社会的、肉体的な諸要素の緊密なつながり、死と再生の情念の重なり合い、そして、あらわな上下関係をひっくりかえしてみせる哄笑。
　これらのイメージ、システムこそが、周縁の日本の、さらに周縁の土地に生まれ育った私に、そこに根ざしながら普遍性にいたる、表現の道を開いてくれたのです。やがてそれは、今押し立てられている経済的な新勢力としてにアジアというのではない、永続する貧困と混乱たる豊かさをひそめたアジアという、古なじみの、しかしなお生きているメタファー群において、私を韓国の金芝河や中国の鄭義、莫言に結びつけることにもなりました。私にとって文学の世界性は、まずそのろうな具体的なつながりにおいて成立しています。かつて韓国の秀れた詩人の政治的自由をもとめる、ハンストに参加した私はいま、天安門事件以後、表現の自由を失っている、きわめて良質な中国の小説家たちの運命を憂

えています。

　渡辺からあたえられた影響の、もうひとつはユマニスムについて。それを私は、ミラン・クンデラのいう「小説の精神」とかさなりあった。ひとつの生きた全体としてのヨーロッパの精神と受けとめています。渡辺は、ラブレーをかこみこむ者らとして、エラスムスからセバスチアン、カステリヨンの、さらにアンリ四世をめぐるマルゴ王妃からガブリエル・デトレといった女性たちまでの、詳細な史料読みとリにたつ評伝を書きました。そのようにして、もっとも人間的なユマニスムを、とくに寛容の大切さと、人間が思いこみや自分のつくった機械の奴隷となりがちなことを、渡辺は日本人にニーロプの『（戦争に）抗議しない人間は共謀者である』という言葉をつたえる、時事的な発言にも及びました。渡辺一夫は、ユマニスムという、ルネサンス以後の諸思想のもっとも西欧的な母胎を、日本に移し植えようとしたことで、それこそL'entreprise inouieをあえて試みたのですいまさにdelle entreprise Pautagrueline の人であったのでした。

　私は渡辺のユマニスムの弟子として、小説家である自分の仕事が、言葉のよって表現する者と、その受容者とを、個人の、また時代の痛苦からともに恢させ、それぞれの魂の傷を癒すものとなることをねがっています、日本人としてのあいまいさに引き裂かれている、と私はいいましたが、その痛みと傷から癒され、恢復することをなによりもとめて、私は文学てき努力を続けてきました、それは、日本語を共有する同朋たちへの、同じ方向続けの祈念を表現する作業でもありました。

出典：　大江健三郎『あいまいな日本の私』岩波書店、1995年1月。

［著者略歴］
　大江 健三郎（おおえ けんざぶろう）(1935―　　)、1935年生まれ、愛媛県出身。小説家、市民運動家。東京大学文学部フランス文学科卒。1958年、「飼育」により23歳で芥川賞を受賞。その後、「核」問題や平和・民主主義などの人類的な問題と、故郷である四国の森や、知的障害者である長男（作曲家の大江光）との交流といった自身の「個人的な体験」を織り込み、広く人類的な問題群をテーマとした作品を発表してきた。1994年、日本文学史上において二人目のノーベル文学賞受賞者となった。
　主な長編作品に『芽むしり仔撃ち』、『個人的な体験』、『万延元年のフットボール』、『洪水はわが魂に及び』、『同時代ゲーム』、『新しい人よ眼ざめよ』、『懐かしい年への手紙』など。1995年に『燃えあがる緑の木』三部作完結、以降の『宙返り』から、『取り替え子（チェンジリング）』に始まる『おかしな二人組（スウード・カップル）』三部作などの作品は自ら「後期の仕事（レイト・ワーク）」と位置づけている。
　「私は戦後民主主義者である」と自ら宣言し、一貫して民主主義と平和主義の支持する立場から国内外の政治・社会問題に積極的に自己の見解を表明し、市民運動にも参画し

ている。

[テキスト解説]

　大江健三郎のノーベル賞受賞記念講演「あいまいな日本の私」は、川端康成のノーベル賞受賞講演「美しい日本の私」を強く意識したものである。川端の講演に敬意を表しつつも、その演題と内容について「きわめて美しく、きわめてあいまいな(ヴェイグ)もの」と批判した。記念講演で大江は二つの論点から川端を批判した。一つは日本の美の認識の問題であり、もう一つは川端の演説が(あるいはその文学が)内部にも外部にも閉じられているという自閉性の問題である。川端康成は「言葉による真理表現の不可能性を主張する禅の歌」を引用するなど東アジア人以外には「閉じられた」、vague(明瞭でないという意味のあいまい)な言葉を用いたが、自分はambiguous(両義的という意味のあいまい)を選ぶと、自らの演題「あいまいな日本の私」を説明する。

　大江は講演で「開国以降、百二十年の近代化に続く現在の日本は、根本的に、あいまいさ"ambiguous"の二極に引き裂かれている」と述べ、その"ambiguous"な日本近代の像を次のように語っている。

　日本の近代化は、ひたすら西欧になろうという方向づけのものでした。しかし、日本はアジアに位置しており、日本人は伝統的な文化を確乎として守り続けもしました。しかし、日本はあいまいな進み行きは、アジアにおける侵略者の役割にかれ自身を追い込みもしました。

　つまり、戦前には「西欧的な近代化」と「アジア的な伝統文化」の二極のはざまにあって、あいまいな＝両義的な日本は、「アジアにおける侵略者の役割」となり、他方、「広島長崎の犠牲者」という経験をした。戦後日本は「民主主義と不戦の誓い」を原則とする日本国憲法と、それに逆行し二つの原理を否定しようとする動きの二極の間を揺れ動いている。後者の道をたどれば、現代日本は「アジアと広島、長崎の犠牲者たちを裏切ることになる」それにもかかわらず、国連をつうじた軍事的な平和管理に日本が積極的でないという国際的批判に屈して「不戦の誓い」を放棄しようする「策動」があり、また、民主主義ではなく「さらに高いところに絶対的な価値」を置こうとする企てもある。その根底には「旧憲法をささえた市民感情」がすでに半世紀も経過したにもかかわらず、「リアルに生き続けている」という現実がある。また、戦後の経済復興の後のさらに急速な高度経済成長がもたらした豊かさの底には「先行きの巨大な不安」あり、それにも「耐えしのぼう」とする、「豊かさ」と「不安」の間を揺れ動く日本がある。

　このような日本こそが大江の現代日本認識である。「あいまいな日本」は単なる川端康成への皮肉ないしは批判ではない。全人類的な課題を展望した現代日本論である。

　黒古一夫は『大江健三郎とこの時代の文学』(勉誠社1997年刊)において、大江の1957年『奇妙な仕事』で文壇デビューして以来、37年間に及ぶ作家活動を視野に入れて、「『民主主義と不戦の誓い』を根底とした『日本国憲法』の下で育った作家大江健三郎は、小説を書く

ことを通じて37年間ずっと、1945年8月15日の敗戦を機に出発した戦後日本が、政治、経済、文化などさまざまな分野で「あいまい」な様相を深めていくことに、深い絶望と苛立ちを隠そうとしなかった。」と指摘し、「それは『個人的な経験』以降、「障害児との共生」という「私」的な問題と、「核状況下の人間の生き方」という世界大の問題とを車の両輪としながら、大江が人間に自由に生きられる「根拠地」を遠望してきたことからも、よく分かる」と述べている。このような大江の「ユートピア」志向は、初期の『飼育』(1958)から、1990年代の『治療塔惑星』(1991)まで、一貫して「あいまいな日本」に対抗する形で持続してきたと黒古はいう。

　ところが、「根本的に、あいまいさambiguousの二極に引き裂かれている」というような状況で、作家には何ができるか。大江は、それはユマニスト的な人間観を日本に美意識に加えることだという。「小説家である自分の仕事が、言葉によって表現する者と、その受容者とを、個人の、また時代の痛苦からともに恢復させ、それぞれの魂の傷を癒すものとなることを願っている」と大江は文学の役割を伝えようとしている。

　川端康成と大江健三郎は、ノーベル賞を受賞した現代の日本を代表する作家として、一人は国際社会にむけて「東洋的美しい日本」を訴えるのに対し、他方は国際的に開かれた知性をもって、現代日本の「あいまい」さを明らかにすることを通じて人類普遍の課題を語ろうとした。

[参考文献]
- 黒古一夫『大江健三郎とこの時代の文学』　勉誠社　1997。
- 鈴木貞美『日本の文化ナショナリズム』　平凡社　2005。
- 小森陽一『歴史認識と小説―大江健三郎論』　講談社　2002。
- 大江健三郎著、尾崎真理子聞き手『大江健三郎　作家自身を語る』　新潮社2007　新潮文庫(増補)版 2013。

中国人・その他の外国人による日本文化論

原典

日本雑事詩

黄遵憲

○ 文明開化

玉牆旧国紀維新	玉牆の旧国　維新を紀し
万法随風倏転輪	万法　風(潮流)に随いて　倏ち転輪す
杼軸雖空衣服粲	杼軸空しと雖も　衣服粲たり
東人贏得似西人	東人贏ち得たり　西人に似ることを

　もはや外夷を攘うことができないのを知ったので、明治四年には大臣を、ヨーロッパ、アメリカ諸国に派遣した。かれらは、帰ってから、遂に鋭意、西洋の法をまなび、これを法令として維新と称した。りっぱな政治が数えきれないほどであり、開国通商このかた、税関の輸出(輸入)が、まいとし、七、八百万円も輸入(輸出)より多いという。服制をかえたり、建物をつくったりして、諸政はまばゆいばかりに一新した。

　注：① 　杼軸：杼は機のひ、軸はたていとを巻く軸。「詩経」(小雅、大東)に、「杼柚(軸)其れ空し」とある。織物がまるでないことから、転じて国のまずしいこと。

○ 留学

《化書》《奇器》問新編	化(学)書奇器　新編を問わんとして
航海遙尋鬼谷賢	海に航して遙かに尋ねぬ　鬼谷の賢〔注①〕
学得黎鞬帰善眩	黎鞬に学び得て　善眩に帰し〔注二②〕
逢人鼓掌快談天	人に逢えば掌を鼓って　快　天を談す〔注三③〕

学校を卒業したものを各国に派遣している。これを海外留学生という。日本では、唐

のころ、わが国に使をつかわすとき、いつも留学生がついていった。官制は何もかもわが国にまねていた。いまはそのとおりのことを西洋からまなんでいる。

東京には中学・師範学校があって、これを卒業すれば教師となれる。それは七級にわけて教えられている〔性理学・天文学・地学・史学・数学・文学・商業学〕。学年をわけて授業し、第七級から一級へ、浅いから深へ、粗から細へ、約から博へとすすんでゆく。その教科書はみな実用的で、その課程はみなきまりがある。〔月ごとに数日の休みがあり、日ごとに数時間の休みがある〕。同一の目的を有するものが一つところにあつまっているので、一人の先生で数十人をおしえることができ、先生はらくで、その成績は数倍である。かかるおしえかたは西洋から学んだのである。わたしは、その実地を参観して、その善法であるのにおどろいた。日本人というものは、間口の広いのをよろこんで、それにはしり、くわしく専らでないと聞くが、しかし西洋の学校のさかんなことは、想像することができる。ドイツの花之安(Ernst Farber)の訳した「徳国学校論略」によれば、学問しない人はなく、学校のない土地はない、とある。郭筠仙(嵩燾)待郎の言によれば、「泰西の人材は、ことごとく学校より出づ」とあるが、まことにそのとおりである。

注：① 鬼谷子は古代中国の縦横家の祖であるから、このようにいったのであろう。
② 漢書（巻六一）の「張騫伝」の「大宛の諸国、使を発して、漢使にしたがって来り、漢の広大を観ぜしめて大鳥卵および黎軒の眩人を漢に献ず」とあるにもとづく。黎軒は黎軒ともかき、大秦国すなわち東ローマ帝国のこと。眩人は幻人とひとしく、奇術をやるもの。
③ 戦国斉の騶衍は弁論をよくし、「談天は衍」といわれた話にもとづく。

○ 神道

三千神社尽巫風	三千の神社　ことごとく巫風〔注①〕
帳底題名列桂宮	帳底の題名には　桂宮を列ぬ
蚕緑橘黄争跪拝	蚕緑橘黄には　争って跪拝し
不知常世是何虫	常世は是れ何の虫やを知らず

日本人は、もっとも神をうやまう。延喜式にのっている神名帳は、ぜんぶかぞえることは、とてもできないほどである。国中には、大小の神社が三千あまりある。むかしいわゆる常世虫というものがあって、橘の木に産し、それは蚕のようなかたちで、緑色で、そのうえに黒点がある。大生部多というものがあって、この虫を神霊として尊重して、人をだまして常世神の御神体であるといった。そこで巫たちが、さわぎだし、いたるところにとんでゆき、この神をむかえて、宴をはり、お供えをならべた。神が「われ、なんじに福をさずけるぞよ」というと、さあ福がさずけられるとさわぎたて、そのため田畑を売り、妻子を飢

えさせてまでも、まだ御布施がたらないとおもうほどであった。*ところで日本では、ただ神道だけをおもんじたから、キリスト教を禁ずることが、きわめて厳重であった。ちかごろでは、知識階級には、キリスト教を信ずるものが多くなったが、常世虫の話にくらべて、似たりよったりではあるまいか。

注:① 歌舞して神につかえること。

○ 茶道

棗花潑過翠萍生	棗花潑を　過れて　翠　萍生じ
沫砕茶沈雪碗軽	沫砕け茶沈み　雪　碗軽し
矮室打頭人対語	矮室　打頭　人対語す
銅瓶雨過悄無声	銅瓶雨過りて　悄として声なし

僧千光が宋にあそんで、茶をもたらしてかえり、はじめてこれを背振にうえてから、しだいにひろがっていった。北条泰時がまずこれをこのんだが、豊太閤の家来には、茶博士というのがあって、禄三千石をたまわり、子孫はその職を世襲するようになって、千金をついやして、その秘訣をえようとした人があっても、えられなかった。徳川氏になってからは、毎春、使をつかわし、壺をもって茶を採取させて、これを御茶壺といった。各藩では、その風をまね、茶道をまなぶようにした。茶をたてるには、方丈の室でするが、ただ二、三人はいれるだけである。それをもとは数奇屋といった。そのころは、いくさのたえるまがなかったが、茶室だけは、ひっそりと静かなものであった。つまり、そこは密謀をこらすところであった。そして茶博士は、その役柄を利用して、権力をえたり、爵位を売ったり、あらゆる術策を弄した。いったい、茶室では、はなやかな道具や新しいものをきらって、珍木怪竹、枝のはえた株や瘤のある枝などを深山幽谷から、さがしもとめてある。ものによると、数十年かかって、やっとさがし出せるものもある。その一つを手に入れて献ずれば、貧乏人も大金持ちになってしまう。茶器は、かならずゆがみかけ、破れたものをもちい「某年造、某匠作」とかかれていて、その破れたような甌とか、折れた匙までが、夏の鼎や殷の彝と同じようにたっとばれ、金を斗いっぱいに積んでも、買うことはできない。その器をあらそって、大裁判事件がおこったこともあり、これがために戦争がやめになったこともある。茶器には、風呂とか、筥とか、炭揃とか、火筴とか、鍑とか、釜牀とか、紙囊とか、碾とか、羅合とか、則とか、水方とか、漉水囊とか、瓢とか、竹夾とか、熱盂とか、畚とか、札とか、滌方とか、滓方とか、巾とかがある。その道には、候火、揀泉、吹沫、点花、弁味、侔食などの法があって、とても口ではいいあらわせない微妙な秘伝がある。というのは、茶をひいて、これをにるのであるから、とても工夫がいるであろう。ところで、日本の茶道を、陸羽の「茶経」や蔡襄の「茶録」にあわせて考えてみると、まさに同じようで

ある。ただ日本では、塩をいれないことだけが、ちがっている。

○ 菊花

当王徴号貴黄華	当王の徴号として　黄華貴し
時喚臣僚共闘花	時に臣僚を喚んで　共に花を闘わす
淡極秋容翻富貴	淡極まれる秋容　翻って富貴
疏籬茅舎到官家	疏籬茅舎より官家に到る

朱雀天皇のとき、はじめて菊合せをやった。[二組に分れて勝負をあらそうのを合せという。歌をたたかわせるのを歌合せといい、詩をたたかわせるのを詩合せといい、扇をたたかわせるのを扇合せといい、絵をたたかわせるのを絵合せといい、鶏をたたかわせるのを鶏合せという。当時のことばである]。皇族・貴族以下、それぞれ下され物がある。嵯峨天皇はかつて「菊花賦」をつくられ、(皇室では)代代菊を一番に愛され、菊はついに皇室のご紋章になった。いまでもやはり、御苑では菊数百鉢をうえてあり、一鉢ごとに五、六百枝も開花するのがある。花時にはきまって各国の使臣や諸官省の長官・次官をめされて、一日中宴遊をもよおされる。

　注：①　淡極秋容とは、秋容淡極の倒置法で、韓琦詩の「莫嫌老圃秋容淡、自愛黄花晩節香」にもとづく。

○ 日中修交

載書新付大司藏	載書新たに大司に付して藏せしむ
銀漢星槎夜有光	銀漢星槎　夜　光在り
五色天章雲燦爛	五色の天章　雲燦爛
争誇皇帝問倭皇	争い誇る　皇帝　倭皇に問うを

わが清朝は満州からおごり、その声望は、まず東におよんだ。また日本は、200年間、徳川氏が政を執り、道を講じ、徳を論じ、国がよくおさまったから、四方の海波しずかであった。ちかごろは、海禁をゆるめて、泰西の諸国とよしみを修めている。おもうに、両大国は、ともにアジアにあり、同類同文であって、輔車の相倚るがようでなければならない。同治十年(1871)大蔵卿伊達宗城をつかわし、よしみをむすんだ。光緒三年(1877)になって、中国では、答礼の使をつかわした。使はうやうやしく国書を奉じて、旧好をおさめ、条約国となった。かの国の臣民はみな望みが達せられて、よろこんでいる。

　注：①　漢の張騫が槎にのって銀河に遊んだという「荊楚歳時記」の故事にもとづき、海上と銀河の交通がひらけたことを以って、日中両国の交通がさかんになったことをたとえた。

②「皇帝間倭王」とは隋の煬帝から聖徳太子におくった国書である。第四句の大意は日中の交通は遠く聖徳太子の昔から開けているのだから、今日の修好は当然だと、中国人は争って誇っている。

○ 明治維新

剣光重払鏡新磨	剣光かさねて払い　鏡新たに磨き
六百年來返太阿	六百年来　太阿に返る
方戴上枝帰一日	方に上枝を戴き　一の日に帰するも
紛紛民又唱共和	民また共和を唱う

中古の時代には、明君・良相が歴史にたえず書かれているが、やがて外戚が政をもっぱらにし、覇者がたがいにおこり、源平以後、まるで周が東遷して君は虚位を擁するのみであるのとおなじであった。明治元年、徳川氏が廃せられ、はじめて皇政復古をみた。中興の功、偉なるかな。ところで、ちかごろは、西洋の学問が大いにおこなわれ、かえってアメリカ合衆国の民権自由の説をとなえるものがある。山海経の「海外東経」に、「暘谷の上に扶桑あり、十の日の浴するところ、黒歯の北にあって、水中に居る、大木あり、九つの日は下枝に居り、一つの日は上枝に居る」といっている。日本では君を称して日という。大日貴、天照大日孁尊、饒速日命などは、みなそれである。

○ すわる

花茵重畳有輝光	花茵重畳　輝光あり
長跪敷衽客満堂	長跪して　衽を敷き　客　堂に満つ
除却鳳銜丹詔至	鳳の丹詔を銜みて至るを除却いては
未容高坐踞胡牀	未だ高坐し胡牀に踞するを容さず

すわるも立つもみな地に席をしいてする。両膝は地につけ、腰をのばし、端坐し、足で尻の下をささえる。足を組んだり、しゃがんだり、足を投げだしたりするのは、みな不敬になる。すわるには、かならず坐蒲団をしく。客をもてなすには、もとは数枚の席をしきかさねるということがあった。君命によるときは、几をもうけるが、その使者が詔を宣むことがおわれば、やはり下にすわる。これはいずれも中国の古礼の法である。

そこで考えてみるに、漢書の(賈誼伝)に、「文帝は覚えず膝が席から乗りだした」。三国志の管甯伝に、「坐して箕せず、股の膝に当たるの処みな穿つ」。後漢書(独行伝)に「向栩、板上に坐す、かくのごとく久しきを積み、板にすなわち膝踝足指の処あり」。朱子もまたいわく、「いま成都の学に存するところの文翁礼殿、石に刻するの諸像、みな地に膝して危坐

し、両蹠隠然として、坐後の帷裳の下にあらわる」。いま日本人について観察すると、古人の常のすわりかたは、すべてこんなであったろうとおもわれる。おもうに、いにしえは、几がないので、足を垂れてすわることはできなかった。高坐がもうけられたのは、趙の武霊王のときがはじめで、六朝におこり、北宋でさかんになり、元で一般化した。三代のむかしには、憑りかかるためには几があった。詩経（行葦）の「几を授くる緝御あり」とか、孟子公孫丑下に、「几に隠りて臥す」とかいうのは、みなこれである。寝るためには牀がある。詩経（斯干）の「載ちこれを床に寝しむ」とか、易（剝卦六二）の「床を剝るに弁を以ってす」というのが、みなこれである。しかして床も几も、からだをよりかからせたり、物をおいたり、たまは寝るところにしたので、みな坐具ではないのだ。応劭の風俗通りになって、趙の武霊王が胡床をつくって坐となした、とあるが、しかし漢のころでも、やはりみな地に席をしいてすわったのである。賈誼伝の覚えず膝をのりだしたとか、暴勝之堂にのぼり、坐さだまって、雋不疑が地に拠って尊敬をしめしたとか（漢書、雋不疑伝）いうのによって、そのことがわかる。東漢のすえに、木をけずって坐具としたものがある。その名はやはり床といい、あるいは榻といった。管寧・向栩の坐したのは、地面に板をおいた上にすわったのかもしれない。地面から一尺もはなれていたとはかぎらない。魏晋よりのちのことは、魏志の「蘇則伝」をみると、文帝は床に拠り、力を抜くとあり、晋書（桓尹伝）には、桓尹が胡床に据り、笛を取りて三（調）の（弄）をなすとあり、南史には、紀僧真、江斅のところにいたり、榻に登りて坐す、斅は左右をして自分の床を移し、客に譲らせた（江斅伝）。狄当と周赳は張敷のところにいたり、席につくと、敷も左右をして床を移し客を遠れさせたとある（張敷伝）。鄴中記にいわく、「石虎の御座の几は、ことごとく漆もて雕画す」とあり、これは高坐のようである。してみると、高客や貴人には、はじめから、これがあったようである。裴子語林にいわく、「孫翊ゆいて任元褒を見る。門吏、几に憑りて孫を見る。孫は任にこの吏を訊問し処罰せんことを請う。吏のいわく、『罰をえて体いたみ、横木にて挟持す、几によりかかりしにはあらず』と」（巻上）かく、門吏には、几によりかかることを許さないとしてみれば、いわゆる床を移すとか、客をはなれさせるとかいうのは、尊敬する客ではなければ、坐することを許さないことがわかる。また、そのころの榻に坐すとか、几に坐すとかいうことは、やはりすわることである。梁書の侯景伝に「殿に升り、胡床に踞し、脚を垂れて坐す」。史家がとくにこのことを記したのは、かわった風俗で、珍らしかったからである。床几はあっても、いまのすわりかたではなかったことがわかる。

　唐になると、さらに木榻をあらためて、縄をはりわたして縄床といった。演繁露（巻十四、交床）に、「穆宗の長慶二年十二月、君臣を紫宸殿に見るに、大縄床に御す」とある。しかしまだ椅子とはいわない。宋のはじめになって、はじめてこの名がある。「丁晉公談録」に「寳儀堂前に花椅子二を雕起す」とあり、王銍の黙記に、「徐鉉、李後主にまみえしとき、門番の老卒が椅子をとりて相対す」〔諸書にはもと倚につくる。後になって、相椅の椅を

借りて書くようになった]。この後は、諸書にしばしば椅子ということが出ている。たとえば、貴耳集(巻十)に「今の交椅は古の胡床なり。いま諸郡の守僚、かならず銀の交椅に坐す」。程史には荷葉交椅をのせ、曲洧旧聞には錦椅背というのがある。宋のころになると、たいへん装飾をくわえている。すでに流行していたのではあるまいか。しかし、むかしの絵をみると、唐以前の人物は、椅子にすわっているのがないし、宋の絵でも、すべて几をもうけているわけではない。ひそかにおもうに、胡床はもとは西方の風俗であったろう。趙の武霊王がはじめてこれをまなんだが、元が中国にはいった際、その古い風俗をあらためなかったので、ひろく(中国で)おこなわれるようになったのである。日本の制度は、大部分、唐にならっている。唐のころは、やはり地に席してすわっていた。だから日本では椅子がなかったのである。しかし、この十年このかたは、用いられるようになった。

出典： 黄遵憲著、実藤恵秀、豊田穣訳『日本雑事詩』 平凡社、1968年。

[著者略歴]
　黄遵憲(1848—1905)、清末の詩人、歴史家、外交官・改革運動家。字は公度、人境廬主人や観日道人、東海公、法時尚任斎主人、水蒼雁紅館主人といった号を持つ。広東省嘉応州の名家の生まれ。1877年、郷試に及第、挙人になって数ヵ月後、日本公使に任命された何如璋に従い、参賛として明治日本に同行した。その後、サンフランシスコ総領事、イギリス総領事、シンガポール総領事などを歴任した。1878年秋より『日本雑事詩』を起稿し、翌年春に完成した。1885年、近代中国の知識人に大きな深く影響を与えた『日本国志』を著し、五年後、『日本国志』全40巻を出版した。1895年、上海で強学会に参加し、康有為と親交を結んで、甲午戦争の敗北に危機感を抱き、変法運動を唱える雑誌『時務報』を創刊し、梁啓超を主筆に招いた。1897年、湖南省の按察使代理となり政治改革を進めた。1898年光緒帝は康有為、張元済、黄遵憲、梁啓超、譚嗣同の五人を招いて変法維新の方案を尋ねようとしたが、黄のみは上海で病気療養中で欠席した。9月、維新変法の失敗に遭い、駐日公使の赴任を断って故郷へ帰り、再び政界に出なかった。文学に専念し、梁啓超が亡命先の日本で出していた雑誌『新民叢報』に文章などをときに発表した。

[テキスト解説]
　黄遵憲が詩人としての名声を博したのは、詩集『日本雑事詩』によってである。この詩集は、日本の現状と神代以来の歴史、地理、年中行事、風俗などに関する小項目を選び、それに七言絶句一首と解説文を加えたものである。手軽に日本を知るためのハンド・ブックのような役割も果たしている。
　ここに掲げたのは、定本『日本雑誌詩』の200首の中から「6明治維新、10日中修好、12文明開化、55留学、85神道、120菊花、127茶道、145すわる」の8首である。選ぶ基準と理由

については、できれば、限られた紙面のなかで黄遵憲の日本観を比較的よく概観できるものをということを念頭に日本文明開化、日中間の関り及び日本伝統文化に関する内容を選んだ。

『日本雑事詩』に見られる黄遵憲の日本認識の最も意味深い内容は、日本を「同類同文」の「大国」と見なすことで、両国は互いに助け合っていくことの必要性を訴えている点である。日本は大中華思想に基づく夷邦、小国であるという一般的意識を持っている清末期の中国の各界にとって、日本は「大国」であるという認識はまさに画期的な視点である。この見方の転換には、軍事、経済、法律や教育などの面にわたる近代化を急速に推進している日本に対する驚きや畏敬が読み取れる。これは、日本を西洋の先進文明、近代化を学ぶ媒介と見なし、「日本に学ぶ」は手段であって目的は「西洋近代に学ぶ」であるという側面ももっている。この点は、中国の改革の道を追求していきたいとする考えがあり、中国国内の変法運動への接近の背景として重視しておく必要があるだろう。

日本の近代文明を求め、その伝統文化に冷淡的であった後代の中国留学生と異なって、黄遵憲は常に歴史の流れの中で日本を眺めている。中国伝統文化に詳しい黄遵憲は、日本文化の細々とした事物に対しても、一種の親近感を感じているらしい。服装から年中行事までの日本文化の各方面に、清時代以前の古代中国の文化習俗の影を見出し、その源を中国古典籍に求めて解説を試みている。例えば、第145首の「席地坐」に関する詩について、解説は中国漢時代の『漢書』に始まり、宋時代の『丁晉公談録』に至る細かな考証をしている。このように、物事の由来を一つ一つ探っていくことは、中日両国の間の当時までの交流・交渉がいかに深かったもかを如実に洗い出して来ることになる。また、日本に対する親近感が、文化・伝統上の同一性から来ることが看取できるように思われる(「同類同文」論)。

総じて言えば、黄遵憲の日本に対する視点は、中国の伝統文化というものを原点にしながら、近代を見習おうとしている近代初期の啓蒙者の姿勢の顕現と言えるのではないだろうか。明治維新後の日本に身を置き、「変わったもの」と「変わらないもの」を区別する。「変わらないもの」に、その起源を中国の伝統文化に見だし、「変わったもの」を変法のモデルにし、日本を仲介として西方の近代文明を引き受けようとして、中国知識人の覚醒と注意を呼びかけている。特に、「便宜」的に日本を媒介にして西洋近代を受容するという態度は、その後の中日交流史を底流となるものである。

黄遵憲は詩人であると同時に、歴史家であり、それに愛国者である。また、その日本研究が、つねに中国を危機から救おうとする愛国心に根ざして日本の歴史をはじめ、あらゆる方面に渉って中日の比較研究を試みていたことにここでは留意しておきたい。

[参考文献]
● 黄遵憲著、実藤恵秀豊田穣訳 『日本雑事詩』 平凡社 1968。

- 盛邦和『黄遵憲史学研究』 江蘇古籍出版社 1987。
- 佐伯彰一、芳賀徹(編集)『外国人による日本論の名著―ゴンチャロフからパンゲまで』 中央公論社 1987。
- 黄遵憲撰、呉振清、徐勇、王家祥編校整理『黄遵憲集上・下』 天津人民出版社 2003。
- 鄭海麟『黄遵憲伝』 中華書局 2006。

原典

記東俠

梁啓超

　　日本は区区たる三島を以て、琉球を県とし、台湾を割(さ)き、高麗を脅(おど)し、上国に逼(せま)る。西方の雄者、俄の若(ごと)き、英の若き、法の若き、徳の若き、美の若きは、咸(みな)息を屏(ひそ)め足を重(かさ)ね、敢て藐(べう)する莫(な)し。嗚呼(ああ)、真に豪傑の国なるかな。而して其の始めは乃(すなわ)ち数藩士の論議より起こるに過ぎず。一夫倡(とな)へて百夫和し、一夫趨(はし)りて百夫走り、一夫死して百夫継ぐ。蓋(けだ)し、安政、慶応の間より日本は国を挙げて甚だ囂(かまびす)しく塵上る。余、岡千仞氏の《尊攘紀事》、蒲生重章氏の《偉人伝》を読み、当時の侠者を冥想するに、言論丰(ふう)采(さい)、一一耳目に在るが若(ごと)し。其の一二の、大難定め、大功を立て、域外に赫々たる者は道(い)うを必(ひっ)せず、乃(すなわ)ち僧にして亦た侠、医にして亦た侠婦女にして亦た侠なるに至りでは、荊(けい)聶(でふ)も肩も比(なら)べ、朱、郭も斗(と)量(りやう)す。攘夷の刀は、腰間に縦横たり、脱藩の袴(こ)は、足下に絡(らく)繹(えき)たり。嗚呼、何ぞ其れ盛んなるや。竜蛇陸より起つも前劫の殺機に驚ろき、燕雀堂に処(とどま)るも、尸居の余気を哀(かな)しむ。其の微なる者を書せば顕なる者も以て概すべし。彼に鑑(かんが)みて、己れ以て懼(おそ)るべし。東侠を記す。

　　僧月性は、周防(すはふ)の人なり。嘗て《西蕃記伝》を読むに、西班牙(スペイン)の爪哇(ジャワ)を蠱(こ)誘(いう)し遂に其の国を奪うに至り、慨然として涙を揮(ふる)ひて曰く、「嗚呼、彼の民心を得るに、一天主教有るのみ。彼既に教えを以て民を誘ひたれば、我も亦、教えを以て吾が民心を結ばざるべからず。夫れ、民の感動し易きは、鸞教(按ずるに鸞教は、日本仏教の一宗)に若(し)くは莫(な)し。我は将に吾が教えを以て民心を結び、以て彼の来りて我が民を誘ふ者を拒(こば)まんとす」と。因りて法を説く毎に、必ず尊攘の意を寓す。言言懇(こん)惻(そく)にして、声涙倶に下る。庶民感激し、翕然(きふぜん)として之に趣(おもむ)く。聴く者常に数千百人、時人(じじん)号して"海防僧"と曰(い)ふ。

　　僧月照は、西京(さいきやう)〔京都〕の清水寺の住持なり。人と為(な)り慷慨(こうがい)

にして気節を重んず。嘉永甲寅、寺職を弟信海に譲りて、諸国を遊歴し、以て世変を察す。西(せい)艦(かん)浦賀(うらが)に入るに逮(およ)び、国を挙げて洶(きょう)洶(きょう)たり。月照衆に先んじて義を倡(とな)へ、諸公卿の門に出入するに勤王の事を以て幕吏深く之を忌(い)む。近衛公某其の禍に罹(かか)るを恐れ、難を薩摩に避け、薩藩士西郷隆盛、有村俊斎と倶(とも)にせしむ。会(たま)々(たま)薩摩の旧君薨(こう)じ、藩論一変して、咸(みな)隆盛の私交を匿(かく)すを責む。而して追捕も又至る。隆盛往きて月照を見て、告ぐるに実を以てす。月照曰く、「余は固リ万死を分とす。唯一旦逮(たい)に就(つ)かば、累(わざわい)近衛公に及ばん」と。乃ち首を伸ばして隆盛に逼(せま)りて曰く、「余は寧(むし)ろ同志の手死なむ」と。隆盛も亦自ら命の窮(きわ)まるを知り、乃ち走り出でて、舟を命じて日向(ひゅうが)に航せしむ。時に会(たま)々(たま)望夜、大月霽(せい)朗(らう)たり。宴を開きて吟賞し、酒酣(たけなわ)にして慷慨し、和歌を書して隆盛に示す。隆盛受けて之を懐(ふところ)にし、月照と相抱きて海に投ず。舟を挙げて驚き起ち、各々海に入りて之を拯(すく)ふ。隆盛は幸ひに蘇(よみが)へるも、月照は遂に死す。

　浦野望東は、福岡藩士某の女(むすめ)なり。年五十四にして夫を喪(うしな)ひ、上国に漫遊して、一時の知名の七と唱(しやう)酬(しう)す。時に幕吏専(せん)擅(せん)にして、日主は府を守る。望東之を憂へ、密かに太宰府流(る)寓(ぐう)の諸公卿に謁(いた)りて、勤王の事を商(はか)る。山口藩士高杉晋作、嘗(かつ)て党難を避けて、筑に来るに、望東之を己れの墅(しょ)に匿(かく)す。慶応元年、福藩正議士二十余人を殺すに、望東も亦屢(しば)々(しば)正議士と会し、且つ逋(ほ)逃(たう)を庇(かば)ふの事を以て罪を得。特(た)だ其の女子たるを以て、死一等を減ぜられ、処して筑の姫島に流し、小獄を造りて之を囚す。望東同志の死を哀しく、刺血もて心経を書し、之に副ふるに和歌(日本の歌なり)を以てし、各々其の家に贈り、以て之を吊(てう)祭(さい)す。其の島に在るや、屋一間、鹹(かん)風(ぷう)蛋(さう)雨(う)、丈夫と雖も堪えざる所なるに、望東悠然自得、其の志を渝(か)えず、「日乗」三巻を著す。二年の秋、長門(ながと)の正議浪士等、潜(ひそ)かに姫島を航して奪ひて以て去り、馬関に匿(かく)す。望東既に老病にして、其の孫に忠義を賛翌し、国事を周旋するを省(かへりみ)るを教ふ。卒(つひ)に幕吏の悪(にく)む所と為り、獄に下りて瘐(そう)死(し)す。

　駒井躋(せい)庵(あん)は加賀の人なり。慷慨して世を憂へ、常に長門侯の勤王の事を欽慕し、その旧主も亦之(か)くの如からんことを欲し、力を竭(つ)くさんことを思ふ。一日某氏を訪(おとな)ふに、座に冊子の時事を記(しる)す者有り。借りて視んことを請ふに、主人曰く、「貴国は堂堂たる大藩を以てして此の国家危急の秋(とき)に方(あた)りて、未だ一人も皇国の為に力を竭くす者有るを聞かず。之を際(み)(視(み))るも何ぞ益せん」と。躋庵慨然として嘆じて曰く、「宜(うべ)なり、諸君の軽蔑する所と為るや。我が国は百万石の大藩なれども、因循(いんじゅん)苟(こう)且(しよ)にして、大義名分を知る者鮮(すく)なし。此れ愧(は)づべきなり」と。声涙倶(とも)に下り、仰ぎ視る能はず。満座の聴く者

色を動かす。乃ち匿名の書を作りて加侯に郵(おく)り、京師の動静を報ず。是(ここ)に於いて藩主大いに驚き、老臣をして都に入り、王事を周旋せしむ。後、書の躋庵の手に出づるを知り、亟(すみや)かに其の志を称す。而して躋庵も亦累(かさ)ねて京師の動静を報ずるに、藩を闔(あは)せて憤動す。其の後、幕勢の圧する所と為り、藩論忽(たちま)ち変じ、獄に下りて死す。

　論に曰く、世に称する所の日本の侠者の吉田寅次〔郎〕、佐久間、清川(河)八郎、〔伊〕牟田(むた)尚平、中山忠愛、平野国臣、真木保臣、小河一敏、大久保、堀、有馬、田中河州の諸氏の若きは、踪跡(そうせき)一ならず。或は達し或は死するも、其の行事多く人の耳目に目在り。四君子に至りては、或は罕(まれ)に之を道(い)う。余以(お)為(も)へらく、医侠、僧侠、婦侠を観ざれば、侠を以て国の用と為すこと著(あら)はれず、と。故に楽しみて其の軼(いつ)事(じ)を述ぶること此くの如し。嗟(あ)呼(あ)、今の士大夫、稍(せう)々(せう)人心有る者は、其れ西教の畏(おそ)るべしと為すを知らざる莫し。然りと雖も、之を畏るるも何をか益せん。物は必ず自ら腐りて後虫生ず。中国の儒術を被服する者、数十万人を下らず胡(なん)ぞ月性の説を持(じ)して、吾が教えを昌明し、以て吾が民心を結ぶ者有るを聞かざるや。西郷氏は巍然(ぎぜん)として変法の魁(さきがけ)と為り、維新以後、大政に参議す。海外今に至るまで之を称す。其れ月性と同じく魚腹に葬らるる者幾(ほと)んど希(まれ)ならざるのみ。月性をして更生せしめば、彼の其の建白する所は、又寧(な)んぞ西郷に慚(は)ぢんや。望東は一の弱女なるも、豪傑を佐(さ)佑(いう)し、党人を庇護す。范孟博の母を視るに、又将(は)た之に過ぐ〔又将(なん)ぞ之に過ぎんや〕。駒井貌爾は医者なり。豈(あ)に甞(かつ)て尺寸の兵をも天下に有(も)たんや。而れども、積誠の感ぜしむる所、強藩為に働く。嗚呼、何ぞ其れ盛んなるや。之を重学の例に聞くに、凡そ物の永静性を具(そな)ふる者は、加ふるに力を以てせざれば、動かす能はざるなり。其の既に働くに及びては、加ふるに力を以てせざれば、静かなる能はざるなり、と。中国、日本は同じく震(しん)旦(たん)に立国す。境を画して治め各々一続を大(たっと)ぶの勢を成す。蓋(けだ)し永静の国たること、茲(ここ)に千年なり。日本は劫(こふ)盟(めい)の事起きてより、一二の侠者は、国恥に激し、大義を倡(とな)へて以て天下に号召す。機(き)捩(れつ)一たび動き万弩斉(ひと)しく鳴る。転圜の間、遂に今日有り。後の論者は、諸君の志す所の未だ成らざるを悼(いた)みて、其の成る所の蓋(けだ)し已(すで)に多きを知らず。我が国は広州の役よりして、天津あり、越南あり、馬関あり。一たび恥づかしめられ再び恥づかしめられ、一たび殆(あやふ)くして再たび殆し。而るに積薪に火を厝(お)くも、鼾(かん)声(せい)外に徹し、万牛首(かうべ)を回(めぐ)らすも、邱山移らず。嗚呼、豈(あ)に〔豈(そ)れ〕外より加ふるの力の猶ほ未だ大ならざるか。抑(そも)々(そも)内体の力を受くる所以(ゆゑん)の者、任(た)へざる有るか。詩に曰く、「天の方に蹶(うご)くに、然(しか)く泄(えい)泄(えい)たる無かれ」と。龔(きょう)子(し)曰く、「霜を履(ふ)むの屨(くつ)は、堅氷より寒(つめた)く、未だ雨ふらざるの鳥は、漂摇するよりも戚(かな)しく、痹(ひ)癆(らう)の疾(やまひ)は、

疽(そ)癰(よう)よりも其だしく、将(まさ)に萎(しぼ)まんとするの華(はな)は、槁(かう)木(ぼく)よりも惨(いた)まし」と。王室の蠢(しゅん)蠢(しゅん)たるを撫(ぶ)し、天地の悠々たるを念(おも)ひ、乃ち巻を掩(おほ)ひて長太息す。

> **出典**： 梁啓超著『飲氷室文集点校』第一集、雲南教育出版社、2001年；
> 　　　　　青木五郎訳、 2014年。

[著者略歴]

梁啓超（1873—1929）、中国近代の政治家、ジャーナリスト、学者、最大の啓蒙主義者とも評価されている。字は卓如、号は任公、滄江、飲氷室主人などがある。広東省新会県の人。1889年、わずか17歳で挙人となったが，翌年の会試に失敗して、その後，同郷の康有為に師事し、戊戌の変法維新運動の中心となって活躍した。1898年、政変が失敗したあと、梁啓超は日本に亡命し、東京に到着してからは志賀重昂や犬養毅、柏原文太郎、高田早苗らと交流し、日本の近代啓蒙思想を積極的に学ぶと同時に、日本を介して「西洋」文化をも摂取していた。自らの政治思想である「変法自強」を宣伝し、中国の人民の意識改革を目指して自ら社主となり雑誌『清議報』を横浜で創刊し、新しい思想を中国に精力的に導入した。1902年、梁啓超が「小説界革命」を唱導した。「小説と群治の関係を論ず」において、「一国之民を新すことを欲すれば、先に一国之小説を新さなければならぬ」と記し、徳富蘇峰を初めとする民友社系の文学論を踏まえて新たな文学意識をさらに展開させた。また、『新民叢報』と月刊誌『新小説』といった諸雑誌を相継いで創刊し、もっぱら政治改良や小説革命などの宣伝活動に従事した。その「小説界革命」をはじめとする一連の文学革新運動は、中国文学の発展に大きな影響を及ぼしている。著述は膨大であるが、そのほとんどは『飲氷室合集』（1932年）に収められている。「先秦政治思想史」、「清代学術概論」などがその代表作と挙げられる。

[テキスト解説]

19世紀末から20世紀初頭にかけて、近代中国の知識人はアジア初の近代化を遂げた日本をモデルにして、その強国の経験を中国に活かそうと試みた。この中で、維新派の梁啓超の日本に対する見識は代表性がある。1890年、梁啓超は康有為の門に入り、康のもとで日本に関する知識を多く獲得した。その中に、梁啓超はまず日本文化の「侠」に引き付けられ、これを幕末志士の精神、明治維新の原動力と称えた。この思想に基づいて、梁啓超は1897年に「記東侠」を書き上げた。

「東侠」はすなわち「日本の侠」の意味である。文章の冒頭では、梁啓超は日本が弱国から強国になった速さを強調して、「日本は昔、猫の額ほどの国であったが、今日では豪傑の国である。三十年のうちに、弱国から強国になった。まず琉球を奪い、さらに台湾をわい

た」と、日本の当時の国勢事情を説明している。日本が明治維新を達成し、イギリス、フランス、ドイツなど強国のランクに並び、「豪傑の国」となったのは何故かと設問し、その原動力に侠の精神があったとしている。梁啓超はかつて岡千仞「尊攘記事」、蒲生重幸「偉人伝」などを読んで、具体的な「東侠」を知るようになった。それから、彼は日本の安政年間から慶応年間にかけての侠を求め、吉田松陰、佐久間象山、青川八郎、牟田尚平、中山忠愛、平野国臣などの志士をあげて、「一人が唱導し、百人が呼応した。一人が犠牲となり、百人が続いた」と彼らの義挙をのべ、そして、武士の世界だけに侠の精神、侠の行動があるだけでなく、僧侶、医師、女性もみんな「侠」になり、ようやく維新事業を成功させたと論じている。次に、文章は僧月性、僧月照、医師駒井路庵、野村望東尼を例にして、四人の「侠」の事跡をのべている。尊攘、外来の宗教を拒否するという立場から、僧月性を紹介しているし、志士を守るため、入水自殺した僧月照の侠義精神を述べて称賛している。それから、命までささげた駒井路庵、野村望東の勤王経歴をも説明している。ここからみれば、梁のいわゆる日本の「侠」に対する認識は武士道だけではなく、尊攘勤皇、義侠情義という特別な概念規定もあるといえよう。

　注意すべきことに、文章において、日本の志士を中国の古代の刺客荊軻、聶政、朱家、郭解などと一緒に並べられている。これは、梁啓超は同時に中国の伝統への回帰、再認識をよびおこし、侠の精神、侠の行為は、『史伝・遊侠列伝』にも見られ、古くは中国にもあるという日本の「侠」への認識過程を説いている。言い換えれば、梁は日本の「侠」を明治維新の成功要素と鼓吹しているが、それが日本文化の「特産」ではなく、中国の歴史的な精神の一つでもあると主張している。

　明らかに、明治維新がまさに「侠」の精神をいつも念頭に置く幕末志士のたまものだとしており、それを以って中国人の士気を鼓舞しようと試みるということに、この文章の動機があるといえよう。つまり、清末の中国社会の危機からの脱出、腐敗の社会の変革のために、身を捨てても革新を実行しようとする精神的原動力を「侠」の精神に求めているのである。こうした日本文化の「侠」に対する認識は中国清末の政治と絡んで、鮮明的な時代性があり、中国の民族的危機感から生まれたものと考えられる。

[参考文献]
- 狭間直樹『共同研究梁啓超—西洋近代思想の受容と明治日本』　みすず書房　1999。
- 梁啓超『飲氷室文集点校』第一集　雲南教育出版社　2001。
- 袁咏紅『梁啓超対日本的認識与態度』　中国社会科学出版社　2011。
- 丁文匯、趙豊田編『梁啓超年譜長編』　上海人民出版社　1983。
- 梁啓超『梁啓超全集』　北京出版社　1999。

原典

象牙の塔を出で・後記

魯　迅

　私が厨川白村氏の『苦悶の象徴』を訳して本にしたのは、今からちょうど一年前のことである。彼の略歴はその本の「序言」の中ですでに述べてあるので、いまは特に話すべきこともない。私は当時また『象牙の塔を出で』から彼の論文を選び、つぎつぎと訳して、いくつかの雑誌に発表していた。いまそれらをまとめたのがこの本である。しかし、この中の何篇かは新たに訳出したものであり、またその主旨と関係ないもの、たとえば「遊戯論」、『十九世紀文学の主潮』なども何篇かあるが、前者は『苦悶の象徴』の一節と関連し、後者は発表済みなので、いずれも収録した。ただ原書には「労働問題を描ける文学」の後にさらに短文が付いている。早稲田文学社の質問に答えたもので、「文学者と政治家」という題である。大意は文学と政治とは、ともに民衆の深い厳粛な内的生活に根ざした活動であるから、文学者は実生活という基盤の上に立ち、為政者は文芸をよく理解し、文学者に歩み寄るようにしなければならないと説いたものである。これは実にもっともであると思う。だが、中国の現在の政客、官僚たちにこのことを説いて聞かせても、牛に琴を弾いて聞かせるようなものでしかない。両者の接近ということに至っては、北京ではしょっちゅう見られることで、幾多の醜態や悪行はすべてこの新しくて暗黒な闇の中で演じられるのだが、ただ作者のいうようなうまい口実がまだ考えつかず、――また我々文士たちの思想もことのほかお粗末なだけである。自分のかたよった憎悪によって、改めて訳すまでもないと思ったので、本書の中でこの一篇だけが欠けている。幸いにして、これは元来が少年、少女たちに読ませるようとしたものであり、またもともと各篇に関連性があるわけでもないので、一篇を欠いたからといって、さしさわりはない。

　『象牙の塔』の典故は、自序と本文の中に窺えるので、改めて述べるまでもない。だが、出てからどうなるのか？彼のこの後の論文集『十字街頭を往く』の序にその説明がある。幸い長いものではないので全文を次に引用する。

　「東せんか西せんか、北せんか南せんか。進んで新しきに就くべきか、退いて古きに安

んすべきか。霊の教うる道に就かんか、肉の求むる所に赴かんか。」左顧右眄しつゝ十字街頭にさまよへるものこそ現代人の心である。'To be or not to be, that is the question.' われ年四十を越えてなほ人生の行路に迷ふ。我身もまたみづから十字街頭にたつものか。しばらく象牙の塔を出て書窓を去つて、騒擾の巷に立ちて思ふ所を述べよう。すべてこれらの意味を寓してこの漫筆に題するに十字街頭の文字を以てした。

「人としての生活と芸術と、それは今まで二つの街道であった。両方が相会して一つの広場に合する点に立つて、われは考へてみる。平素我が親しむ英文学で、シェリィ、バイロンでも、スキンバアンでも、またメレディス、ハアディでも、社会改造の理想をもつた文明批評家であった。象牙の塔にのめ、居なかった。この点が仏文学などとはちがふ。モリスは実に文字通り街頭に出て議論をした。人はいふ、現代の思想界は行き詰つて居ると。然し少しも行き詰つては居ない。たゞ十字街頭に立つてゐるのみだ。道はいくつでもある」

ただしこの本の出版は著者が地震でなくなった後のことで、内容は先にくらべていささか粗雑である。あるいは序文を書き上げていたとはいえ、手ずから取捨してはいないのかもしれない。

創造主によって人類に賦与された不調和は実際まだたくさんある。それは肉体面ばかりではない。人は高遠で美しい理想をもつことができるが、この世では、その万分の一も現実のものとなし得ない。年をとるにしたがい、その矛盾が日に日に明らかとなる。だから、敢然と思索をめぐらす人々は、五十歳という年半ばにして悔やむこと久しく、そこで急転し、苦悶し、彷徨する。それでもあるいはただ十字街頭を往き、自らその晩年を尽きるにまかせるだけなのかもしれない。当然、人々の中にはいつまでも疲れることなく丸々と太って八十、九十まで生き、天下太平、悩みもないという人がいる。だが、それはもっぱら中国内務部からほめそやされて生きてきた人物で、別に論じなければならない。

もし、著者が地震で被害にあっていなければ、塔外の幾多の道の中から、きっとその一本を選んで、勇往邁進していたであろう。だが、いまでは残念ながらそれを想像すべくもない。だが、この本の、ことに最も肝要な前の三篇をみると、まぎれもなくもう戦士の姿をして世に出、母国の微温、中道、妥協、虚偽、卑屈、自惚れ、保守などの世相に、ひとつひとつ、辛辣な攻撃と仮し借なき批評を加えている。まことに我々外国人の眼からみても、しばしば「快力乱麻を断つ」ような痛快を覚えて、快哉を叫ぶのを禁じ得ない。

だが一方で、誰かが快哉を叫べば、他方では恥じ入って顔に汗かく者がいる。顔に汗かくことは自体は悪いことではない。なぜなら、顔に汗すらかかぬ者がたくさんいるからである。しかし、辛辣な文明批評家はきまって敵が多い。私は以前、著者の学生だった者にあったことがあるが、その話によれば、彼は生前、普通の人から好かれなかった、たぶん、彼の態度が彼の文辞のようにかなり傲慢であったからだろうという。私はそれが本当かどうか判断はできないが、あるいは著者は傲慢だったわけではなく、普通の人よりむ

しろ謙虚だったかもしれない。なぜなら、実際より、より低く装う謙虚と、より高くふるまう傲慢とは、同じく虚偽なのだが、現在では謙虚のほうが美徳とされているからである。だが、著者の死後全集第六巻がもう出版されているところをみると、日本にはまだ編集を引き受ける人々や多くの読もうという人々、そして、このような批評を受け入れる度量とがあるらしい。このことと、このような自己省察と攻撃、鞭撻をあえて行う批評家とは、中国ではなかなか存在し得ないものである。

　私がこの本を訳したのは、決して隣人の欠点をあげつらって、いささかわが国の人々を満足させようとしたからではない。中国にはいまや、「乱ヲ取リ、亡ヲ侮ル」という雄々しき心がなく、私も他国の弱点を突くという使命を負ってるなどとも思わぬから、そこに力をそそぐ必要もない。だが、私は彼が自分を鞭うっているのを傍でみてると、あたかもわが身が痛むかのような思いがするが、そのあとはかえってスッキリとし、まるで一服の解熱剤を飲んだかのようである。陳腐な老国に生きる人々は、もし大きな福運を持っていて、ゆくゆく内務部の賞讃を得る人でないかぎり、たいていは、まだ破れていないおできができてるかのように、一種ずきずきする痛みを感じている。まだおできができたことのない者や、できても切開治療をしたことのない者には、たぶんわからないだろうが、さもなければ、切開するときの傷の痛みが、まだ切開していないときのずきずきする痛みにくらべてずっと晴れ晴れとすることを知っているはずだ。これがすなわちいわゆる「痛快」というものではあるまいか？私はつまるところ、この文章をかりてまずあのずきずきする痛みを感じさせ、それからこの「痛快」を同病の人たちに分けてあげたいと思っている。

　著者は彼の母国に独創的な文明がない、卓越した人物がいないと叱責しているが、それは正しい。彼らの文明はまず中国に倣い、それからヨーロッパに学んだ。人物では孔子、墨子がいないばかりか、僧侶でも玄奘にまさる者はいない。蘭学が栄えた後は、リンネ、ニュートン、ダーウィンなどと肩を並べるような学者は生まれ出ていない。ただし、植物学、地震学、医学の面では、彼らはすでに相当の功績を挙げている。あるいは作者は「自惚れ病」を正さんがために、故意にこのことを抹殺したのかもしれない。それでも煎じ詰めていえば、やはり固有の文明と偉大な世界的人物はいないということなのである。両国の関係がたいへん悪いときには、我々の論者もよくこの点を突いて嘲笑し、人々の一時の気晴しとした。けれども、私はまさにこの点が、日本を今日あらしめた所以だと思っている。なぜなら、古いものが少なく、執着もさほどでなかったから、時勢が変われば脱皮も実にたやすく、いつ、いかなる時でも生存に適応し得たからである。幸福に恵まれて生き残った老国のように、固有の古い文明を恃み、その結果、すべてを硬化させ、ついに滅亡への路を歩まねばならなかったのとは違うからである。中国でかりに不徹底な改革がなされたとしても、命運はやっぱり日本のほうが長久だろうと、私は確信している。また私は旧家の子弟として衰退し、滅亡するのは、成上り者として生存し、発達することにくらべ

て名誉なことではない、と思うのである。

　中国の改革についていうと、その第一は無論、廃物を一掃して、新生命が誕生し得る機運を作り上げることである。五四運動も、もとはこの機運の始まりであったが、残念なことにそれを挫折させるものがあまりに多かった。事後の批評は中国人のものはたいてい、どっちつかずの態度か、あるいはいいかげんに一通り述べるといったものだった。外国人は始めかなり意義があると考えていたが、中には攻撃的なものもあった。国民性と歴史とをかえりみていないので無価値だというのである。それは中国の多くのいいかげんな説とだいたい同じである。なぜなら、彼ら自身が改革者でないからである。これこそ改革ではないか？歴史は過ぎ去ったことの痕跡であり、国民性は将来改造され得る。だから、改革者の眼には、すでに過ぎ去ったことと眼前のこととはまったく無に等しいものなのである。本書の中にも、こうした意味のことばがある。

　ちょうど日本がむかし「遣唐使」を派遣したように、中国も多くの留学生をヨーロッパ、アメリカ、日本に派遣した。現在文章の中によく「莎士比亜」の四文字が見られるが、おそらくは遙か彼方の異境から持ち帰ってきたものであろう。けれども、西洋料理は食べてもよいが、政治は語るなかれという中で、幸いアーヴィング、ディケンズ、徳富蘆花の著作はすでに林紓によって翻訳された。死の商人の仲介となり、外遊する役人の通訳となれば、オートバイのサドルを自分の尻の下に持ってこられるというものだ。この手の文化は確かに最近、新たに来たものである。

　彼らの遣唐使がやや違っているのは、我々とかなり異なる趣味のものを選択した点である。だから、日本は多くの中国文明を取り入れたが、刑法には凌遅を採用せず、宮庭にも宦官を置かず、女たちはついに纏足をしなかった。

　しかし、彼らは結局、非常に多くのものを採用した。著者の指摘する微温、中道、妥協、虚偽、卑屈、自惚れ、保守などの世相はまさに中国のことを語っているのではないかと、疑いたくなるほどである。とりわけ、すべてのことがほどほどにおこなわれ、底力がない、すべてが霊より肉へで、幽霊の生活を過ごしているという話がそうである。およそ、それらは、もし我々中国から伝染したものでないとすれば、東方文明の中に泳いでいる人々がすべてそのようで、本当に、いわゆる「美しい花を美人とくらべるのは、中国人だけがそうした考えをもっているのではなく、西洋人、インド人も同様の考え」をもっていることになる。だが、我々もこれらの来源を討論する必要はない。著者がすでにこれが重病であると考え、診断を下した後、一つの処方箋を作っているのだから、同じ病気の中国も、まさしくこれを借りて少年、少女たちの参考に供し、またこれを服用させれば、キニーネが日本人の疾患を治したように、中国人も治してくれるであろう。

　私は「拳乱」のとき（庚子）、外国人の大半が中国を悪くいっていたのを覚えているが、いまでは彼らが中国の古代文明を賞讃しているのをよく耳にする。中国が彼らの恣意的な享楽の楽土となるときが、そこまで来ているかのようである。私はこうした賞讃を深く

憎悪する。しかし最も幸せなことは、まことに旅人となるのが一番である。私は以前、日本に住んでいたとき、春に上野の桜を見、冬に松島に松と雪とを見にいったことがあるが、ついぞ作者が並べたてているような厭わしさを感じたことはない。また、たとえ感じたとしても、大概あれほどの憤懣にはいたらなかっただろう。だが、残念なことに、帰国して以来、そうした超然たる心境は完全に失くなってしまった。

　本書に挙げた西洋の人名、書名などは、いますべて原文を付け、読者の参考に供することにした。しかし、これは私には困難な仕事だった。というのは、著者の専門が英文学で、引用されているものも当然、英米の人物と作品が非常に多いのだが、私は英語に関して何の知識もなかったからである。およそ、こうした仕事はすべて、韋素園、韋叢蕪、李霽野、許季黻の四君が私を助けてくれた。また、彼らは全体の校覧をもしてくれた。私は彼らの厚意に非常に感謝している。

　文言は相変わらず直訳とした。私のこれまでのやり方と同じである。極力、原文の口調を保ちたいと考えたからで、全体として語句の前後の順序もひどくは入れ換えなかった。何か所か「的」の字を使わず「底」の字を使った理由は『苦悶の象徴』を訳したときと同じであるから、いまその「序言」の中からそれに関する説明を以下に引いておく。

　「およそ形容詞と名詞とが連なって一つの名詞を形成しているものは、すべてその間に「底」の字を使った。たとえば、social beingは社会底存在物、Psychische Traumaは精神底傷害としたなど。また、形容詞で他の品詞から転成した、語尾が-tive,-ticの類のものは、語尾に「底」の字を使った。たとえば、Speculative,romanticは思索底、羅曼底とした」

1925年12月3日の夜、魯迅

出典：『魯迅全集12古籍序跋集・訳文序跋集』 昭和六十年(1985年)八月二十七日初版発行責任編集：丸山昇、本集訳者：盧田肇、藤井省三、小谷一郎。

[著者略歴]

　魯迅(ろじん)(1881—1936)、近代中国の代表的な作家、翻訳家、思想家である。本名は周樹人。浙江省紹興の生まれ。1898年、南京の江南水師学堂に入学, 1902年日本へ留学。明治末期の日本で欧州文芸の新鮮な息吹に触れ,日露戦争後の日本文壇の活況にも刺激される。1909年,帰国して間もなく,辛亥革命が勃発,清朝は滅びた。しかし魯迅は革命後の旧態依然たる現実に幻滅し,沈黙と寂寞のなかで日々を耐えねばならなかった。これは同時に中国の歴史と民族に対する思索を深めた内省の日々でもあった。この思索と内省はのちに新文化運動のさなかで発表された『狂人日記』(1918),『阿Q正伝』(1921—1922)などの作品に実を結び,中国社会の病態を鋭くえぐり,封建専制の下でおののく人間の萎縮した心や精神の歪みをあばき,人々に衝撃を与えた。その後も厳しい言論統制のもとで果敢な文筆活動を続け,社会の暗黒面と権力者に挑む大量のエッセー,雑文を書いた。

魯迅の文体は「匕首のように洗練され,寸鉄人を殺し,一刀血を見る」と評される。著作集に『魯迅全集』(1981年,全16巻人民文学出版社。この日本語訳は1984—1986年,学習研究社刊)がある。

[テキスト解説]

　魯迅は清朝末期に生まれ、二百六十余年にわたる王朝の崩壊に直面して、政権の交代劇とともに、中国文化の根源にかかわる価値観の変動を体験した。魯迅は1902年に日本へ留学、7年間にも及んだ日本留学体験は文学者魯迅の誕生に大きな意味を持っていたに違いない。明治末期の日本文明の新鮮な息吹に触れると同時に、魯迅は中国の歴史と民族に対する思索と内省を日々に深めている。この中日比較の視野は後日、魯迅が日本文明に関して論じるときの立場になる。その代表作として、「象牙の塔を出て・後記」があげられる。

　この文章は魯迅の翻訳作『象牙の塔を出て』の訳者後記である。『象牙の塔を出て』は1924—1925年の間に、魯迅によって訳出された日本近代の文学者、評論家厨川白村による文芸評論集のことである。翻訳の動機としては、訳者後記で明示されたように、『象牙の塔を出て』の本では日本文明のあり方について鋭く批判されていたことと直接に関係を有している。

　文章において、魯迅はまず厨川白村の日本文明が独創性に欠けているという批判論に賛意を表した。明治時代の日本は自然科学などの分野で開拓を進め、輝かしい成果と貢献を収めたが、文明はもともと中国とヨーロッパに教わったもので、固有の文明と世界的な偉人がやはりないと指摘した。また、物事の両面性と比較文化の視野から、日本文明が独創性がない、歴史や伝統が軽いから、逆に改革しやすい。しかし、これに対して、「生き残った古い国」は固有の文明が重いから、古くなり、硬直化して、滅亡の道へ赴いている。そこで、魯迅は古い制度やしきたりの廃止を中国を救う改革の要にしている。この意味では、五四運動を新しい命の誕生をもたらす機運として応援しなければならないと強調し、「改革者の目には過去と現在は全て無となる」という厨川白村の言葉を利用して、国民および外国人が「国民性や歴史をよそにする」を理由にして五四運動を無価値とみなす反対論に反発した。そのうえ、中国清末の留学生を日本古代の「遣唐使」と比べて、「遣唐使」は学んだのは中国文化の優れているところであるが、中国は外国をまねるだけで進歩がみられないと反省している。ここから魯迅の中国文明の運命への焦慮が読み取れる。

　最後に、微温、中庸、妥協、虚偽、尊大、保守など厨川白村のあげた日本文明の弊害に対して、魯迅はこれを中国の病、あるいは東方文明の通病と理解した。本の中で著者の言った日本文明の弊害の薬は、中国文明の痼疾病にも効くと勧告している。この結末は文章の冒頭に強調された翻訳動機と呼応している:日本文明を批判して人々の機嫌をかうためではなく、中日文明を比較しながら中国の短所を見つけ、治療の良薬を探すことにある。

この意図は、『象牙の塔を出て』の中の文章が新聞雑誌に訳載されるときの「訳者付記」にも明らかに書いている。

　著者(厨川白村—筆者附)は日本国の欠点を猛烈に攻撃し、本当に霹靂手である。両国とも東アジアの国で、事情が大体同じなのかもしれない。著者の攻撃した要害は、私の思うには中国の病の要害でもある。これは私たちよく考え、反省すべきところであろう。

　「象牙の塔を出て・後記」は意味深い中日文化比較論といえる。今現在の目から見れば、その見方にはバイアスがかかっており、歴史と時代の限界が見られるが、魯迅の一生の精力を奉げている中国の「国民性改造」に立脚し、「文明批判」と「社会批判」から発足したこの文章は、彼の雑文および小説創作のテーマと一致している。その根底に貫いているのは、魯迅の救国済民の苦心のほかではなかろう。

[参考文献]
- 魯迅『魯迅全集』編年版第3巻　人民文学出版社　2014。
- 丸山昇編集訳、盧田肇、藤井省三、小谷一郎訳『魯迅全集12 古籍序跋集・訳文序跋集』 1985。
- 竹内好、岡崎俊共編『現代中国の作家たち』　和光社　1954。

原典

日本論

戴季陶

○ 神権の迷信と日本の国体

　それぞれの民族は、それぞれに固有の神話をもっており、そのことは歴史的に大きな意義を有する。日本人も、従来、一つの迷信をもっていた。それは、自分たちの国体、自分たちの民族が、神によって造られたもので、世界のどこにも比類がない、というのである。そして皇帝こそ、神の直系の子孫であって、さればこそ「万世一系、天壌無窮」だという。

　ヨーロッパの科学思想が日本に輸入されて後、科学者たちは、ようやく迷信から離れ、こうした神話は科学の研究法によって整理し直さなければならぬと考えるようになった。ところが学者のなかには、今でも迷信にこり固ったままで、神話をそのまま一点あやまりのない事実だと思い込んでいる人も若干いる。以前、私が習った先生で、名を筧克彦（1862—1961、東大教授、国学院大教授）という、国法学の専門家がいる。この人は、学問の点ではきわめて広く、かつ深かった。私自身は、思想的にかれから多くのものを学んだ。そのころのかれの法理論は、法文ばかり重視して理論を軽視する当時の日本の法学界において、あきらかに革命的色彩を帯びるものであった。ところが、かれはその後、過ごしずつ迷信のほうに近づきはじめ、近ごろの著作では、ほとんど神話と紙ひとえになった。しかもかれの場合は、神話に対して絶対に考古学的な実証研究を適用しない。もっぱら思索だけに頼り、上古から伝わる神話に自分の哲学的解釈を与えて、神話をいっそう神秘的なものにしてしまうのである。かれは法科大学の講堂に入ると、まず開講の前に眼を閉じて手を合わせ、自分の幻想のなかにいる「祖先神」に敬意を表し、講義が終わった後、もう一度同じことをくり返すそうである。詳しく調べてみると、じつはかれの祖父が神社の神官だったのだ。だからこの迷信は、そこから尾を引いていると見られる。もう一つをあげると、満蒙を侵略し、中国を併合すべしという主張の張本人である内田良平（1877—1937、黒竜会の創立者）もまた、その父親は神官である。そのほか、陸海軍の軍人

のなかには、「神権」および「神造国家」など、自尊、自大、自閉の伝統を迷信しているものが、どれほどいるかわからない。

　表面だけでは、日本でいちばん盛んな宗教は仏教らしく見えるが、じつは日本の統治階級の宗教は神教なのだ。神教の信徒で、全力をふるって仏教を排斥した連中の多くは、その理論が韓退之（768―824、唐宋八大家の一人、仏教・道教を排斥して孔子への復古を唱えた）にそっくりで、外来思想の排斥が主たる目的になっている。ところが仏教の僧侶で、神教を否定した例は皆無である。それどころか、コジツケをでっちあげて、なにやら神はなにやら仏であるとか、または、なにやら仏はなにやら神であるとか、無理して両者の調和を図ろうとするものもいる。このことは、宗教の政治における位相あるいは関係を示すものであって、どの国にも類似現象がある。日本人の迷信、すなわち自分たちの国家は世界無比の国家、自分たちの皇室は世界無比の統治者、自分たちの民族は世界でいちばん優秀な「神選民族」であるという思想は、むろん、神教の信仰からうまれたものではあるが、じつは単に宗法社会に内在する祖先崇拝の原理だと見ることもできる。筧克彦博士はいう。「日本の国体は、万邦無比の模範国体であって、いつになっても、国体を破壊するものがあらわれることは絶対にない。日本の国体の精華、これ古来の神道である。日本国家の権力、これ神道唯一信仰のあらわれである。天皇すなわち最高の神のあらわれである。神を愛し、神を敬し、神に帰依し、神によってあらわされる力、これすなわち天皇の大権である」と。こうした思想は、むろん、筧博士個人の創意ということはできない。ただ、新しい法律学者の仲間で、かれが国粋いってんばりの人間であることはたしかだ。

　上に述べたような伝説は、言うまでもなく、日本にまだ文字のない時代に発生したものである。その後、中国文化およびインド文化が日本に輸入されて、外来の制度文物が日本文化の基礎となった。日本の国民は、釈迦に帰依するか、さもなくば孔子を尊崇するようになった。その後、次第に文明が発達し、組織が進歩し、それにつれて国家の力も強大になった。豊臣秀吉が国内の群雄を平定し、朝鮮に戦勝するに及んで、日本の軍事的成功はここに最盛期を迎えた。この豊臣氏の覇権を、徳川氏が受け継いで以後、政治文物は燦然たる輝きを見せた。日本に伝来して千年を経たインドおよび中国の思想は、すでに日本人の生活に完全に融け込んでいた。かくて、日本民族自尊の思想が勃然とおこった。この民族的自尊心の渦の中から、山鹿素行（1622―1685）という有名な学者があらわれて、日本古学派なるものを創立した。この派は、学問の内容がすべて中国の学問であり、しかも、その学問が直接孔子を受け継ぐものであることを表看板にしている。曾子（孔子の弟子、曾参、字は子輿）以下、すべての中国儒家の学説を不満とし、漢、唐、宋の諸家、とくに宋儒に痛烈な攻撃を加え、宋儒の思想は孔子の道を破壊する異端なりとしている。とはいえ、かれは中国の学問を借りて、日本民族中心の思想をこしらえ上げたわけだ。われわれは、かれの著作をのぞくことによって、方法および理論に関して、中国の学問から借りていないものは一つもなく、孔子の道を尊崇していない箇所は一つもないにもかかわらず、

その精神はまったく相反することをしることができる。かれが鼓吹するものは「神造国家」であり「君主神権」である。その思想は、かれの『中朝事実』にほとんど尽されている。このことは、別の観点からすれば、日本の民間にあった神への信仰が、一面では中国思想の影響を、他面では仏教思想の感化を受けながら、統一へ向かっての国力の発展に伴って、次第に地方色を脱し、国家色を帯びるに至った、ということである。しかもこの新しい国家色は、さらに宗教の信仰、および文学、美術の陶冶によって、いっそう優美、高尚、かつ有力な世界性と社会性を帯びるに至った、ということである。その後の日本の様々な進歩は、すべてこの時代の産物と見ることができる。

（略）

○ 皇権神授思想とその時代的適応

中国は孔子の時代に、封建制度が次第に崩れた。交通の発達と、商工業の進歩に伴って、古い国家概念が打つ破される一面、人類同胞の世界思想がうまれた。すでにこのとき、多くの伝説に対する迷信が打ち破られ、君主神権思想が捨てられ、それに代わって平民思想と平天下思想とがさかんになったのである。日本は現在なお、君主神権の迷信から完全には離脱していない。むろん、現代科学文明の点では、日本の学問は中国よりはるかに進歩しているが、これは単に最近五、六十年だけのことである。ヨーロッパから伝わった科学文明と、中国やインドから輸入した哲学宗教思想を除けば、日本固有の思想は、幼稚というほかない。しかしそれは、日本の恥ではない。恥でないどころか、むしろ幼稚であるためにこそ、鬱勃たる進取の気象がうまれ、発展の余地がうまれるのであって、そのため老衰や頽廃の気分に陥らないですむのである。日本は島国であり、文化史的に見れば、年代が短い。その部族生活は、武家政治の出現によって次第に打ち破られ、徳川時代に至って、統一的な封建制度をつくり上げた。すなわち、現代の統一的な民族国家の基礎がつくられたわけである。したがって、社会発展史の見方からすれば、日本の維新は、あたかも秦、漢の統一に符合するわけだ。

神権思想、すなわち皇帝の大権と宝位は天神から伝えられたものだという思想は、日本の統治階級をほとんど支配している。これはあたかも、ドイツのカイゼル（皇帝）が、自身は天使であり、ドイツ民族は天の選民であると主張するのと同様の荒唐さである。軍人や貴族は、その地位が伝統にもとずくものなので、やはり同様に部族時代の伝説を迷信するのは当然である。理想または知識の点で、こうした概念を幸福している人もいないわけではないが、その人たちも階級的特権を維持する上から、あえて神話が事実でないとは口に出しては言わない。まして、封建時代から生き残った、いま七十歳、八十歳になる老人たちは、脳みそにたたみ込まれているものが封建時代の話ばかりなので、この迷信以外に自主的判断のあるはずがないのは当然のことである。しかし、今日のようなこの時代

に、日本の政治の支配権がこのような連中の手に握られていることは、危険きわまると言うほかない。

　神秘思想が上古の日本で国家概念の基礎になったのは、不思議ではない。中世になると、中国の儒家思想とインドの仏教思想とが勢力を占め、そのため偏狭な宗教国家の概念は次第に影がうすくなった。その後、日本人の中国文明を消化する力が増すにつれて、中国とインドの文明をあわせて独自の日本文明をつくり上げるようになった。かくて統一的な民族文化が一つの規模をそなえる段階になると、当然、思想の独立が要求され、そこで神権説が改めて勃興した。先に見たように、山鹿素行が、中国の学説を採用するに当って、孔子だけを尊崇し、漢以後の学説を異端邪説と見なした点において、かれらの復古情緒にふくまれている創造精神をくみ取ることができる。しかも、その範囲ははるかに拡大されたものになっていた。以前は、日本列島の中だけで主張されていた神権が、山鹿素行の時代になると、歩を進めて、世界に向って日本の神権を主張するものに変わったのである。明治維新は、この神権思想の現代化であって、したがってかれらは、これを王政復古と自称する。その王政復古を提唱した学者は、いろいろの分野にいるが、いちばん有力だったのは漢学者で、しかも山鹿素行の流れをくむ古学派が最大の推進力であった。たとえば素行学派の中から後におこった吉田松陰（1830〜1859）の著作でも詳しく調べてみれば、維新史の「精神的意味」の所在があきらかになるだろう。松陰の『坐獄日録』の一節にこうある。

　「抑皇統綿々千万世に伝りて変易なきこと、偶然に非ずして、即ち皇道の基本亦茲にあるなり、蓋天照皇大神の神器を天孫瓊々杵尊に伝玉へるや、宝祚の隆えまさむこと、天壌と窮まり無けむの御誓あり、されば漢土天竺の臣道は吾知らず、皇国に於ては宝祚素より無窮なれば、臣道も亦無窮なること深く思を留むべし。」

　吉田松陰と同時代の有名な学者に、藤田東湖（1806—1854）がある。かれもまた、神権を日本の民族思想の中心にすえている。かれは「天地の発源、人類の根本は、天神である」といった。

　徳川末期の有名な歴史家かつ漢文学者で『日本政記』『日本外史』の著者である頼山陽（1780—1832）は、思想および学問の系譜が比較的純粋な儒家であって、そのため歴史を神武から書き出しているほどだが、そのかれにしても、なにがし神、なにがし命といった系統表を巻頭に置くことは止めなかった。こうした実証のない太古の事実を抹殺しないばかりでなく、こうした記載にたいしていささかの批評も加えていないのだ。日本の維新は、山陽の文章の力に負うところが大きいし、藤田東湖もまた。維新前に、思想および学問の上で、人心を鼓舞した大学者なのだが、そのかれらにして、思想はかくのごとくである。

　以上、日本の民族思想についての見方を述べた。日本人の国体観念は、主としてこの神権の民族思想に由来するのである。

（略）……

「サムライ」という語は、あきらかに侍者の意味である。俗に家来というのもそのためだ。したがって、その意味では「武士道」とよばれる主義は、今日のわれわれの目からすると、発生的には「奴道」に過ぎないものであった。封建制度の下における封禄に対する報恩の主義が武士道の概念なのである。しかし後になると、山鹿素行や大道寺友山(1639—1730、兵法家、素行の弟子)らによって「士道」とか「武道」とかを内容とする書物があらわされるようになった。これは武士の地位が向上し、社会関係での比重が増し、武士が統治階級になったのに見合って、武士道の上に儒教道徳の衣を着せたことを意味する。そもそも当初の「武士道」が、そんな精密な、または高遠な理想から出発したものではないし、いわんや、それが特別に進歩した制度だったわけでもない。封建制度の下で当然に発生する単なる習性にすぎない。

われわれの注意すべき点は、制度からおこった武士道の名が、のちに道徳としての武士道、されに信仰としての武士道の意味に使われるようになったことである。されに明治時代になると、古い道徳、古い信仰からする武士道に維新革命の精神が加わって、ヨーロッパ思想を内部にとり込み、維新時代の政治道徳の基礎をつくりあげたことである。このように、次第に内容をひろげ、内容を変えていった過程こそ、研究の必要があるのだ。封建制度の下では、武士階級は社会組織の中堅だった。上は公卿や大名、下は百姓や町人、この全体系の中で、全体社会の生存と発展を維持する職責を担ったものがぶしだった。したがって、一方では名教や宗法の特色を保存してはいるが、名教や宗法だけでは社会生活の安定を維持し、社会生活にうるおいを与えることができないから、そこで他方、世故と人情とを加味しなければならない。このため高尚な武士の生活は血と涙の生活ともいうべきものとなる。血は主家に対する犠牲、涙は百姓に対する憐憫である。われわれは、徳川時代の武士道が、いかに生活的なうるおいに富んでいたかを見てはじめて、武士階級が維新の原動力となった理由を理解することができる。日本研究を志す人のもっとも留意すべきはこの点である。

> **出典：** 戴季陶『日本論』中国語版、上海民智書局版1928年。
> 戴季陶『日本論』日本語版　株式会社社会思想社、1972年3月30日の初版。
> 第1刷発行。訳者：市川宏。

[著者略歴]
戴季陶(1891—1949)名は伝賢、字は選堂、季陶。四川省漢州(現在の広漢)に出生。記者時代のペンネームは天仇。黄遵憲、周作人と比肩して日本及び日本人論の三白眉とされている。59歳で亡くなり、死因は睡眠薬の飲みすぎだといわれる。

国民党の最長老の一人、孫中山の秘書。15歳の時から日本へ留学して総計八年余り日

本滞在をして日本の政治、社会事情万般に深く、詳しく分かる。

著作には『日本論』1927年執筆、1928年上海で上梓。『日本観察』、『青年の道』、『孫文主義の哲学的基礎』、『学礼録』、『天仇文集』など。

[テキスト解説]

戴季陶の『日本論』は1928年、日中間の衝突が白熱化となる直前に書かれたものである。既に彼は1917年『民国日報』、『建設雑誌』で「私の日本観」及び、「日本観察」をテーマに自分の日本観、日本認識を発表された。これらを基にして、歴史的視角から分析を加えた『日本論』は上海で上梓された所以である。戴季陶の日本観は孫中山の主張を受け継ぎながらもその出発点の多くは日本批判及びそれに対する抗議である。これも日本通の彼が当時の日本情勢が読めたのであろうか。特に明治維新を成功させた理由に関しては日本人の進取の気性、冒険精神、民族精神, 志士達の愛国心などによるという孫中山の見解に対し、戴季陶は日本固有の信仰心、自信心、向上心または、武士道に目が向き、日本の維新成功の歴史を考えた上、「時代の切実な要求及び共通の信仰があった」という二点にまとめられたのである。

「およそ一つの歴史民族を批判する眼目はその民族の善悪を云々することではなく、その民族がいったい何であるか、なに故にかくあるかを明らかにすることにある。季陶先生は本書において、完全に個の態度から出発している。したがって彼の立場は日本に対する弁護人であると同時に裁判官である。しかも、この弁護人兼裁判官は公平無私、賄賂も受け付けず、力による圧迫にも左右されない。日本人は神を信じる民族であるという場合、これを軽蔑する感情は毛頭ない。また、日本人は美を愛する民族であるという場合、やはり過度の迎合的態度からではない。すでに打倒された徳川に民族精神を養った時代であるという意味を見出し、自殺は心中を取り上げてこれを彼らの信仰の真実性の現れとする。こうした科学的批判精神はわれわれの等しく共鳴するところである。」(『日本論』序)と当時、同じく国民党の最長老である胡漢民がこう評価した。

戴季陶の『日本論』は外国人による日本、日本人論の著作のどれを取ってみても決して引けをとらない、優れた作品であるという。中国人激励を主眼として当時の緊迫した時点で日本の全文明を批判するという必要から書かれたこの『日本論』は全文二十四章から成り、明治維新の評価をメインテーマの一つにして、明治維新で独自の力を発揮できたのは日本民族の神権迷信が基礎にあったからであると指摘した。そして、明治維新は偶然なものではなくて徳川時代の遺産から自生的な近代に変わっていくという見方はより注目すべきであろう。また、戴季陶が日本論を執筆した動機に関しては、田中義一内閣を批判すること、この内閣の対中国政策を日本の最終決定と見なし、その破滅的な結果を予測して、日本人に警告することであるという。

戴季陶の『日本論』は〈中国人の日本問題研究の必要〉を本書の冒頭に掲げている。ここ

に取り上げたのは〈神権的迷信と日本の国体〉（二）と〈皇権神授思想とその時代的適応〉（三）である。

　「それぞれの民族は、それぞれに固有の神話をもっており、そのことは歴史的に大きな意義を有する。日本人も、従来、一つの迷信をもっていた。それは、自分たちの国体、自分たちの民族が、神によって造られたもので、世界のどこにも比類がない、というのである。そして皇帝こそ、神の直系の子孫であって、さればこそ「万世一系、天壌無窮」だという。」（『日本論』P.9）
……

　日本人の迷信、すなわち自分たちの国家は世界無比の国家、自分たちの皇室は世界無比の統治者、自分たちの民族は世界でいちばん優秀な「神選民族」であるという思想は、むろん、神教の信仰からうまれたものではあるが、じつは単に宗法社会に内在する祖先崇拝の原理だと見ることもできる。筧克彦博士はいう。「日本の国体は、万邦無比の模範国体であって、いつになっても、国体を破壊するものがあらわれることは絶対にない。日本の国体の精華、これ古来の神道である。日本国家の権力、これ神道唯一信仰のあらわれである。天皇すなわち最高の神のあらわれである。神を愛し、神を敬し、神に帰依し、神によってあらわされる力、これすなわち天皇の大権である」。」（『日本論』P.10-11）
と、記しているように、神道こそ日本人の真の信仰であって、その犠牲的精神などすべてこの信仰生活によって訓練されて生じてきたのであろう。また、日本人の信仰は打算のない純粋さと精神常在の理念があって、日本人の精神構造をなす基盤だと考えられる。

　ここに掲げた本文では、戴季陶は日本の迷信に対してマイナス面を見るだけではなく、其のプラスの効用を評価するところに日本人研究者の注目を引き、評価されていた。勿論、『日本論』の書かれた動機及び主眼は日本の近代国家成立以後、国家主義、軍国主義に変わっていく過程に問題があることを感じたことと、田中義一内閣を批判することなどで執筆に取り込んだのであるが、ここに掲げた二節は氏の日本認識を解く主な要素、あるいは鍵ではないかと考えている。

　因みに、一民族が信仰力を失った時は如何なる主義も彼を救うことはできないという戴季陶の案ずることは今日でも考えさせられるのであろう。

[参考文献]
- 戴季陶『日本論』　光明日報出版社　2011。
- 戴季陶『日本論』　上海民智書局版　1928。
- 戴季陶『日本論』　株式会社社会思想社　1972。
- 佐伯彰一、芳賀徹『外国人による日本論の名著』　中央公論新社　1987年初版、2004年16版。
- 築島謙三『「日本人論」の中の日本人』（上、下）　講談社　2000年10月第1刷。
- 安田武、多田道太郎『日本の美学』　株式会社ぺりかん社　1982年新装版1刷。

原典

日本文化を語る手紙(その二)

周作人

亢徳〔姓は陶、『宇宙風』編者〕様
　『宇宙風』が日本および日本人特集を出されると聞き、愚生は陰ながら憂慮致しております。というのは失敗しそうに思えてならぬからでありますが、しかし、もし寄稿家各位の理解ある援助が得られ、それ上であなたが力瘤をお入れになるならば、うまく行かぬものでもない。「幸いにして吾が言の中らざる」〔康有為の常用句〕ことを希望する次第です。
　目下、中国が日本にひたすら怨恨を燃やしているのは、当然至極のことであります。二十年来、中国に向けられた日本の顔は人喰いのそれでありました。かの隋唐時代の文化的交誼は完全に跡を絶ったばかりか、甲午の年の一刀一銃による殺し合い〔日清戦争〕さえ、今では男らしくも鷹揚な、もはや得がたいもののように感ぜられます。今のは、ほとんどみな卑劣な齷齪したやは口ばかりで、武士道どころか、いっそ上海あたりのゴロツキのゆすりに近いというべきです。怨恨はもとより、それ以上に軽蔑にこそ値しましょう。しかも日本人自身もそこに気づいていないわけではないのです。一昨年の夏、私は東京でさる陸軍の将官と会見し、初対面ながら互いに遠慮のないところを話し合いました。中日関係に及んだ時、私が例えば蔵木事件のように相手の損になっても自分の得にはならぬことは、おやめになった方がよろしいというと、くだんの中将はそれをいわれるとはなはだ慙愧に耐えぬ。我々もああいうやり方には反対なのだ、と答えたものです。昨年の冬、河北で自治運動とやらの騒ぎがありましたが、一人の日本の友人が、たまたまやって来た参謀本部の軍官にこのことを持ち出して、余りに下手な汚いやり方には軍官たちも反対しているの参謀本部は知らないのかとただすと、彼は笑うばかりで返事をしませんでした。いずれも日本の中国に対する手段が近頃は乱暴なうえにはなはだ見下げ果てたていのものであると、大方が認めていることを物語っています。もし我々の怨恨と軽蔑の気持ちをまともに表すとすれば、おそらく思い切り粗悪な言葉を大冊一杯に書き列ねても足りはしないのでありましょう。だが『宇宙風』が特集を出される意図は少々

違ったところにありそうだ。しかも、実力そなわらずほかに仕様がないというので、口や筆ばかりでうまくやろうと考えるところが我が国民の悪しき性であってみれば、ことされそんなものを助長してもはじまらない。というわけで、私どもとしてはなるたけ公平に彼らの国土と人民とを語ることが望ましい。———ただし、それが可能でありましょうか。必ずしも不可能ではないとしても、とにかく極めて容易ならぬことにはちがいありません。もともと一民族の代表としては二種類のものが考えられると思うのです。政治軍事方面のいわゆる英雄がその一、芸文学術方面の賢哲がその二で、両者ともがんらい人生における活動の各一面でありながら、ただ目指すところが異なるばかりに、しばしば背馳するに至る。したがって、これを区別して扱うことはできても、安易に一方依拠して他方を抹殺するわけにはゆかない。例えば、日本の文明を愛するの余り、何もかも素晴らしいと思い込み、その醜悪面に目をつむるのも、また暴力を憎むからといって逆にすべてを打倒してしまい、日本に文化無しと決めつけるのも、同じような誤りです。前者には西洋人が多く、彼らの親日ぶりは往々にして没理性に近い。近世の文人でさえ、小泉八雲(Lafcadio Hearn)やフランスのクーシュー(Paul Louis Couchoud)、ボルドガルのモラエス(W.de Moraes)がそうなように、なかなかそこを脱けされません。彼らは日本人の敬神尊祖、忠君愛国といったものをはなはだ重く視て、最高の文明と見なすのがつねで、その感服するところといえば、昔の男なら徳川家康、近時の女なら畠山勇子〔烈婦、ロシア皇太子の遭難———一八九一、大津事件———を憂え遺書して自刃〕と決っている。こういう見解に愚生は賛成致しかねるのです。どうも奇怪でなりませんが、西洋人も優秀にはちがいないが、なぜ極東のことになるとより多く英雄を崇拝して、賢哲をないがしろにするのでありましょう。

　それにつけて、ギリシャの故事が思い出されます。なんでも二千五百年のむかし、およそ中国では衛の懿公が鶴を好んだ頃、ブドウ酒で有名なサモス島にイアドモンという大富豪があり、大勢の奴隷を擁していたが。そのうちの二人が名高く、一方は男ですなわち寓言作者のイソップ(Aisopos)、一方の女はロドピス(Rhodopis)という古代美人の一人で、のちに女詩人サッポーの弟に嫁入りしたと伝えたれます。話しこれだけですが、私の言いたいのは、イアドモンとインップやロドピスと、いったいどちらを人々の代表としたらよいかということです。べつにイアドモンが悪人だったわけではありません。彼はあとでロドピスをクサントスのところへ芸妓として売りとばしたりはするものの。インップが寓言詩に長けているというわけで解放してやりました。また一方からいえば、かの大衆とインップやロドピスの間にもおそらくしたたかの隔絶があったでしょうが、その彼らの代表を求める段になれば、やはり両人の方であるべきで、イアドモンではないことになりましょう。奴隷の中にインップやロドピスがいたからといって、なにもその主人を賛えることはありません。中国人が日本文化につきこのような態度をとることは減多にないので、これはこれまでとして、さて中国でずっとありふれているのは上述の後者の場

合であります。仮りに前者を、ひいき目にはその家の屋根の烏まで可愛いの類とすれば、後者はたらいの水と一緒に赤子まで流すものといえましょう。これは先の一派と愛憎こそちがえ、意見としては共通するところがあって、同じく敬神尊祖、忠君愛国を日本文化に見立てた上で、取るに足らぬと決めつける。決めつけ方が誤っているわけでなくて、一つだけまずいのは文化を別の方面に求めようとしないことです。もっとも同じ一人の心ですから、私どもの頭がもし日本の古今の英雄で一杯で、しかもこの英雄なるものの実体は有力なゴロツキにすぎぬとしたら、傍観者がその成功に喝采するならともかく、被害者としては、好感の抱きようがない道理です（ただし、年代が遠くなって記憶のおぼつかない場合はべつです。例えば中国人がフビライ汗を賛えるように）。ましてや別の賢哲が市井山林の間で何か呟いているのに耳を傾けるゆとりなどありはしないし、低い呟きもまたすでに法螺貝の音にかき消されてしまっているのです。そうとすれば、これも人情ということになりましょう。ただ、せっかく何かの拍子に見聞きしながら、かかる賢哲の類もまた英雄の御家人にすぎず所詮旦那方のための宣伝をやっているのだろう、と決めてしまうなら、これまた人情かも知れぬけれども、やはり誤りにはちがいありません。永井荷風が『江戸芸術論』の中でいってます。

「希臘の美術はアポロンを神となしたる国土に発生し、浮世絵は虫けら同然なる町人のてによりて、要するにそは外観のみ。一度合理の眼を此の以て其の外皮を看破せば武断政治の精神は毫も百年以前と異なることなし。江戸木版画の悲しき色彩が、まったく時間の懸隔なく深くわが胸底に浸み入れて常に親密なる囁きを伝ふる所以蓋し偶然にあらざるべし。」

浮世絵の作り手は絵師、彫師、摺師の三者で、当時はたしかに虫けら同然の平民でありました。しかし今は彼らを聖明なる徳川家の英雄に対立するところの賢哲の部類に含めぬわけにはゆきません。私どもが日本という国家のある時期の政治軍事上の行動を知りたいのであれば、当然徳川家康のような英雄にも注意しなければならない。なぜなら、英雄は大体において善人でないが、それにしても悪事をなす能力をもっていて、世界をゆさぶり、人類の苦しめ、歴史を変えるほどのことをやってのけられるからです。だがもしも此の民族の代表を見出して、彼らの悲喜苦楽をたずねたいと思うなら、やはり横町だの借家だのを訪ねなければならない。浮世絵師たちもその一つです。私のいわんとするところは、こうであります。私どもが日本文化を研究、理解し、あるいは語るその目的は、日本民族を代表する賢哲をたずねて同じ人類ないし東洋人としての悲哀に耳を傾けようとすることにほかならない。そこであれら英雄たちのことは、たとえどれほどの怨恨と軽蔑に値しようとも、棚に上げておくわけです。そんなことができるのだろうか。私には答えられません。できぬからといって文句はいえません、というものそれが人情のつねだから。だがもしできなければ、あなたの計画は見事に失敗したことになります。今回お出しになった、日本および日本人なる題目は実際むつかしすぎました。提出する答案が

及第点に達せぬことは自分でわかります。私が行くのは第一の路でもまた第二の路でもないとして、さて実際は天下に第三の路などありはしないのかも知れません。とすれば私の失敗は「げに」〔原文「実別」、紹興俗語〕自業自得でありましょう。

民国廿五年八月十四日　　知堂白(一九三六年)

出典：　周作人『瓜豆集』「宇宙風」　1936。
　　　『本談義集』東洋文庫701　「日本文化を語る手紙(その二)」pp.291-297。
　　　著者:周作人　　翻訳者:木山英雄　株式会社平凡社、2002年3月初刷。

[著者略歴]
　周作人(1885―1967年)、文学者、評論家、翻訳家または、思想家など。中国浙江省紹興に生まれる。名前は櫆寿、字は星杓、または啓孟、起孟。筆名は遐寿、仲密、豈明。号は知堂、薬堂等がある。1906年、長兄の魯迅とともに、日本へ留学。法政大学予科で予備教育を受け、1908年に立教大学に入学し英文学と古典ギリシャ語を学ぶ。1909年、羽太信子という日本人の妻を迎える。また、魯迅と共同で中国最初の本格的な翻訳小説集『域外小説集』を刊行。
　1911年に帰国し、教育、研究活動に従事。1917年、蔡元培に招かれて国史編纂処員に任命され、文科教授として、北京大学に奉職。文学革命運動に参加して数多くの評論や翻訳作品を発表した。主な著書は『雨天的書』(1925)、『談龍集』(1927)、『談虎集』(1929)、『苦茶随筆』(1935)、『瓜豆集』(1937)など約20冊の散文集と自伝『知堂回想録』(1970)を残して、その中、『日本管窺』、『日本文化を語る書』、『日本の再認識』などの日本文化論を有している。
　また、「偽」華北政務委員会の常務委員・教育総署督弁(教育長)、「偽」東亜文化協議会会長などの要職を歴任したため、日本が敗戦後、国民党政府に逮捕されたことがある。

[テキスト解説]
　周作人ほど日本と日本文化に深く関わった人物はまずは見当たらないという。周作人は1906年に実兄の魯迅(周樹人)とともに清末の留学生として日本に渡り、感受性豊かな年頃に6年間もの日本留学をしていた。それは西洋文明の衝撃に、清朝の支配体制がまさに崩れかけようとしていた時期である。
　周作人は中国新文学運動の代表者の一人としてパースペくティヴをもつ作家である。日本との深い関わりは彼の作家形成及び中日両国の文学作品を媒介にして、間接的に中日比較文化論を行われた知日家となることに決定的な意味を持つと言えよう。周作人の日本論は一冊のまとまった書物の形で公刊されていないが「日本管窺」と題する四篇のエッセイを中心に、「日本文化を談る書」、「日本の再認識」などが挙げられる。彼の日本論は

六年間の留学経験による個人的条件と日本の対中野心の膨張と大陸侵略政策の推し進めによる歴史的条件に基づくものである。「日本管窺」の最初の三篇は日本への愛着と賛美の辞に満ちたものが多いと言われるが歴史的条件の推移に伴い、彼の日本論は自民族覚醒を喚び起こす為の「自己譴責」のかたちを持って鋭い目で日本を論じていた。矛盾で複雑な心情に苦しめた周作人は「日本研究の店をしめる」ことまで宣告した。

　「日本文化を語る手紙　その二」は「盧溝橋事変」―抗日戦争が全面的に勃発直前、中日両国関係が益々険悪になる時期に書かれた文章である。周作人は、従来の西洋人の異国情趣から出発した日本人論、日本文化論と中国人の旧来の自惚れや日本文化への軽蔑視を指摘し、日本文化に独自の価値があって研究に値すると出張すると同時に、日本に対する憎悪が世論の主流となり、中国人の対日感情が憤慨している情勢の中、周作人は依然として客観的に日本人、日本文化を見る冷静さを失っていない。日本軍国主義者の横暴を憎む一方、日本民族の真の代表を、政治、軍事方面の所謂英雄と区別して扱う必要があって、むしろ芸術学術方面の賢哲がそれであって、その横暴と醜悪面を憎むからといって、全てを打倒して日本文化の価値を抹殺するのは誤りだ、たらいの水と一緒に赤子までを流すようなことをしてはならない、と説いた。

> 「もともと一民族の代表としては二種類のものが考えられると思うのです。政治軍事方面のいわゆる英雄がその一、芸文学術方面の賢哲がその二で、両者ともがんらい人生における活動の各一面でありながら、ただ目指すところが異なるばかりに、しばしば背馳するに至る。したがって、これを区別して扱うことはできても、安易に一方依拠して他方を抹殺するわけにはゆかない。

また、

> 「中国人が日本文化につきこのような態度をとることは滅多にないので、これはこれまでとして、さて中国でずっとありふれているのは上述の後者の場合であります。仮りに前者を、ひいき目にはその家の屋根の烏まで可愛いの類とすれば、後者はたらいの水と一緒に赤子まで流すものといえましょう。」(「日本文化を語る手紙　その二」　293－294頁)

　一方、周作人の日本文化論は苦渋に満ちた、反語や曖昧な表現が溢れていると言われるがそれは彼の日本論の根底を形作った時代的状況によるものだと言えよう。また、ここで特に言及しなければならぬことは周作人の民族意識である。中国民族の病患に対して魯迅は鋭いメスを突き刺して剔抉してあばき出したように、周作人は民族的な自己批判、彼の自己用語で「自己譴責」として自民族の劣根性を痛烈に攻撃したのである。これは彼の思想源流にある儒家思想と彼なりの自民族への愛の表し方ではなかろうか。この点では「魯迅とは瓜二つのようだ」と木山英雄が『周作人と日本』の中で語っている。

[参考文献]
- 久松真一『茶道の哲学』 講談社学術文庫。
- 周作人『苦茶随筆.苦竹雑記.風雨談』 岳麓青社 1987。
- 木山英雄『日本談義』 平凡社東洋文庫 2002。
- 劉岸偉『東洋人の悲哀―周作人と日本』 河出書房新社 1991。
- 于耀明『周作人と日本近代文学』翰林書房 2001。

原典

日本人の生活文化

郁達夫

　どの支那人でも、日本へ行つた當座の数個月間に最も苦痛に感ずるのは飲食起居の不便であらう。

　家はあの通りの小つぽけなもので、眠るのは床に敷いた畳の上、四つ足のお膳に載つけたお菜は一切れの焼魚か、さうでなければ木ぎれを並べた見たいな牛蒡。今から二三十年うるも前に私達が初めて日本に渡つて勉強してゐた頃の有様はざつとこんなものであつた。大震災以後に何も彼も西洋化し、建築物は當然舊觀を改め、飲食起居も以前と一様でないことは勿論であるが、しかし飲食方面で浪費過度にある支那人の眼には、どうも日本の一般國民生活は支那のあの安樂さには遠く及ばないかにも見えるのである。

　しかし住むのが更に長くなつて、さうした當座の困難を克服してしまつた後には、感じが忽ちガラリと愛つて来るものである。支那の社會の中では何處に行つたとて得られない、あの一件落着いた感じが、人をして現實の、物質上の苦痛を忘れ果てさせ、氣は勇み心は和やかに、只もう眞劍になつて何か知識の糧となるものを求める様にさせるのである。

　若しも日本に住むことが更に長くなつて、三年も五年もの年月の間滞在してゐると、もう此の島國の粗茶淡飯の一つ一つが皆懷しくてたまらぬものになる。勵みのある生活、麗はしい山や水、張り切つた元氣、整然とした秩序、と想ひ起して来ると、まつたく日本の生活は恰も蓬莱島上の仙境の生活とさへ思はれ、支那の社會はまるで亂雜無秩序な、盲目的なもぐらもち式の社會であるとも思はれる。

　忘れずにゐるが、何年の年だつたか上海で病氣になつた時、学生時代に日本で食べた朝の味噌汁の味を急に思ひ出し、病院のコツクに作つて貰つて食べようとしたが、何遍作らせて見てもどうもまづい。そこで到頭ある日本人の友達の家から少しばかり貰つて来たが、それからは日増しに食が進んで来た。これは私個人の生活の一端に過ぎないが、これによつても、日本のああいつた簡易な生活の人を引きつける點は見出せるであらう。

　また、日本の一般國民生活があんなにまで勵みのあるものであればこそ、上下の民衆は

皆ひたすらに奮發の一路を辿つて精進してゐるのである。明治維新より今に至るまで七八十年に過ぎないが、國家全體としての進歩に於ては、千餘年の文化を後に控へた英佛獨伊と立派に肩を並べてゐる。人は憂患の中に生き逸樂なければ死す、といふこの言葉は確かに日支両國の一盛一衰の病源に對する診断書である。

　刻苦精進は元來日本の一般國民生活の傾向である。然し他の一面ではまた、大和民族と雖も決して享樂を解しない野蠻な原始人ではない。ただ彼等の享樂、彼等の文化生活は、派手を好まず、全體を傷つけない。アツサリした中にも變つた趣を出し、簡易のうちにも深い意味を寓し、春の花秋の月、こなたの水かなたの山から天地自然の氣を取り入れる様になつたものが大部分である。これには變化多き山水に富む日本の地勢もかなり手傳つてゐるとは言ふものの、その多くはやはり彼等の如き島國民族の天性であると言つてよい。

　先づ彼等の文學から述べることにしよう。最も純粹で獨特な古代文學は勿論三十一文字の和歌である。男と女の戀情を述べ、妻を思ひ夫を怨む哀慕の心を寫し、或は國家の興亡、人生の流轉、さては世の無常、花鳥風月のおもしろさ等々、ただ清々淡々疏々落々の文句を以て天地古今の一切の感情を包括し、塵程の事ものこさないのである。その後に興つて來た俳句に至つては、これまた專ら餘韻を重んずる點に特色を有し、字句は和歌より更に少なくなつて只の十七文字であるが、面もその餘韻餘情に於ては恰も風の柳、池の漣の如く、その始まる所を知らず、またその終わる所を知らず、瓢々忽々、嫋々婷々、僅かに十七文字ながら若しこれをよく咀嚼反芻すれば、幾年幾月を經てもなほ恰も橄欖を食むが如く、嚙むに隨つて益々味が出て來るものである。最近高濱虚子といふ俳諧の先生が歐洲に俳句行脚を試みたことがあるが、その紀行文を見ると、到る處を和服と草履ばかりで押し通して來たこの俳人が、ロンドンだとかベルリン等といふ異國の大都會で出會つた歐洲人の男女の中には俳句の熱心家少からず有つた。氏が歸朝の後に得た消息によれば、西歐の數個處に於て俳句の雜誌を出す計畫もあるとのことである。

　次に、日本の舞樂を見て見るがよい。樂器の簡單なること、支那で言へばあの「南風薫る」を唱つてゐた舜の時代の大昔を偲ばせるものがある。一棹の七絃の琴或は三味線が有るが、彈いても少しも音が通らない。これに配するに更に小鼓が一つある――これは三味線にのみ配するもので、能樂、歌舞伎、淨瑠璃等の演出の時用ひる――ちやうど支那の鳳陽花鼓の様な小鼓であるが、敲いても只ポンポンと一種單調な音を出すだけである。ところが、能樂の演出が酣になるとか、淨瑠璃の語りがさはりに來るとか、歌舞伎が一番の見どころに達した時、眼に入るものは舞臺の上のあの優にのびやかな舞ひ姿――日本の舞踊では手足の動きが決して複雜でなく急調子でない――それに耳底を搖り動かすものがツンツンチンチンとかポンポントントンといふ音であれば、何時とはなしに氣がはづんで來て、からだ中がその場面の成行きに吸込まれて行くのである。單純なところに長所を現はし、アツサリした點で却つて他に勝るといふ原理は、日本の上等の能樂舞

臺か或は歌舞伎座に行つて見さへすれば、早速に會得することが出來る。かうしたものを持つて來て、西班牙ダンス式の狂想的な音樂や、或は支那芝居の十番鼓（十種の樂器を用ひる音樂）と比較して見ると、同じく精神の娯樂でありながら、こちらではガチャガチャと騷々しくやつて、頭のガンガンする位に囃し立てなければ醍醐灌頂の妙味が味はへぬとは、又何を苦しんでの沙汰であらう？

なほ、三味線太鼓の哀音に和して唱ふ所謂秦樓楚館の清歌がある。灯影もまぱらになつた殘んの夜、水晶の簾を捲けば秋の河に近しといつた様な二階に只一人寝てゐる時、遠くから吹いて來る風に乗つてその歌聲が一聲二聲聞えて來るのは、猿の夜鳴きか簾の音かと思はれて、心の奥まで搔き亂され、われ知らずハラハラと涙を落すこともある。かういつた様なうら悲しい情詞は只日本に於てのみ、また日本の簡單な樂器と歌曲を通してのみ感じ味はふことの出來るものである。

此外になほ、琵琶に合はせて唱ふ一種の歌がある。それが最初は支那から出たものである。ことばも言ふまでもないが、その悲壯激昂、一たび日本人の粗い喉を突いて唸り出される時は、たとひ支那芝居の黒頭や二面でも到底あの様な威勢はないと思ふ。「春雨樓頭尺八簫」の尺八の音はスツキリとしてこまかく、怨むが如く慕ふが如く、泣くが如く訴へるが如くして、女性的な所があるからである。

日本人は一般に野外に出て樂しむことを好むが、これも我々支那人の及ばない所である。春も彼岸を過ぎて花の雲たなびく頃ともなれば、京都の丸山嵐山、東都の上野飛鳥山、さては吉野にその外に、日本全國津々浦々、大方道といふ道は浮かれ男に女つれ。「家家扶得醉人歸」といふ春祭りの詩は、まるで日本人のために詠んだのかと思はれる位である。また祇園の夜櫻や都踊は殊更に人の心をとろかして、浮き立つ春の埃さへ拂ひ落として跡形もない。秋ともなれば紅葉して、春にゆづちぬ好い景色。此外一年中寒暑を問はず皆それぞれの遊びがあり、潮干に貝の取れる時、蕨の拳萌え出る日、菌のゾツクリ生える時、さては螢の飛び交ふ夜、皆打揃つて狩りに行き、笑ひさざめく樂しさは四角張らない有りの儘である。なほ元日の松飾り、桃の節句の雛祭り、五月端午の鯉幟、七月七日の星祭り、七月半ばの盆踊りや、さては九月の九日の重陽節の栗餅など、その仕來りはもともと支那の年中行事からではあるが、これが一たび日本に渡れば極めて意義の有る國民的な祭りと變り、盛んなことは他に類がない。

日本人は庭園や佛寺を造るにも又一種精微簡潔な所があつて、單純さの中にも趣きを見せる妙技を心得てゐる。家毎にある便所の如きに至るまで、その傍には一つの池を設け、幾本がの南天の樹が植ゑてあり、掃除が行届いてゐるため窓は明るく中は清潔で、嫌な臭ひが上つて來て鼻をつく様なこともない。

日本の風俗の中で最も趣きのある一種幽雅な風流事は茶道と呼ばれてゐるあの禮式である。各自一堂に於て恭々しく跪いた後、茶を入れる人は精微をこらした茶器を取り、法式通りの馴れた手つきで抹茶を茶碗の中に注ぎ入れ、順次斯くの如くするのである。飲

む時は皆三口半飲み、最後の半口でちやうど飲み終わる様にする。進退には節度があり、出入は型の如く、なごやかにスラスラと運ぶ様は、まことに唐宋以前の太平全盛時代の民風もかくやとばかり思はれるのである。

　それから「生花」といふ花の活け方があるが、日本ではこれも流儀傳統をもつ一種の妙技である。素燒の鉢又は清らかな花瓶の中に何本かの紅や綠の花の枝や松の幹を插し、それに多少の砂や石をあしらへば、狹く圍まれた場所の中にも種々樣々の一致した配合を見出すことが出來る。いくらの金もかけないで、而も部屋中に春らしい氣分を出せるとは、これ又何といふ經濟的で而も見榮えのする家庭裝飾であらう！

　日本人の和服は、男が着てゐるのは何も見た所が好いとは言ひかねる方であるが、女の人の振袖や、腋の下とか袖口からチラと見せた色とりどりの派手模樣と、帶の色とが互いに映えてゐる所は、恰も萬花繚亂の胡蝶の化身かとも見える。「蝶々夫人」といふ歌劇が歐洲人の人氣をそそつて、今に至るまで衰へない原因も此處に在るのである。

　日本國民が清潔を重んずるといふことも我々の敬服に値する一つの美德である。男女老幼、階級の上中下を問はず、大抵毎日一度は風呂にはいる。溫泉地方に住んでゐる人は、熱いお湯が地の底から湧出して沸かす必要がないから、入浴が一層簡便であるのは言ふまでもないが、たとひ溫泉脈の通つてゐない大都會の住民でも、設備が簡單清潔で料金が安いから、人々は風呂に入ることを一日の仕事を濟ました後の樂しみとしてゐる。國民一般にとつて手つ取り早く出來る樂しみとしては第一にこの安くて立派な公共浴場を擧げねばならぬ。これらの點は支那人として是非日本人を學ばねばならぬ所である。

　凡そ以上に述べて來た種々の點は、すべてこれ日本固有の文化生活の一小部分である。歐洲文化が輸入されてから後は、都會は皆モダン化し、ダンスホール、バー、コンサート、キネマ等々の文化設備は殆どこれ以上歐化出來ない位にまで歐化し、今では男女の服裝や舊劇の背景、科白までが皆バタ臭くなつて來た。銀座大通りの商店は外觀を洋風に改め、名稱まで歐洲語で呼んでゐる。例へば果物本位の喫茶店をフルーツ・パーラーといひ、西洋料理屋はカフエー・ウインナだとかバルセロナといふなど、到る處皆さうである。かういつた樣なモダン文化生活は、上海の人間なら大概まあ知つてゐることだし、何も日本特有のものではないと思ふから、此處では省略する。

　終りに、まだ日本の學校生活や病院生活、圖書館生活、それから海岸への避暑、山中での避寒、公園や名勝舊跡等の見物漫步、或は日本アルプスや富士山の登山、兩國大力士の相撲等々、言はうとすればまだまだ言へるのであるが、暑さに頭がボーツとして、汗を拭き拭き筆を執つてゐるので遂に詳細を畫すことが出來なかつた。この次に機會があつたら又書くことにする。

1936年8月福州にて。
――『宇宙風』より

> 出典： 信濃憂人訳編『支那人の見た日本人』青年書房、1941年。
> 　　　　『宇宙風』半月刊　1936年。

[著者略歴]

　郁達夫(1896—1945)、中国現代の小説家、詩人である。達夫は字で、本名は郁文である。浙江省富陽県の読書人の家に生まれ。7歳の時、塾に入り、九歳の時には賦詩を作るようになった。また、富陽県立高等小学に学び、之江大学予科に進学し、杭府中学に入学した。1913年長兄の郁華に従って来日。1919年11月東京帝国大学経済学部に入学し、経済を学びながらも、多くの外国の小説を読んだ。中学在学中に辛亥革命の動乱で家居独学，その後各地の軍閥が抗争を続ける混乱の時代を，大陸進出を図る当時の日本に10年間留学していたことが人間形成に大きな影響を及ぼした。1921年、郭沫若、成仿吾、張資平、鄭伯奇留学生仲間と共に文学団体「創造社」を結成した。この年から、小説を書き始めている郁達夫は同年10月15日、短編小説集『沈淪』を発表して文壇にデビューした。特に、最も有名な代表作「沈淪」は日本に滞在する一留学生の性の苦悶から、国家の惰弱の悲哀を著述し、郁達夫自身をモデルにしており、日本の「私小説」の風格を帯びている。出版されたとき、当時の文壇を強烈に震撼させた。1922年卒業して帰国、各地の大学で教鞭をとるかたわら創作と雑誌編集に従事したが，不安定な社会情勢の中で，その思想は時に急進的に，時に逃避的に揺れている。1935年秋の『出奔』を最後に創作の筆を断つ。

　郁達夫の文学は、ロマン主義の色彩を強く備え、日本文学の影響をすこぶる受けている。主人公の孤独、性の問題、中国の矛盾を描き出し、複雑な心理を描写し、内容は、複雑になっており、国内の文壇に大きな影響を与えた。それにより、日本の批評家も彼の作品に高い関心を持っている。大江健三郎は、郁達夫を「アジア現代主義の先駆」と認めている。

[テキスト解説]

　1913年、郁達夫は強烈な求知心を持ちながら、日本に足を踏み入れた。十年も日本に滞在して、日本の習俗や伝統文化に触れると同時に、それに強く影響されている。彼による日本文化に関する文章は同時代の魯迅、郭沫若たちより多く見られる。中に、1936年に書いた専門的に日本文化と国民性を論じる「日本の文化生活」は代表作としてあげられる。

　この文章は明治維新後の日本の巨大な変化を肯定的に受け止め、文学、音楽、舞踏、交遊、建築、茶道、生花、服装など日本人の文化生活の諸相及び国民性について、欠点より優れた方面に注目して、こう検討している。日本古代の文学、例えば和歌は「淡泊で数少ない幾つかの文では、乾坤古今のすべての情感が丸ごとに表されている」；俳句は「情韻こそ、その長所である」、短い一文は「繰り返して味うことは、年を経てもオリーブを食べるよ

うに、味が長く残っている。」また、日本の舞踊、楽器は簡単で複雑ではないが、「単純さこそ、その長所になる」、中国戯曲の鳴ドラムよりずっとよい；日本の庭園も精緻簡潔で、単純なところに趣があるという妙な芸術である。さらに、日本習俗の中の「茶道」は「最も面白くて幽閑で優雅な礼儀作法」で、「生花」は「一種の流派ある妙技」だと言っている。要するに、郁達夫は日本文化の創造的な模倣というアングルから、独創性の欠如を指摘するものの、全体として明らかに肯定と賛美の態度を持っているのがわかる。

　言うまでもなく、これは郁達夫が自分の生活体験を基にして、豊かな感受性を持ちながら述べているのである。その評価は、作者自分の経験に左右され、特定のものに興味を起こして与えた感情的なものといえよう。日本文化の美意識に対する認識、すなわち「淡泊に奇抜な興味、簡易さに深意がある」、「単純さこそ、その長所であり、淡泊こそ、その得手になる」という考えも、文人の心でキャッチされたもので、日本の日常の文化生活に溢れている民族性の情趣を表している、巧みで適切な結論だと思われる。

　日本文化を論述するとき、これを自国の文化と比較することは、恐らくすべての文人たちの避けられないことであろう。郁達夫の日本文化への称賛は無論、日本文化に興味を覚え、大いに影響されていることに関係があるが、日本の伝統文化から中国文化の遺風が伺えることにもつながると考えられる。この文章にも深い民族情感や懐古情緒が漂っている。日本楽器の簡易さを論じるとき、郁達夫は「以前の「南風の薫りよ」と歌っている中国の上古時代へ戻ろうと思わせ」て、「琵琶とあわせる歌は、その源はもちろん中国に求める」と、茶道の礼儀を紹介するときも、「進退に節度があり、出入りに礼儀があり、和気藹々で、唐宋以前の太平で繁栄時代の民衆の気風を考えさせるだろう」といった表現から、郁達夫は固有の文化を持った上で異文化を見つめていることがわかる。

　「日本の文化生活」にはもう一つの見落としてはならない点がある。それは、日本国民性への評価である。文章の冒頭の部分では、彼は日本人に「贅沢を好まない」、「忍耐強い生活」などの好評を与え、明治後の日本国に好感を持ち、「努力精進することは、もともと日本の普通の国民生活の傾き」で、「上下民衆は、振作という目標に向かって精進している」と称賛している。同時に、「大和民族は、享楽がわからない野蛮な人ではない」と言う評価から、彼は日本民族の両面性格にも注目していることがわかる。

　大正時代の日本留学生として、郁達夫の日本認識にはその時代の烙印が押されている。留学期間および二十世紀二十年代初期に、彼は文字をもって日本に対する悲憤に満ちた怒り、苦しみや心の底からの真摯な愛を強くうたえている。三十年代に入ると、時代の流れとともに、郁達夫の日本文化に対する認識は、依然として自分の好悪を尺度としているが、「日本の文化生活」の示したように、理性的な傾向を見せている、新たな段階に入ることとなる。

[参考文献]
- 郁達夫『郁達夫大全集』 新世界出版社 2012年。
- 王自立、陳子善編『中国文学史資料全編・現代巻25郁達夫研究資料』 2010。
- 郁雲『郁達夫伝』 福建人民出版社1984年。
- 信濃憂人訳 『支那人の見た日本人』 青年書房1941年『宇宙風』 半月刊1936年。

> **原典**

「縮み」志向の日本人

李御寧

○ 一期一会と寄合文化

二つの傘

　縮みの文化を説明するのに、もっとも便利でてっとり早い標本はカサです。普通、カサが縮みの志向性によって二つの異なるアイデアの商品としてあらわれているということを知らない人はいないでしょう。そのひとつは折り畳み式カサです。大きいカサが折り畳められれば、ポケットのなかにでも入るほど小さくなります。しかし、折畳み式カサには強力なライバルがいます。サイズは在来式のカサと同じだけれども、開き方が違う。いわゆるポッチを押すと、パラシュートのように自動的に開くワンタッチのカサです、でも、折畳み式もワンタッチ式も、同じく縮み文化の子供なのです。ひとつは縮み文化が空間の構造にあらわれたものであり、もうひとつは、それが時間の構造に作用したものです。カサを折り畳んで小さくするのは空間的な縮みですが、ポッチを押して瞬間的に開くのは時間的な縮みなのです。一瞬性、一転生、これがいまひとつの文化をつくっているのです。

　縮み文化の花である茶道にも、当然そういったものがあるはずです。「狭き門」から入って狭い空間で正坐をする、あの空間的縮みと同様に、茶会では時間の一瞬性が必須不可欠の重要な心得となっているのです。茶道のバイブルみたいによく引用される『山上宗二記』には、「常の茶湯ナリトモ、路地ニ入ヨリ出ルマで、一期ニ一度ノ会ノヤウニ、亭主ヲ敬畏スベシ……」（傍点は引用者）とあり、また幕末の大名茶人、井伊直弼の『茶湯一会集』では、「抑、茶湯の交会は、一期一会といひて、たとへバ、幾度おなじ主客交合するとも、今日の会にふたびかへらざる事を思へバ、実に我一世一度の会也。去るニより、主人は万事ニ心を配り、聊も麁末なきやう深切実意を尽し、客ニも此会に又逢ひがたき事を弁へ、亭主の趣向、何壱つもおろそかならぬを感心し、実意を以て交るべき也。是を一期一会とい

ふ。必々主客とも等閑にハ一服をも催すまじき筈之事、即一会集の極意なり」と説かれています。だからその茶論書の題目も「一会集」とつけたというのです。

「死」の心

茶を飲むことは、どの国の文化でも遊びごとです。しかし、それを一期一会、つまり一生に一度のことと考えば、ただの遊びとはちがって、なにか真面目なものになってくる。人と人と出会いにも、一挙一動の行為にも、いいかげんにはなれない。身をひき締める縮みのあの正坐によって精神が集中されるように、時間を切断し縮めることによって到達される一期一会では、これまた精神が真剣になってくるということで、日本人は遊ぶときにも、仕事以上に熱心に、また真剣になるのです。

一期一会とは、「死」の事を考えてみればわかります。ドストエフスキーとなってくるのです。普通の人にはなんでもないもの、いつも見ることができるから、事物のうわっつらにしかそのまなざしはとまらないのですが、死を前にした人には、道ばたにころがる変哲もないチリひとつ、さびた屋根の上に照る日の光、漂う空気……そのひとつひとつがひしひしと身に迫ってくるのです。ドストエフスキーの死刑体験こそ、ロシアにおける一期一会だったのです。

そういった場合の対象がものではなく、それが人、しかも愛する人である場合には、いったいどうなるでしょうか。その人の息づかいひとつも逃さず、かすかにふれる手の先にもその心を読むことができるでしょう。それだけでしょうか。交されることば、見上げるひとみ、行きつ戻りつする歩み、それは二度とは出会えないという絶対の時間的断絶の前で、何一つおろそかにできない実存そのものとしてあらわれるのです。

茶会の出会いが「一世一度の会」だというのは、まさに「死」を茶室に取り入れることなのです。二度と会うことができないあの絶対的な崖、再現不可能な一瞬の時間……そこで出会う人々は「深切実意」をもって交わらざるをえないのです。出会う人ばかりでなく、茶会が行われる季節と、茶事七式といわれるあかつきから夜の茶会（夜咄）まで、それが催される時間との関係も同じです。

シーンとした露地のあの静寂、「見わたせば花も紅葉もなかりけり浦のとまやの秋の夕暮」（藤原定家）のひんやりとした心、「一年のうちにも十月こそ侘なれ」といった紹鷗のことば……そこにはみな、はかない死の心があります。時間にあらわれた日本の「縮み文化」は、他ならない一期一会に集約されるこの「死」の心であり、それは茶の心にとどまらず、花の心、芸の心にもみなあらわれているのです。

咲く花より散る花を愛する

この世で花を愛さない国民はいないでしょう。でも、花を見る視線にはちがいがあります。普通は花が咲くのを好みますけれども、日本人だけは「散るもの」を好んだといいます。「花は桜木、人は武士」といって、日本人があの多くの花のなかで、いち早く、そしてあとかたもなく散ってしまう桜を好んだもの、そのためだというのです。花は散るもの

であるがゆえに、一瞬の美であるがゆえに、一期一会の切実な心持でそれを眺めるようになるからです。かりになかなか散らない花であれば、その美しさに対する愛着も、精魂こめて見つめる緊張感も減ることでしょう。邇邇芸の命が石長比売をしりぞけて、木の花佐久夜毗売を留めといたというあの『古事記』の話は、岩の永遠の生命より花の短いそれの散っていく美をもっと好んだ日本人の心を伝えているのです。

日本の美に切々たる繊細さがこもっているのは、それが生でなく、逆に死(一期一会)の切迫した意識から生じたものだからです。

戦国の世に生きた金春禅鳳は、「能」は兵法と近いものだといっています。(『禅鳳申楽談』)。ここでいう兵法とは、剣であり、死であるのです。「毎朝毎夕、改めては死に改めては死に、常住死ぬ身になってをらば、武道に自由を得」るという武士の世界は、ただ死を恐れるなというだけの話ではありません。朝に夕に死を考えているからこそ、必然的にその武士の生は、精神を厳しく保って、瞬間瞬間を精一杯生きていくものとなります。寸時たりとも、適当に身をゆるめていきることはできないのです。

能は兵法と同じものだというのは、能の舞台が戦場であるということであり、そこで一歩の動き、手ひとつの振りはとりもなおさず、武士が死の前で刀を振るうのと同じく、真剣なものだということです。すこしでも油断すれば、斬られる。ですから、渾身の力をこめ、いささかのスキもなく、絶体絶命の芸を完成させていけるのです。そこに世阿弥の『風姿花伝』に書かれたように、「時分の花」ではなく、「まことの花」が開くのです。朝に夕に死を思う人は美しいのです。美に悲しみがあるのも、そのためです。死を裏返しした生、それが武士の生であり、芸人の生なのです。

寄合文化

日本で行われる茶の湯とは、たんに茶を飲むということ、タンニンとカフェインを摂るということの意味ではありません。ただ飲むことなら、道ばたの自動販売機に百円玉をいれてコーラを飲みほすように、それはひとりでもできることです。茶の湯は茶会を前提にしてはじめて成立するもので、そこでは集団性、社交性という人と人との交わり方がもっとも重要な要素となっています。茶の成分のうち、生理的に一番影響を与えるのがカフェインであるように、茶会の要素のうち、精神的にもっとも大事な意義をもつのは、人の「寄合」です。また茶道が確立される前の鎌倉、室町期から、婆沙羅、闘茶の遊びでも、茶の集まりを「寄せ」とよんでいたのです。「二条河原落首」には「寄合茶」、『祇園社家記録』では「寄せ茶」と書かれています。

「寄せ」とはいったいなんでしょうか。どの辞典を繰ってみても、「寄せ」とは「迫り近づくこと」「ひと所に集めること」と説かれています。これからもわかるように、「寄せ」とは、人と人との距離を縮めることであり、ひと所に詰めることなのです。「寄せ」ということばをこのように捉えてみれば、茶会というのは、そして茶室というのは、たがいに離れている人々を「迫り近づけること」であり、四方に散らばっているものを「ひと所に詰める

こと」なのです。

　寄せ鍋、寄席、寄せ集め、引き寄せなど、「寄せ」は他のことばと組み合わさって日本の「縮み文化」のさまざまな現象をあらわすキーワードのひとつになっています。

　われわれはすでに自然を、神を、生活のなかに「引き寄せる」日本的な特性を考察したことがあります。そうです。山水（自然）を身近に寄せたのが庭文化であり、華道であったように、人を「寄せ」たのが、茶室、茶道だといえます。

肌で感ずる触れ合い文化

　ことばこそ四畳半ですが、茶室の畳は一枚ずつその使用する機能によって、貴人畳、客畳、道具畳、踏込畳と分割され、茶客に与えたれた空間は、たったの畳二枚です（それも四畳半の場合で、利休の一畳台目の茶室はもっと狭いのです）。ですから、たとえ仇同士といえども、茶室では否応もなく「迫り近づか」なければならないのです。肌と肌がふれる距離に……。そう、茶の客で順位が一番しまいになっている人を詰め客といいますね。

　「正坐の文化」と同じく、茶室の圧縮され、限られた空間でつくられたのが、あの日本的な寄合文化＝触れ合い文化なのです。町のような広い空間までも、日本に来ると「触れ合いの町」になります。

　そうしてみると、日本人ほど「肌で感ずる」とか「触れ合う」とかいう触覚言語で抽象的な人間関係まであらわそうとする民族も、そうそうはいません。もちろん英語やフランス語でも、触れる（touch, touche）ということばをよく使いますけれども、それは直接的に肌の触れ合いを意味し、抽象的には「感動」をあらわす用語なのです。韓国語には、日本語の肌にぴったりあてはまることば自体からがないのです。外延的な意味で肌は皮膚ですが、むしろ内延的な面ではサル（肉）に近い。それにしても、サルを触れ合うという表現は、セックス以上の人間関係をあらわすそれにはなりません。

　しかし、日本語では異性関係においてのみならず、「心の底に恐ろしい所のある人でございます。ぢゃによって、めったに肌がゆるされぬ」（『松翁道話』）のように心を許すとか信用するとかを「肌を許す」といいます。また力をつくして他人の世話をするのを「ひと肌ぬぐ」というのです。

　「肌が合う」などというと、どうもエロティックなきがしてならないのですが、日本では自分と気のあう人をそうよんでいます（長崎では、講を「触れ」というそうですね。なんとシンボリカルな呼び方でしょう）。だから鈴木首相とレーガン大統領のオタワ・サミットでの会談を論じた朝日新聞のタタミ記事の連載小項目が「膚合い」になるのです。これを韓国語に直訳すれば、ホモのような変な表現になってしまいます。

出典：『「縮み」志向の日本人』（学生社2002年刊）の四章の3の「一期一会と寄合文化」。

[著者略歴] 李御寧(イ・オリョン)、1934年韓国忠清南道生まれ。1958年ソウル大学校国文科卒、1960年同大学院修了、大学院碩士。ソウル大学講師。1960—1973年、『韓国日報』、『朝鮮日報』などの論説委員を歴任、梨花女子大学教授。『文学思想』(月刊)主幹。1981—1982年東京大学比較文学比較文化研究室客員研究員。その間に『「縮み」志向の日本人』(学生社2002年刊)を刊行。一躍ベストセラーの比較文化論者になる。ほかに、『恨の文化論』、『俳句で日本を読む』、韓国語では『李御寧全集』がある。

[テキスト解説]『「縮み」志向の日本人』は、韓国文化との比較を念頭においた日本文化論である。著者は、第一章「裸の日本論」において、「真に日本的なものを発見するためには、欧米の眼を通してではなく、言語、風俗、文化などが酷似しており、またむかし日本文化にも大きな影響を与えた韓国の眼をこそ通すべきだという常識論があっても、日本人がそれを実践することはなかなかむずかしい」と指摘し、「東洋を忘れた」日本研究の視点を批判している。そして、「性急さを恐れずにいえば、日本と日本人論は韓国人の観点、もしくは韓国の文化風俗との比較を通して書かれたとき、その特性により接近できる可能性があるのではないだろうか」と比較文化の方法論を主張している。

著者が小学校生活を過ごした日本による植民地時代に、最初に出会い不思議に思った日本人は一寸法師、桃太郎、金太郎、牛若丸といった人物だった。彼らに共通した一つの印象は「小さな巨人」という点だった。そこで、著者は、一寸法師のような「極小主義」の想像力が日本人の一つの発想法となって、「縮み」志向の文化を創り出していると指摘している。そして、同じ島国でも英国の文化の型は「拡がり」の文化を志向していることを考えれば、外部的な与件のゆえにそうなったのではなく、日本人が進んで「縮み」志向を取り入れたのではないかと推察している。

著者の「縮み」文化論の特筆すべき点は、「縮み」を「空間」と「時間」という二つの構造で把握し分析していることにある。

著者は、「一期一会」を時間にあらわれた日本の「縮み文化」ととらえる。「一期一会」の思想は、「時を切る」ものであり、その集約は「人生は散るもの」つまり「死」の心である。それは茶の心、花の心、芸の心にもすべて根底に流れている精神・思想であると言う。例えば、著者は、日本人は「散るもの」を好む理由について、「花は散るものであるがゆえに、一瞬の美であるがゆえに、一期一会の切実な心持ちでそれを眺めるようになるから」と述べている。

たしかに、満開の花より、しおれた花びらが散り敷くのを愛でるのは、日本の伝統的な美意識である。「風だにも吹きはらはずは庭桜散るとも春のほどは見てまし」(『和泉式部集』)、「花のみな散りての後ぞ山里のはらはぬ庭は見るべかりける」(『千載集』春下・藤原俊実)などの古歌や、吉田兼好の「庭に散りしおれた花もゆかしく」(『徒然草』四十三段)、

「花の散り、月の傾くを慕ふならひはさる事なれど」(『徒然草』第百三十七段)などには、生気を失いかけた花を偏愛する平安鎌期・日本中世知識人の美意識が窺える。

　また、空間の構造に表れる「縮み」の文化を考える場合、鴨長明が日野山で結ばれた「方丈の庵」が代表的な例の一つだと考えられる。長明は「齢は歳々に高く、栖は折々に狭し。その家の有様、世の常にも似ず。広さはわづかに方丈、高さは七尺が内なり」と『方丈記』に記し、それを「今、さびしき住まひ、一間の庵、自ら、これを愛す」とあるとおり、ここには限られた空間で「閑居の気味」を唱える中世隠者の美意識が示されている。

　また、雪月花を愛でるにあたって日本人は、花は手折り、雪は少量を盆に活け、月も外で眺めるよりも蔀戸や御簾ごしに見ることを好んだのである。例えば、『徒然草』第百三十七段には、「望月のくままきを千里の外までながめたるよりも、暁ちかくなりて待ち出でたるが、いと心ぶかう、青みたるやうにて、ふかき山の杉の梢に見えたる、木の間の影、うちしぐれたるむら雲がくれのほど、またなくあはれなり」と見える。三木紀人の注釈によれば、「千里かなたまでも見渡せる所で一点の曇りもない満月をながめるよりも、持つこと久しく、暁近くなってようやく出た有明け月を見るほうが情趣深い。とくに、青みを帯び、深山の杉の梢の立ち並ぶあたりに見える木の間ごしの月影とか、にわかにしぐれたおりに雲の中に隠れている月などは、とくにあわれ深い」ということである。

　上述のように、自然と全面的に対峙して鑑賞するのではなく、その美の一部を選別し、「引き寄せ」を重視することは、「縮み」文化を形成させた重要な要素であろう。

[参考文献]
- 李御寧　『「縮み」志向の日本人』　学生社　1982年。
- 三木紀人『徒然草全訳注(一)〜(四)』　講談社学術文庫　1979—1982。

原典

日本文化の眞髄

小泉八雲

　一艦をうしなうことなく、一戰にやぶるることなく、日本は、中國の勢力を打ちくじいて、あらたに朝鮮をおこし、領土をひろげて、ここに東洋の全政局面を一變させた。政策の上から見て、これは瞠目すべきこととおもわれるが、さらに心理的に見ると、なおいっそう瞠目すべきことである。なぜというのに、こんどの戰勝は、日本民族がいままで海外の諸國から、とうてい信じられえなかった能力──ひじょうに高度の能力を、しかも大がかりに發揮したことを物語っているからである。おおかたの心理學者は、わずか三十年かそこらのあいだのいわゆる「西洋文明の採用」が、日本人の頭腦に、從來缺けていた機能力を、なにひとつ加え得たというようなことはあるはずがない、ということを承知している。そんなもので、日本民族の心性や德性が、とうてい急激に變革は、とても一代で成るものではない。移植された文明が侵蝕するその歩みというものは、いっそう緩慢遲々たるものなのであるから、それが恆久的な心理上の效果を招來するまでには、幾百年という星霜を閲さなければならない。

　こういう點を照らしあわせてみると、日本という國は、世界諸國のうちでも、もっとも異數の國であるように見える。日本の「歐化」のあらゆる足跡をふりかえってみて、なによりもまず驚かれることは、この國民の頭腦が、よくこれだけの激動に耐えることができたということである。このような事實は、人類の歷史の上でも比類まれなことであるが、その眞意ははたして何なのであろう？それはたんに既成の思想機關の一部を再編成したということにほかならない。それすらが、幾萬という果敢な若い精神にとっては、致命的なものであったにちがいない。西洋文明の採用は、けっして一部の思慮なき人びとが想像したような、そんなたやすいわざではなかったのである。とにかく、こんにちでも語りぐさになっているほどの、そうとうの代價を拂ってなされたこの國民精神の再調整が、從來この國民がつねに特異な技能を發揮してきた、ある特殊な方面にだけは、いちじるしい效果をあげている、ということは明白である。そういうしだいで、西洋の工業方面の發明

の採用は、日本人の手練の方面には大いにはたらいたのである。——つまり、この國民が、年來、その固有の、しかもごく古風な手法によって多年熟達してきた職能方面においては、優秀な成績をあげてきた。そこには、なんら根本的な改革があったわけではない。——ただ、在來の技倆を、あたらしい、より大がかりなものに振りかえたというにすぎない。これとおなじことは、科學的な職能についてもいえる。たとえば、醫學、外科手術（世界中に、日本ほどすぐれた外科醫のいるところはない）、化學、顯微鏡學、——こういった方面の科學には、日本人の天性はうまれつき適應していて、この方面では、すでに世界に聞こえるほどの仕事をしている。戰爭と國策、この方面にも、日本は驚くべき力量を示してきた。ことに、軍事力と政治力において、日本人は自國の歴史を通じて、このところ特異なその性格を發揮した。ところが、その反對に、國民的天性に適應しない方面では、なにひとつ目だった仕事がなされていない。たとえば、西洋音樂、西洋美術、西洋文學などの研究方面では、いたずらに時間のみを費して、しかもなんら得るところがなかったように見うけられる。西洋の藝術は、われわれ西歐人の感情生活にこそ異常な感銘をあたえるけれども、日本人の心情には、いっこうに感興をおこさせないのである。けだし、人間一個人の感情というものは、世の識者も知るごとく、教育によってこれを改變することはできないものなのである。東洋の一民族の感性が、わずか三十年たらずの西洋思想との接觸によって改變されるなどということは、想像するだに愚の至りであろう。知的生活にくらべて、それよりもさらに古く、かつ、深くしみこんでいる人間の感情生活が、ただ環境（ミリュー）のちょっとした變化などによって急激に變化しないことは、あたかもみがかれた鏡のおもてが、それにうつる物の映像によってかわらないのとおなじようなものである。日本が、奇蹟的なとでも言いたいくらいに、みごとに成しとげることができたものは、なにもこれは、自己改造などによって成しとげたものではないのであって、その意味で、日本がこんにち、三十年まえよりも、われわれ西歐人に感情的に接近したなどと想像するものがあったら、それは、科學的な事實というものは一切の議論を許さぬものだということを、知らないものの言うことである。

　（中略。）

　ところで、このことからして、日本の國力の急激な振興ぶりにおける、もうひとつの驚異すべき事實の問題に、議論がすすめられる。いったい、日本の國が、自國の生産と戰爭とのふたつの方面を示した、あのぼう大な新興勢力の、物的な、もしくは外部的な證據というものは、どこにあらわれているだろう？どこにもあらわれていない。われわれが、日本人の心情と知性の生活に缺けていると思っているものは、日本の産業や商業の方面にも、やはりおなじく缺けているのである。つまり、大きさが缺けているのだ。その國土は、依然として舊態のままだし、その表面は、あれだけの明治の變革があったにもかかわらず、ほとんどその面貌をあらためていない。おもちゃのような鐵道や電信柱、鐵橋やトンネルなど、いずれも古い世からの菁菁たる山野のなかに埋れかくれて、見えもしな

い。また開港場や、開港場にある小さな外人居留地を除けば、どこの大都市にも、西洋思想の感化を語るような外觀をもったものは、ほとんどなにひとつ見あたらない。諸君は、日本の内地を旅行してみて、行程二百マイルにおよんでも、なおかつ、新文明の大々的な表象に出會うことはむずかしいだろう。宏壯な倉庫にその抱負と野心とを見せているような大商業、幾萬坪という屋根また屋根の下に、おびただしい機械をすえつけているような大工業、——そんなものは、日本のどこの土地へ行ったって見あたりはしない。いまだに、日本の都市は、さびしい掘っ立て小屋の立っていた、荒涼寂寞たるむかしを今に、あいかわらずどこもひっそり静かで、なるほど見ようによっては、岐阜ちょうちんの繪もようみたいに、萬事きれいごとかはしらないが、なにもかにも、吹けば飛ぶようなちゃちなことには、依然としてかわりがないのである。どこへ行っても、大きな物のうごきもなければ、轔(りん)々(りん)轆(ろく)々(ろく)のひびきもないし、くしの歯をひくような交通のめまぐるしさもない。一國の首府たる東京のようなところにしてからが、諸君がもし望もうとおもえば、青草離々たる田園の平和と静けさとがえられるのである。こんにち、西歐の市場をいまや脅威の嵐のなかにおとしこみ、極東の地圖を一變して改めつつあるこの新興國の、目に見え耳にきこえる表象が、このように貧弱で、みすぼらしいということは、人をして、まったく奇異なおもい——いや、あえて言おうなら、ある不氣味な感じをさえいだかせる。そして、この感じは、どこか日本の神社へでも參詣したとき、あの幾町かのあいだ、ひっそりとして鳥語もきこえないような、さびしい山道を攀じのぼったあげくに、ようやくのことで、千年も年古りた老樹のかげに頽れ朽ちている、天狗でも出そうな、がらんとした、小さな木造の拜殿を見つけたときの、あのあっけらかんとした、空寂な感じによく似ている。日本の強さは、ちょうど、この國が古來からつたえている信仰の力のように、すべて物の形にそれをあらわすことを必要としないのである。おもうに、國力の強さと信仰のつよさ、このふたつの強さは、あらゆる大國民の眞の力が存するところ、——つまり、民族精神のなかに、かならず存するものなのだ。

（中略。）

われわれは眞の進歩、大きな發展というものには、ある程度の安定が必要だと考える習慣がついている。日本は、かなずしも安定がなくても、大きな發展の可能なことを、反駁の餘地なく、りっぱに立證した。この解明は、民族的性格のなかに——われわれヨーロッパ人のそれとは、いろいろの點で、まったく對蹠的な立場に立っている日本の民族的性格のなかにある。總じてみな、一樣に融通性に富み、しかも物にすぐに感動しやすいこの國民は、大きいなる目的を目ざして、擧國一致で邁進してきたのである。沙漠の砂、大海の水が、風によって形をなすように、四千萬の同胞は一團となって、その統率者の意向によって形成されるにまかせたのである。この、國内の維新に順應すると言う精神は、この國民の精神生活の舊態——世にもめずらしい無私と完全なる信義との行われていた、むかしの國狀に屬している。日本の國民性のうちに、利己的な個人主義が比較的少ないことは、

この国の救いであり、それがまた、國民をして優勢國に對して自國の獨立をよく保つことを得せしめたのである、このことに對して、日本は、自國の道徳力を創造し保存した、ふたつの大きな宗教に感謝してよかろう。そのひとつは、自分一家のこと、もしくは自分のことを考えるまえに、まず天皇と國家のことを思うことを國民に教え込んだ、かの神道である。それともう一つは、悲しみに打ち克ち、苦しみを忍ぶ、執着するものを滅却し、憎悪するものの暴虐を、永遠の法則として甘受するように國民を鍛えあげた、かの仏教である。
　こんにちになってみると、だいぶ硬化しつつある傾向が見える。——かつては中国の呪いであり弱點であったものと、まったく同じ官僚主義の統合へと走るような推移が見える危険がある。新教育の道義的効果は、物質的方面の効果に比べうべきほどのものは、まだないけれども、純粋の自我という意味で認められる『個人性』が缺如しているという非難は、次の世紀の日本人には、まず加えられることはあるまい。學生の作文にまで、知力を攻撃の武器としてとって持つ新しい思想の反映と、以前はなかった侵略的な自我主義の、新しい情操の反映とが見えてきている。その学生のひとりは、すでに色あせようとしている仏教思想のなごりを胸中にとどめて、こんなことを書いている。「それ、無常は人生本來のすがたにこそ、昨日は富者なりし者の、今日は貧者となるの例は吾人のしばしばみるところなり。これ、進化の法則に従って、人類相競の結果なり。吾人は、この競争に身を曝さるるものなり。されば、戰うことを好まずとも、吾儕はすべからく戰わずんばあるべからず。いかなる武器を持って戰うべきゃ？他なし、教育に鍛えられたる知識の實力をもって武器となすなり。」
　いったい、自我の練成には、ふたつの形式がある。そのひとつは、高邁な氣質を異常に發達させるもの、他の一つは、語らざるをもって善しとする、不言実行ともいうべきものである。ところで、新しい日本が、今日考究しだしているところのものは、前者ではない。正直いうと、わたくしなどは、人間の心情というものは、一民族の歴史の上においても、知性よりはるかに價値あるものであり、おそらくそれは、遅かれ早かれ、人生のスフィンクスの無情な謎に解答をあたえるためにも、比較にならぬほど有力なことを顯わすにちがいない、と信じているひとりである。いまでもわたくしは、昔の日本人が、知恵の美よりも徳性の美を優れたものと考えることによって、人生の難問題を解くうえに、われわれ西洋人よりもはるかに解決點の近くまで行っていたものと信じている。終わりに臨んで、わたくしはフェルディナン・ブルュチェールの教育論の一節を引用して、あえて結論に代えたい。
　「われわれの教育方針というものは、ここに挙げるラムネーの次ような名言の意味を、よく人の心に浸透させ、深く感銘させようという努力がなかったら、おそらくすべては徒勞におわってしまうだろう。『人間社會は相互の受授ということに根柢をおいている。つまり、人が人のために、あるいは、各人が他のすべての人たちのために、獻身することを根柢としている。**獻身**こそは、あらゆる眞の社會の根本の要素である。』ところが、これは、

われわれが過ぐる約一世紀のあいだ、ほとんど教えられずに過ごしてきたことなのだ、そこで、われわれが、今日もし改めて教育を受けるということになれば、このことを再び學ぶためにするのである。このことをわきまえなければ、それは、社會もなく、教育もない。教育の目的が社會のための人間を作るにあるのだとすれば、まさにそうである。個人主義は、今日では社會秩序の敵であると同時に、教育の敵でもある。これは、もとからそうであったのではないが、そうなってきたである。永久にそれで行くのではないが、、今のところは、そうなのである。そこで、この個人主義を絶滅させようとはつとめないにしても（それをすると、一方の極端から他の極端へ陷入ることになる）、われわれは家族に對し、社會に對し、國家に對して、何をしようと欲するにも、個人主義に反抗してこそ、その仕事は達成されるのだ、ということを認めなければならない。」

出典： 平井呈一訳『全訳 小泉八雲作品集』全12巻　恒文社、1975—1976刊行。

[著者略歴]

　小泉八雲(1850—1904)イギリス人の随筆家、小説家、文芸批評家。ギリシアで生まれて、イギリス、フランス父はアイルランド系の英國陸軍軍医、母はギリシャ人。本名ラフカディオ・ハーンLafcadio Hearn. 小泉八雲は日本に帰化後の名前である。

　1890年(明治23年)4月、41歳のラフカディオ・ハーンは日本に入り、終生を日本で過ごした。最初は島根県立松江中学校の英語講師となり、旧藩士の娘、小泉節子と結婚した。翌年、温暖な熊本の第五高等中学校に転任。その後、神戸、東京へと移り。1896年、東京帝国大学、東京専門学校(現在の早稲田大学)の講師となる。1904年9月、狭心症の発作に見舞われ、五十五歳で急逝。

　著作には『知られざる日本の面影』(1894)、『日本瞥見記』(1894)、『東の国より』(1895)、『心』(1896)、『霊の日本』(1899)、『日本雑記』(1901)、『骨董』(1902)、『怪談』(1904)、『日本——一つの試論』(1904)などがある。ここに掲げた「日本文化の真髄」は1896年3月に、アメリカとイギリスで同時に出版された『心』(Kokoro)に収録され、副題に「日本の内面生活の暗示と影響」とある。

　日本において最も名の知られた知日家であって、彼ほど日本と日本人の心に深く触れた外国人はいないと評価されている。

[テキスト解説]

　小泉八雲は1890年の春、近代国家の形をようやく整えた明治国家の確立期にアメリカから日本に入った。最初は神道的旧日本の雰囲気が漂う出雲で英語教師をして滞在していたが独特な日本の美に惹かれて、文学者と文明批評家として日本の伝統と文化に没頭して同化しようとした。感性の強い文学者、考えの深さと鋭い目を持つ文明批評家であ

る小泉八雲は日本では中学校の英文教師、英字新聞の記者、大学の英文学講師などをして、ラフカディオ.ハーンを改めて小泉家に入夫し、日本に帰化したことから、彼の日本へ熱愛が伺われると同時に、空前絶後の「日本通」になるのも当前だったとも言えよう。

ここに取り上げた「日本文化の真髄」は、日本人の内面を究める五つの部分から構成された代表作の『心』に於ける重要な論文である。開港場の神戸で東西文明の接点に行き当たった小泉八雲は西洋の物質文明に改めて疑いを深め、痛烈に批判し、反対に古い日本の美点を口極めて称揚している。西洋文明を扱き下ろしたことと、日本を過度に賛美したために非難にさらされたこともあったが、彼自身を含めての西欧人への警告として書いていると小泉八雲は述べている。

「日本文化の真髄」は、小泉八雲が日清戦争で勝利した日本の戦中戦後の諸相から得た一つ試論である。この戦争勝利と明治維新の成功は、日本人の利己的個人主義が比較的少ないことと、神道と仏教という二つ.の宗教によると彼はとらえたのである。

「日本の国民性のうちに、利己的な個人主義が比較的少ないことは、この国の救いであり、それがまた、国民をして優勢国に対して自国の独立をよく保つことを得せしめたのである。このことに対して、日本は、自国の道徳力を創造し保存した、二つの大きな宗教に感謝してよかろう。そのひとつは自分の一家のこと、もしくは自分のことを考えるまえに、まず天皇と国家のことを思うことを国民に教え込んだ、かの神道である。それともう一つは悲しみに打ち克ち、苦しみを忍び、執着するものを滅却し、憎悪するものの暴虐を、永遠の法則として甘受するように国民を鍛えげた、かの仏教である。」(小泉八雲集『心』─日本文化の眞髄　213頁)という一節があるように。

宗教から日本人の国民性を捉える学者は多いが、小泉八雲の場合、日本文化と西欧文化の比較にとどまらず、比較文化論の立場で、東洋文化の源流にある中国のことについても言及していうのに注目したい。日本への警告のつもりで述べているのだが、実は中国に示唆のある言及として「かつては中国の呪いであり弱点であったものと、まったく同じ官僚主義の統合へと走るような推移が見える危険がある。」(小泉八雲『心』P.213)と指摘している。さらに、小泉八雲は新旧交錯する明治日本の諸世相を繊細に観察して、描き、物質文明と個人主義の病弊の嫌悪から日本人の素朴な生活と純粋な人情味に深い愛着を持ったのである。彼の日本賞賛は多少、贔屓めいたところもあるが、「英米の読者に日本文化の内実をより深い水準において紹介したこと、再話文学という独自のスタイルを確立したことなど、功績は多岐にわたる。文化的他者へ向き合う姿勢が、当時の一般の西欧人とは根本的に異なっていた。具体的には、論理的知性において西洋の優位性認めながら、心情や道徳観を含めた人間の全体性を重視する傾向を持ち、結果として、後者における日本人の優位性を西欧世界に向っ勝て説くこととなる」(明治時代大事典　第一巻　2011　吉川弘文館　878頁)ということからみれば「小泉八雲以上に、理解のある外国の観察者は滅多にない」(柳田国男　明治大正史　世相篇　1931)と評価されるのも過言で

はない。

　因みに、胡適(1891—1962)も小泉八雲については、東洋に来た多くの西洋観察者の中、東洋の真髄を得心してそれと一体感になった人はLafcadio Hearnのほか居ない、西洋に対していえば小泉八雲は「東方の解読者」であって、彼自身も自ら東洋化して、優しくて上品な東洋人になったというふうに評価したようである。

　このように、小泉八雲は心理的、倫理的視点から日本人の内的生活と文化的風土を探った。外に対しては日本の紹介、日本には自国を見直すきっかけになる日本論を展開した。東西文明のくい違いとアジア全体に対する観察及び論断は今日に至っても示唆に富んでいて考えさせられるものが多いのである。

　　　註：胡適(1891-1962年)、中国安徽省生まれる。中国近現代では著名な学者、詩人、歴史家、文学者、哲学家。文学革命を提唱し新文化運動をリード。字、適之，ペンネームは天風、藏晖等。

[参考文献]
- 『明治文学全集48小泉八雲集』　筑摩書房　1970。
- 平井呈一訳『全訳　小泉八雲作品集』全12巻恒文社　1975—1976。
- 『明治時代大事典』　第一巻吉川弘文館　2011。
- 築島謙三『「日本人論」の中の日本人』下講談社　2000。
- 小泉八雲著、平川佑弘編『日本の心』　講談社　1990年初版2007年25版。

原典

日本精神

ヴェンセスラオ・デ・モラエス

○ 最初の思いつき

　温和の気候、やさしい自然の現象が、たとえば数えきれぬほどの世紀を経るうちに、日本精神の構成上に有力に働きかけて、蒙古人たちの粗暴さを打ち消して、いな、少なくとも抑えつけて、まったく見られなくしてしまった。極端なほど優しいこと、自然を深く崇拝すること、平和な生活を信ずること、すべてに、すべての人に対して絶えず微笑みかけること、それらが、たしかに近代日本人の精神に目立つ特徴だ。……だが、もしこの日本という快い楽園が万物を荒廃させる悲劇から奇蹟的に免怨されていると想像するものがあれば、意外な誤謬に陥る。まったく、それどころか、自然の災禍がしばしば厳然としてその平和を脅かす。ここ、そこ、あそこと、あまり広くもないあちこちの地方を。しかも、すべてにわたる一といってもよいほど、いく度となく繰返され、一面に散らかって。それが恐ろしい雷鳴であり、篠つく雨であり怒れる荒浪であって、川が激流となって水門を破壊し平野に氾濫し集落を襲い家を倒し人を死傷さす。

　海では、暴風がしばしば漁撈中の船を襲って跡形もなく呑んでしまう。さらに、ほんのときたま恐ろしく大きな津浪、大洋で目にする山のような浪が、どこからともなく現れて、海岸を襲い、岸辺を乗り越えて、一切を舐め尽す。シナの海の暴風もそうで、ここへも襲来し、その地獄の風が死と破壊とを伴う。

　土地の振動たる地震も……それが激しいときにどうなるかは……関東大震災の東京と横浜の壊滅を言えばよい。これらすべての災害には恐るべき疫病が伴う。……だから、日本は、一瞬にして平常の穏やかさを恐怖に、微笑を涙に変化さす災害が思いがけなく頻繁に襲う国であるし、昔からそのとおりであったのを認めざるを得ないのだ……。

　……主として気候の穏やかさが、この日本人の心に―現在の日本の子孫にあれほど目立つ鄭重で優しい感情や、しょっちゅうにこにこする微笑などといった快よい特徴を助

長させていると思うことが正しいとすれば、同時にまた、この群島に頻発するああした不幸な災厄事件も右の特徴とは相対立した結果を生ぜしめていると認めてよいだろう。事実生ぜしめているのだ。
　悪霊、たたり虫、悪鬼などと無数の俗間の迷信は、呪符、神秘の重視などもひっくるめて、災害のために起される恐怖としてそれを説明する以外に、適当な説明が見つからない。自然の激変によっても示され、おびただしい自然現象によってももたらされるこの国土の怒りっぽさは、ちょうど人間の怒りっぽさに相応する。いつでも優しくおとなしい日本人が突然怒りっぽくなる。争いごと、口論、喧嘩はめったにない。しかし、わたしは日本人の—ときとしては微笑に押し隠されている—憤怒が恐ろしい。なぜなら、その憤怒を悲劇的な結果に、たとえば、他殺、自殺、または自殺に伴う他殺に推しやる惧れがあるからだ。……ある日本人がかっとなって、つまり、突然理性を失って、殺したい望みにかられ、凶器を手にして往来にとびだして通行人をみな殺しにしようとして、遂にまるで狂犬のように、何かにぶつかって醒める場合もさほど珍しくないのだ……。

● 言語

　一国民の言語を研究することはその精神、すなわち、その見方、感じ方を、つまり、その特性を判断するにもっとも必要な諸要素をひとつかみにすることになる。……純粋な日本語が、ヨーロッパ人に、日本精神についての不思議な啓示を与えているのだ。……
　擬声語についての二重語。この種の日本語は非常に豊富である。ある擬声語はその意味からも発音からも面白い。すこし挙げてみよう。—びしょびしょ、ぶるぶる、ちょぼちょぼ、ごろごろ、じりじり、べたべた。これらの言葉は親しい会話によく使われるが、それは多分、次に記す理由によって説明されよう。擬声語とは言葉がまだ不足なので、ある一定の状態に生ずる事物の音を模して個々の区別が理解できるようにした幼稚な時代の言語を示すものである。猿の言語に近い、まったく化石的言語なのである。日本国民は、非常に進歩してはいるが、祖先の発していた嚘声の叫びで表わした言葉を伝統的に使っている。だから、日本人が世界で一番熱烈な自然の愛好者であるということは言うをまたない。
　……
　いきなり文法にはいろう。
　日本語には冠詞がない。名詞も形容詞も変化しないし、日本人の知らない文法語の数や性の影響も受けない。性については、動物を取り扱うとき、事情上必要なときに、たとえば—牝馬、牡猫、牡狐—などと、牡と牝という二つの語のいずれか一つをその不変化名詞に付加すればよい。
　だが、ヨーロッパ人が、たとえば海が男性で雨が女性などと言って無生物に性を与える

のはなぜであるか？日本人はそうした区別を全然理解できず、淫猥だとすら思うにちがいない。つまり淫猥といわないまでも、ヨーロッパ人の感情には日本人の場合とまったく反対に性の概念が強く作用しているとみなければならないのであって、日本人は性の資格を与える言葉を使わず、男も女も共通的に人と呼ぶほどなのだ。ここに、われわれは日本人の考え方における心理上極めて重要な概念を見つけだす。——すなわち、人生の現象を前にした人間の没個人性(非人称性)、つまり、創りあげられた自然の物々しい演劇を前にして、何をするにもほとんど取るに足らない単なる冗員となること。……日本語の動詞では、人称は問題とされない。……日本文の基本的な法則は大要、次の如くである。——形容の言葉を形容する言葉の前につける。かくて形容詞を形容する名詞の前につけ、副詞は動詞の前につける。前置詞がなくて、その代りに後置詞がある、これは、それが種類づけ区別づける言葉の前になくて後ろにあるためにそう呼ばれるのだ。動詞が句のおしまいにつく。

　形容詞について、一例を記すと——日本人はけっして「人美しき」と言わずに、「美しき人」という。……日本人にとって形容するほうが形容されるほうよりも重要なのである。……日本語には文法的な主格が存在しないと言えるし言わなければならぬ。つまり、この言語には、人称の、すなわち実在し能力ある存在物の、概念のないことに気づく。この事実の究極の結論は、動詞に於ける絶対的な非人称性(没個人性)であって、人称とは無関係の一事件、一国家、または、一感情の存在を表現するにすぎない。

　かくして、動詞の各格、各時に対してただ一つの形が生じた。でなければ、各人称の性のおよび数の差別、またはその明確にして決定的な概念によって動詞との直接関係が生じ、人称の変化につれて動詞が種々に変化したかもしれないであろう。……

　ここにおいて、諸君は冠詞も代名詞もなく主格や形容詞に数も性もなく、かつすべての人称に対して動詞の「格」が不変であるというよりも動詞が非人称であるといったふうの日本語では、ある人々と他の人々とが互いに理解しあうことが、非常に困難にちがいないと独りで合点するかもしれぬ。(しかし、日本人は - 引用者注記)会話をしているときには、その話された文句によって、聞き手は…動詞の格をあらかじめはっきり理解している。そのうえ、ここで、尊称——むしろ尊称と卑称と言おう——が、日本文で演ずる役割について述べるのが時宜である……日本語においては真の人称代名詞がないし、それに代わる言葉を使用しようともしないので、尊称動詞と卑称動詞とを用いるか用いないか、尊称の助辞を使うか使わないかが、叙法上における人称を区別する主要な手段となっているものと理解することができるのだ。

　接頭語の「お」をふんだんに使う。また、尊敬を示そうと思う人物に関する一切の事物を貴くするためにも用いる。日本人はこういうであろう、——お襦袢、お帽子、お食事、お散歩、お車など——。だが、日本人はその愛すべき純真な汎神論からも、はた事物を美しく、いたく敬うべきものに表現することが好きなことからも、接頭語「お」をそうした事物にふ

んだんに付けたがる。だから、こういうのだ、―お米、お湯、お茶、お砂糖、お風呂、お寺などと。ときとして、一つの尊称で足りないと思うと二つの尊称を用いてこういう、―お月さん、お陽さんなどと。

……

これらの事実の考察をできるだけ基礎として想うことは、遠い昔から白人がその抱いている二つの観念―神の観念と創造自然の観念―を区別し、根本的に切離していることだ。これは多分、白人のうえに厳しくのしかかっていた気候風土の敵対に原因しているのだ。これから、二つの途が正反対の方向に進む。一つは、神の事物に、祈りに、―換言すれば絶対に見えないが想像はされる―理想に到る途であり、今ひとつは白人が障碍に取巻かれ迫害され圧潰される地上の事物に―森を焼き山を壊し路を作り、野獣の息の根をとめて征服し支配しなければならぬ地上として呪っているこの地上の事物に到る途である。

日本人はそうした区別を理解しない。神の観念と自然の観念とは別々でなくて、互いに一如であり、ある共通の目的に向かって一致する。この愛すべき汎神論的精霊説によって、日本人は宇宙のあらゆる部面に……いたるところに、神を見る。ここから、全然対立する二つの過程が生ずる。ヨーロッパ人は一方において理想化するが、他方において、自分を悩ます暴力を腕ずくで防ぎ押しのける方法を考えて、観察し、祈り求める。

ところが、日本人は静観し、崇めるが、観察も祈り求めもしない。かくて、その前者の過程は精神を宿命的に人間個性の肯定へと―能動的で、疲れなくて明確に個人的で利己的で自我的な、心的並に物的の「我」の顕彰へと導くことに注意すべきである。だからヨーロッパの言語は明らかに相共通している。後者の過程は精神をほとんど無我の境へ、あらゆる逆境に対する宗教的諦観へ、つまり、この世の演劇を前にしてできるだけ自我の放棄へと導く。かくの如きが日本人であり、また、その話す言語である。

出典：　W・de・モラエス／花野富蔵訳『日本精神』（講談社学術文庫、1992年刊）。原著"Reiance da Alma Japoneza"は1925年に徳島で書き上げられ、翌1926年にポルトガルのリスボンで出版された。花野富蔵訳『日本精神』は、著者の死後、その「七回忌法要」記念出版として第一書房から1935年に刊行された。その後、1954年モラエス生誕100周年に新たに「日本における教育」を補遺に加えて、同じ花野富蔵訳『日本精神』が河出書房から刊行された。この「補遺 日本における教育」は、モラエス自身が1925年12月にポルトガルの雑誌「新教育」に載せるためにとくにこれを書き、「『日本精神』に対する資料」「補足」となると記していることに従ったものである。なお、講談社学術文庫版はこれを底本としたものである。

[著者略歴]

　ヴェンセスラオ・デ・モラエス（Wenceslau Jose de Sousa de Moraes）(1854—1929)、ポルトガルの軍人、外交官、文筆家。ポルトガルの首都リスボン市生まれ。1871年父の命でリスボン歩兵隊に一年志願兵として入隊したが、父の死後、念願の海軍兵学校に進み、1875年卒業後海軍少尉に任官。アフリカや東南アジアの各地に赴任したが、1888年ポルトガル領マカオに来航（後、マカオ港港務副司令官）し、翌1989年初めて来日。1893年以後、兵器購入の任務でしばしば来日したが、1898年港務副司令官を突如解任されたのを契機に日本に移住。1999年に友人らの尽力で在神戸ポルトガル領事となった。1900年大坂市松島の芸者福本ヨネを妻に迎えたが、1912年にヨネ病死。1910年の本国の王政崩壊なども重なり、無常感から1913年にヨネの故郷・徳島に移住し、ヨネの姪・斎藤コハルと同棲。総領事辞職。1929年75歳で没するまで徳島に住んだ。30代の頃から任地・東南アジアや日本の見聞・考察を多数の著作で発表した。主著に『極東遊記』『徳島の盆踊』『日本歴史』『おヨネとコハル』『日本夜話』などがあるが、『日本精神』は最晩年の代表作である。

[テキスト解説]

　この本は、一 最初の思いつき／二 言語／三 宗教／四 歴史／五 家族生活／六 種族生活／七 国家生活／八 愛／九 死／十 芸術と文学／十一 以上諸点の総括／十二 日本精神よどこへゆく／補遺 日本における教育 の各章で構成されている。訳者・花野（1900—1979）は、徳島県生まれで徳島中学1年生のときに初めてモラエス（当時60歳）に接した人物で、後に熊本商科大学教授となったが、モラエスの翻訳と研究に尽くした文人である。

　著者は冒頭の「自序」で1924年に出版した『日本歴史』をふまえて「日本民族に関する小論を完成せんと」いう意気込みをもって書いたモラエス最後の著書である。『日本精神』は章別構成からきわめて論理的・研究書的著作の印象を与える。しかし、時代的限界もあるが資料蒐集が充分に行われているとは言い難く、論理の展開にも「飛躍」が見受けられ、必ずしも読みやすい著作ではない。これは、花野が「あとがき—モラエスの生涯—」で記しているモラエスの人柄にも関わっている。花野はいう。「モラエスは才人よりも凡人を好んだ。天才気どりや分別くさい大人よりも無学な女や無邪気な子供を好いた。かれ自身が偉大な凡人だったのである。……徳島に隠遁してから交際したものも、貧しい下級階級の人々が多かった。それらの飾りけのない素朴な人々は、小理屈をひねらないのが何よりよかったのである。かれの謙虚なこころには無心の小児がよくなついた。近所に住む子供らはしばしばかれの家に集まって無邪気に遊び戯れた。……しかし、公共の福祉のためには一町内の総意には従った。没個人性についてよく理解していたからである」と。そういう人物の日常生活の視点から注目された資料や事実を基礎に、自身の学識

をもって展開したのがこの「日本人論」であると言えよう。

引用部分の前半、「一　最初の思いつき」では「日本人が蒙古から出て現在住む群島にきたことは一般に認められている」(p.18.)という、明確な論拠もない前提で議論が展開されていたりもするが、日本列島の自然と風土が日本人の気風や心理にどのような影響と独自性を与えているかという論点は、注目されてよい。著名な和辻哲郎が「風土論」を発表し始めるのは、モラエスの著作の数年後、1928—29年である(著書『風土―人間学的考察―』は1935年岩波書店刊)。もちろん、和辻の風土の三類型(モンスーン・沙漠・牧場)から体系化されたものにはおよばないが、日本の風土から日本人の気質を分析している論点は鋭い。

後半の「二　言語」の部分は、名詞に文法上の「性」があり、それに動詞や形容詞などの変化が影響を受ける、また「格」や「数」による語彙の変化など、多様な印欧語系の文法から説かれる日本語の特質などは、そういう言語圏でない日本語や中国語・韓国語などの私たちには理解しにくい部分が多い。また、ここから日本社会・日本文化の特質が「没個人性(非人称性)」(または「非人称性(没個人性)」)にあると断定されることには一種の「飛躍」があるようにも思われる。しかし、この「没個人性」こそが、この本の全体を貫くキイ・ワード、基本概念であり、それとここでも言及されている「汎神論」的宗教観こそが、日本精神＝「大和魂」をつくりあげ、さらには後に喧伝される天皇制の「国体論」にまで行き着くのである。モラエスは「七　国家生活」の中で、「国家に対する日本人のもっとも著しい道徳的特徴は、明らかに天皇に対する大きい愛である。……天皇の観念を国家の観念、国運に身を堵する赫々たる湧き立つ希望の観念と一致させる激しい熱情の愛なのだ！」「結集または集成の法則、言い換えれば、各個人の没個人性の法則だ。個人が自分のことを考えないし自分勝手のことを考えない。団体とか集合体とかを考えて、それでその精神上の筋書きを決め、迷わずそれに従う」(pp.112-113.)と書く。

こういう意味を考慮して、読み解くうえでやや難点も懸念されたが(例示の個々の「事例」は興味深い)、この「二　言語」の数カ所を引用部分とした。

この本が花野の日本語訳で初めて出版された1935年は、日本近代政治史上では「国体明徴運動」が起こり(美濃部達吉の天皇機関説批判)、天皇制ファシズムと戦争への道に日本が大きく方向転換していく時期に当っていた。そのために、モラエスのこの本も利用され、和辻の風土論もそういう政治性を否応なく負わされることになった。

[参考文献]
● 花野富蔵全訳・佃實夫編集『定本モラエス全集』　集英社　1969。
● 佃實夫『わがモラエス伝』　河出書房新社　1966。
● 大久保利謙編『外国人の見た日本3 明治』　筑摩書房　1961。
● 唐木順三編『明治文学全集』49　筑摩書房　1968。
● 伊藤整編『日本現代文学全集』第15　外国人文学集講談社　1969。

- モラエス著・岡村多希子訳『おヨネとコハル』　彩流社　1989。増補改訂版彩流社　2004。
- モラエス著・岡村多希子訳『モラエスの絵葉書書簡』　彩流社　1994。
- モラエス著・岡村多希子訳『日本精神』　彩流社　1996。
- モラエス著・岡村多希子編訳『ポルトガルの友へ モラエスの手紙』　彩流社　1997。
- モラエス著・岡村多希子訳『モラエスの日本随想記 徳島の盆踊り』　講談社学術文庫　1998。

原典

日本人の行動パターン

ルース・ベネディクト

○ 日本人の責務体系

　七世紀以来、日本には中国の倫理体系が繰り返し入れられてきた。強調される点はその都度、多少変化したが、道徳的な善悪を表すために中国で用いられた漢字と、それに関連する概念は、日本の伝統文化に欠くことのできない要素となっている。その意味で、とりわけ重要と思われるのは、中国における基本的な概念の「ジェン」(仁)が日本でどのように変化してきたかと言う点である。中国のあらゆる倫理における絶対的な規範である"ジェン"は、'benevolence'(善意)と訳されることが多いが、この言葉は、欧米人が良好な対人関係という言葉で意味する、ほとんど一切の事柄を意味している。

　中国の倫理では、まず"ジェン"と言う基本的な試金石を持ち出さないかぎり、どんな勧告も適用されえない。皇帝の在位期間でさえ、"ジェン"を実践しているか否かによって決定されていたのであり、皇帝やその配下の長官たちが"ジェン"を実践していない場合は、罷免するのが臣民の務めであるとされていた。

"仁"

　朝河貫一は、古代中国において"ジェン"が意味した政治哲学を日本の場合と比較し、次のように述べている。「こうした思想は、日本の天皇制と相容れないのが明らかなため、学説としても、そのまま受け入れられたことは一度もなかった」。また、この思想は、日本の社会の身分制度全体とも相容れないものだった。日本では"ジェン"と発音されるこの概念は、皇帝や長官たちの背後に潜む拘束力を指していない、というだけではない。「仁を行う」とは、功徳を積むことであると強調されているのである。つまり、義務以上のことをするということだが、この場合二つの意味が考えられる。(一)寄付の申し込みをしたり、見ず知らずの人に慈善を施したり、犯罪者を赦したりすること。(二)暴力団など、法

の外にいる人々の美徳。ふたつめの意味についていえば、封建時代の無頼漢が、似た者同志ではあるが赤の他人をかくまってやることで"仁"を示した場合などがそうである。ひとつめの意味で日本人がよく例としてあげるのはフローレンス・ナイチンゲール、ふたつめの意味では、徳川時代の「ロビン・フッドたち」が挙げられる。このふたつめの意味は今日も残っており、現代の日本さもしい労務請負業者について使われることがある

　アメリカでは前世紀末に、イタリア系労働者の元締めが港で移民たちと署名契約したものだが、それとおなじように、日本の請負業者も労働者を闇で送り出し、私腹を肥やしている。こうした下劣なご都合主義者たちは、「"ジンギ"(仁義)を尽くし」、賭けごとやサイコロ博打をする。

　日本では、"仁義"という言葉が、非常に堕落した意味で使われるようになっており、「仁義を振りかざすな」との言い回しが、「干渉するな」という意味の慣用句と化している。このような用例の「仁を行う」という言葉は、無法者の世界にこそふさわしい。日本人は、この「仁を行うこと」と「仁を知ること」を区別しており、後者は仏教の説法のなかで、徳の高い人の心の状態を指すものとしてよく使われる。中国の概念との類似点が認められるのは、この「仁を知る」という文句だけである。日本の辞書には、「"仁を知る"という言い方は、行為というより、理想的な人間を指すのに使われる」と書かれている。

　以上のように、"ジェン"を行うことは、中国の倫理体系のなかで至高の地位を占めていたのだが、日本ではその座から退かされてしまっている。
　"恩"
　日本人も、中国人とおなじように「受けた恩義」を非常に重視している。日本人はこれを"オン"(恩)と呼んでおり、英語では、'obligation'(責務)から'kindness'(親切)'love'(愛)にいたるまで、さまざまな言葉に訳されるが、実際には「責務の重荷」「負い目」といった意味でしか使われていない。「恩を受ける」といえば、「負うところがある」こと、「恩を与える」といえば「人に責務を負わせる」ことを指す。"恩"という言葉は、人が受けるすべての恩義に適用されるもので、その大小は問われない。計り知れない感謝の気持ちとともに受ける"コウオン"(皇恩)すなわち「天皇の"恩"」や、辞書では「親の愛」と訳されている"オヤ・ノ・オン"(親の恩)、主君から受ける"ヌシ・ノ・オン"(主の恩)、教師から受ける"シ・ノ・オン"(師の恩)など、挙げていけばきりがない。「恩の力」はいたるところに存在しているのである。

　日本人の言い方によると、誰もが「恩に着る」のであり、日本国民として生まれて子供のころに親に面倒を見てもらった以上、またとくに、生涯を通じて世間並みではあっても人づき合いをしてきた以上、それは避けがたい。これは重い負担で、「恩の万分の一も返せない」と言い慣わされているくらいである。

　(中略)

日本の倫理体系が、善意によって売られた恩を献身的に返すという根本原理にのっとっているのはたしかだが、だからといって、恩を売られて気分を害す者が少ないというわけではない。しかしながら日本には、目上の者が目下の者を冷遇していないことを示す興味深い言語上の証拠がある。日本語には"アイ"(愛)という、「目上の者が目下の者を慈しむ心」を指す言葉があるのだが、十九世紀に宣教師たちが聖書の翻訳にあたって、キリスト教の概念である'love'の訳語を探していたとき、もっとも目的にかなう言葉とされたのがこの"愛"であった。こうしてキリスト教で用いられたことから、また、おそらく、身分による格差をなくそうとする役人たちの努力の結果、今日では「上から下へ」という本来の語義にそぐわない場合でも"愛"は用いられるようになった。とはいえ、厳密な意味での使用も依然として一般的である。

（中略）

　恩に対して返すものには、"ギム"(義務)と"ギリ"(義理)、それから特別なケースとして"ジン"(仁)がある。この三つの区別が、おそらくは日本の倫理における大きな問題であろう。どれも一様に、"恩"とおなじく'obligation'(義務)と言った英語に訳されているが、相違を明確にしなければ、日本人の生活の力学は理解できまい。

（中略）

"義務"

　"義務"とは、天皇の臣民として、また家族の一員として生を受けたために、あるいは大和魂をもった個人であるために、人が自動的に負う務めである。どの程度の"義務"を果たすのが適切であるかを認識することは、個人の判断に委ねられてはいない。それは強制されるのである。たとえば、'compulsory education'(強制的な教育)という表現はきまって"義務教育"と訳されるが、これはこの言葉ほど「必修」の意味を的確に表すものがほかにないからである。こうした"義務"を句分するために、さまざまな言葉が使われている。

　　"チュウ"(忠)"忠義"の"忠"は、臣民が天皇に負う務めである(前述した"皇恩"に報いるもの)。これは完全には返すことができない。"忠"には、平時にも戦時中にも兵役に服することが含まれる。また、平時には、家族や五人組の中にいる犯罪者を警察に引き渡すという務めも国家に対して負う("孝"や"義理"とどれだけ矛盾するとしても、である。これについては後述)。

　　"忠義"の要素のひとつである愛国主義は、明治以降、"アイ・コク・シン"(愛国心)と呼ばれている。これは「愛・国・感じること」を意味する。今日、試験などで"忠"を"愛国心"に付随するものと答えたら、その学生は落第させられる。"愛国心"のほうが、天皇への忠誠を意味する"忠"に付随しているからである。

　　明治以前は、愛国主義を指すために"ホウコク"(報国)という非常に明白な言葉が用いられていた。これは「国に報いる」という意味である。

"コウ"(孝)祖先や父親に対する務め。そうした人々から受けた"恩"に報いること。祖先の位牌を祭ることや、墓参り、年老いた両親の世話、父親への服従がここには含まれる。家長は、家族を養い、息子や自分の弟を教育し、「冷飯親類」と呼ばれる寡婦となった娘や妹や孫娘や、その子供たちを保護するなど、非常に多くの責任を負うが、こうした"孝"は養われる家族に対するものではなく、前の時代に対するものである。つぎの世代を養うことで、先祖に"孝"を尽くし、祖先の"恩"に報いるわけである。こうしたことを子供のためにおこなうのも"義務"ではあるが、日本語には「子に対する父親の務め」を表す言葉がないので、これは家系に対する"孝"のなかに含まれる。しかし、子供のほうは"恩"を受ける。しかも、その"恩"は、完全には返すことができない。

　"ニンム"(任務)仕事に対する務め。"忠"や"孝"に類する責務の、特別な例である。というのも、誠実に仕事をこなすことは、「忠(国家)のために働くこと」であったり、「孝(一族)のために働くこと」であったりするからである。たとえば、家族を扶養しない(扶養という"任務"を怠る)のは、"孝"に背くことであり、陸軍士官が、新兵間の後軍いじめを抑えることは(そのいじめが目に止まった場合は"任務"となるので)、「忠のために働くこと」となる。勤勉に仕事に励むことで、人は臣民としての"恩"や、家系に対する"恩"を返そうとする。軍人勅諭には、「祖宗の恩に報いまゐらする事を得るも得ざるも汝等軍人が其職(仕事、職務などの"任務")を尽すと尽さざるとに由るぞかし」とある。

　"義務"の体系は、歴史的には儒教にさかのぼるものだが、中国から伝わってきたこの体系には三つの重要な文化上の変化が起こっている。(一)中国では試金石とされる"ジェン"(仁)が降格させられたことにより、"黄金律"や"白銀律"といった性格が日本の"義務"には欠けている。(二)過去十年間、"忠"は軍国主義者の主要な武器とされてきた。(三)"孝"は中国よりも狭い範囲に限定されている。これは中国の大きな宗族に比べ、日本の場合は住居や生計をともにする実生活の単位として、血縁による世帯が一般化していることにともなうものである。たとえば、日本では寡婦とその子供たちを祖父や父親、兄弟といった血縁者が引き取って扶養する務めは"孝"に含まれるが、おばやおじが引き取るのは、もはや"義務"ではない。それは"義理"(これについては後述)であり、もっと縁の遠い人が援助の手を差し伸べる場合は"仁"となる。

　"忠"の場合は、また別のやり方で適用範囲を狭められ、国粋主義のために仕えることに限定されてきた。欧米人の立場からすると、"忠"は死から納税までのすべてを含むものと思われるが、現代の日本人は、明治以降の思想教化に基づき、国家に対する務めや軍務とは国民ひとりひとりから直接天皇にのみ向けられるものと考えている。試験で、"忠"よりも、"愛国心"(愛国主義)を優位に置く学生が落第させられるのは、この点を強調したいがためであるし、つぎのような軍人勅諭についてもおなじことが言える。「(軍隊における)下級のものは上官の命を承ること実は直に朕(皇帝)が命を承る義なりと心得よ」「軍

人は"忠節"("忠"という責務を果たすこと)を尽くすを本分とすべし」。この忠節が平時においてもどの程度尽くされているか、ヒリス・ローリーが的確に述べている。

　　　ある士官が連隊を率いて、夏の機動演習のために富士山麓に向かった。兵士たちは、司令官に指示されないかぎり水筒の水を飲んではいけないと命じられていた。演習を進めるうち、二十名が渇きと疲労のために倒れ、五人が死亡した。水筒を調べてみると、まったく手つかずの状態であることが判明した。士官がそう命令したからである。士官の命令は、天皇の命令であったのだ。

> 出典：『日本人の行動パターン』(日本放送出版協会2007年刊)の第Ⅱ章「日本人の
> 　　　責務体系」。

[著者略歴]
　ルース・フルトン・ベネディクト(Ruth Fulton Benedict)(1887—1948)、アメリカの文化人類者。主な著書には『文化の型』(1934)、『人類—科学と政治』(1940)、そして日本文化を初めて社会科学的アプローチから取り上げた『菊と刀—日本文化の型』(1946)などがある。
　ベネディクトは1919年にコロンビア大学に入学し、フランス・ボアズ(Franz Boas)の指導を受けて人類学を学び始め、1923年、36歳で博士学位をとった。1934年、ベネディクトは『文化の型』を発表し、一民族の文化を全体的に連関した一つの個性としてとらえる方法論を確立して大きな反響をよんだ。1930—1940年代のアメリカ文化人類学の主流「文化・パーソナリティー学派」の中心の一人となったが、その後、反ナチス運動に参加、1943年『人種』(共著)を発表して人種差別を批判した。1943年6月に戦時情報局の海外情報局、文化研究基礎分析の責任者として赴任し、政府の依頼を受けて、日本軍の心理状態に迫ったレポート・覚書を多数作成している。1945年『レポート25—日本人の行動パターン』を完成した。また、このレポートをベースにして、1946年に『菊と刀』を出版したが、その2年後、ベネディクトは、病気のため61歳の若さでニューヨークで永眠した。
　ベネディクトは人類学者として、アメリカを「外」から観察し、「異質性」を文化との関係において考え続けたのである。彼女の鋭い感受性、諸民族文化の多様性に対する寛容な視野及び人道主義的な情熱が高く評価されている。

[テキスト解説]
　1944年、アメリカ軍はサイパン島に上陸し、いよいよ太平洋戦争の終結並びに戦後の復興の構想を立て始めた。アメリカ軍にとって、日本人の行動パターンを研究することが、軍事作戦に劣らぬ重要な問題であって、日本人の思考様式、行動様式をどうとらえるかということは大きな課題の一つであった。ベネディクトがアメリカ政府の依頼を受けて、

1945年5月から書き始め、約3ヵ月で『レポート25―日本人の行動パターン』(Report 25: Japanese Behavior Patterns)を完成したのである。

　ベネディクトは日本に行ったことはないまま、アメリカ在住の日本育ちの人々と捕虜からの聞き取り調査を行い、種々の日本に関する文献、日本語による出版物、日本映画などから得た資料を、文化人類学の文化間の差異の比較法と、ある文化や社会の中のさまざまな行動は全体の体系の中で関連しあっている、という理論のもとに分析し、書き上げたのである。

　ベネディクトは、日本人の社会行動の最も重要な原則は、「各々其ノ所ヲ得」ということだとを述べている。つまり、日本民族は、それぞれが状況の中で「ふさわしい位置」を重視して行動を決定する。これは、日本の伝統社会を支えてきた階層制度の反映である。ベネディクトによって指摘された第二の特徴は日本人の道徳律としての恩と義務の道徳体系の分析である。(詳しくは、前文テキスト参照)。この責務体系について、大久保喬樹は次のように分析している。

　「こうした日本社会の特質が内面倫理としてあらわれると、恩と義理に代表される独特の道徳体系となる。日本においては、儒教における仁、キリスト教における愛のような全人格的、総合的な徳は存在せず、複数の種類の恩とそれに対応する恩返しの義務の組みあわせが道徳律を構成している。すなわち、天皇から受ける恩、主君から受ける恩、親から受ける恩、師から受ける恩、さらに様々な世間の人々から受ける恩などと、それに対する忠、孝等の義務である。そしてとりわけ特異なのは、この恩返しの義務に二つの種類があることである。一つは、一生を通じて限りなく続く義務であり、もうひとつは、一定の範囲で恩を受けた分だけ返せば済んでしまう義務である。たとえば実の親への孝の義務は前者に属し、配偶者の親への孝の義務は後者に属する。この後者の義務を日本人は義理とよび、大変に重視する。(中略)こうして日本人の行動原則は、これら様々の義務の領域、さらに人情や欲望の領域を、互いに折りあいのつくよう巧みに調整していくことにある。」(佐伯彰一、芳賀徹編『外国人による日本論の名著』 中央公論新社1987年3月.pp.184-185)

　上述のように、ベネディクトによって指摘された日本文化の特徴は、画期的なものである。それまでの日本研究は、歴史、風土、思想などのアプローチが多かったに対して、ベネディクトはその基本構造、原理に着目し、日本人の思考様式、行動様式を明らかにしたのである。

　「ナンバー25」と付されたこの報告書を原型として、日本人論の名作『菊と刀―日本文化の型』(Chrysanthemum and the Sword:Patterns of Japanese Culture,1946 長谷川松訳、社会思想社　1948・12、改版1967・3)が出され、初版以来現在に至まで、広く読み継がれてい

る。ベネディクトは「文化の型」の理論に基づいて、義理人情をはじめ明確な概念規定を施し、日本文化を「恥の文化」とし、西洋の「罪の文化」と対比させたことで、戦後の客観的、社会科学的日本研究に方向づけを与えた。

　『菊と刀』が刊行後、日本の著名な研究者による批判ももちろん見られる。例えば、雑誌『民族学研究』の特集「ルース・フルトン・ベネディクト『菊と刀』の与えるもの」(『民族学研究』)1950・5)には、川島武宜・南博・有賀喜左衛門・和辻哲郎・柳田国男の見解が発表されている。これらの研究者はいろいろな角度から批判の見解を述べたが、日本人の罪意識、恥意識の概念などが、その後の日本研究に大きな示唆を与えたことは否定できない。

[参考文献]
- ルース・ベネディクト　福井七子訳　『日本人の行動パターン』　日本放送出版協会　1997年。
- 南博　『日本人論―明治から今日まで』　岩波書店　2006年。

原典

徳川時代の宗教

R．N．ベラー

○ 価値体系

　われわれは、すでに、日本の価値体系の特徴が「政治」価値を優先すると主張してきた。この政治価値は、特殊主義と遂行という二つの類型変数の結合したもの、あるいは、社会体系の目標達成の次元に適合する諸価値として規定できるが、しかしこれは同じ事柄を二様に言いあらわしているにすぎない。たとえば、主要な関心が体系目標にあるというとき、そこにはすでに特殊主義の価値が暗に含まれている。家族であれ、藩であれ、全体としての日本であれ、当該集団の構成メンバーの一人が属しているのは特殊な体系ないしは集合体である。これらに献身することが、真理とか正義とかに対するような普遍主義的献身よりも優先する傾向をもつ。もちろん、徳川時代の日本でも、普遍主義や普遍主義への献身はあった。しかし、主張したいのは、特殊主義がなによりも優先したということである。

　集合体とそれに対する人の特殊主義的関係を重要視していることは、家長であれ、封建領主であれ、天皇であれ、集合体の首長のもつ非常に大きな象徴的な重要性に示されている。これはひとつの代表的役割——首長は集合体を代表する——をもつ傾向をとり、多くの場合、執行上の役割をもたない傾向がある。実際の行政機能は、一番番頭とか家老等々にゆだねられてしまっている。

　それで、一人一人の集合体に対する特殊主義的なむすびつきは、集合体の長に対する忠誠として象徴される。だから日本では忠誠を非常に重要としていることは、われわれが第一義としている価値の具体的な表現と考えられる。この忠誠は、その人物が誰であるかを問わず、集合体の長に対する忠誠であることに留意することが大切である。それは、人物自体に対するよりも、その人物の地位に対する忠誠である。集合体の長に対する深い個人的な愛着もあるかもしれないし、また実際にしばしばあったのであるが、しかしこ

のような愛着は忠誠に必要なものではない、このことは政治的合理化とも関連して重要な点である、それは、個人がまったく個人的関係のない人物(たとえば天皇や将軍)に対する心からの忠誠の可能性を意味し、たんなる個人的影響の範囲をはるかに越えて、強力な政治的影響を及ぼし得ることを意味している。それで、この一般化された特殊主義は、ある点では権力の合理化と拡大の過程において、機能的にみて普遍主義に相当する働きをなしえるのである。

同様に、主要な関心が体系目標にあるという場合、われわれは遂行の価値を考える、体系維持よりむしろ第一に、体系目標に関心がむけられ、目標は達成されねばならぬとされる。かくして、遂行あるいは業績本位が、第一義的な価値となる。日本では身分が非常に重要なことから、私は以前、価値体系における素性あるいは所属を第一義とみなしたこともあった。事実、この価値が重要な意味をもっていることは、疑いない。けれども、身分そのものが効力をもたないことを考えると、おそらく、遂行が第一義であることは、一層明らかとなろう。

体系目標に役立つ遂行のみが、真に効力をもつのである。

非常に重要な代表の役にあるもの、すなわち集合体の首長でさえ、より大きな脈絡では、至高者体系(superordinate system)にあって、目標達成のために働いている従属者なのである。天皇でさえも、祖先に対して自分の行動の責任をもっており、祖先を重んじなければならぬ。日本社会のいかなる分野でも、ひとつの傾向として、ひとたび達成されると、独自の身分を正当化するような身分的生活型はない(たとえば、中国における紳士階級ノもつ身分的生活型とは違って)。遂行価値の重要なことは、家族に一層はっきり示されている。ここでは通常では所属本位が優越しているのだが。子供にはかなりきびしく遂行の義務が課せられ、すくなくとも、無能力や我儘のために廃嫡、勘当におびやかされる。逆にいえば、美術工芸などの師匠は、とくに才能のある弟子をしばしば養子にした。

日本における忠誠は、たんなる受動的な献身ではなく、能動的な奉仕と遂行をいうのである。遂行を高く評価することは、業績を相対的にみくらべることなのであり、そしてかような比較を行う規準は、普遍主義的ならざるを得ない、ということに留意する必要がある。前述した特殊主義の一般化に含まれる擬類的普遍主義とともに、こうした考察から、普遍主義は第二義的ではあっても、かなり重要であると推論しえよう。

ここで留意しなければならないのは、目標達成が価値体系においては第一義的な関心事ではあるが、獲得すべき目標の内容が、比較的変り得ることである。もちろん、選択された目標は、集合体の権力と威信を増し、あるいは増すであろうと考えられる。しかし、集合体の権力と威信は、内部の平和と繁栄、戦争における勝利、帝国主義的侵略、泰平をもたらして他国民の模範となり、高度の文化を形成すること、などを通じて増大させることもできる。それで、目標達成価値、すなわち現在の意味では「政治」価値が優位を占めることは、選択された目標の持つ特別の内容にはかかわりがない、したがって、目標の内容が

極端に突然変化をしても、中心価値体系が、何か深刻な分裂を起こすような影響をうけるとは考えられない。

　前述したように、目標達成の次元を第一義とする中心価値は、当然、他の三つの次元にかんする諸価値に対して重要なかかわり合いをもっている。適応の問題にかんしては、集合体の目標を追求する場合に適応するような行動は最も高く評価される。ここでいう概念図式にしたがうと、軍隊はまさに政治体系の適応の権力である。したがって、日本においては軍隊が偉大な威信をもっていたことは、少しも驚くにたりない。軍隊は、体系の目標に全く従属的な適応行動の典型的なケースを示している。経済行動は、体系の目標に従属せず、むしろ下位体系の目標に従属するのであって、いいかえると、それは「利己的」といった点があるから、経済価値の経済行動とは違ったものとなっている。しかし、経済行動が体系目標を推進するとみなされ得る程度までは、これは全く正当とされる。一般に、働き自体は価値をもってはいないが、しかし集合体の目標に対する無私の献身のあらわれである働きは、価値があるとされる。けれども、仕事への動機づけは、かような社会においても、働くことがそれ自身価値があるとする社会と同様に、強い。

　統合価値は、強いものではあるが、しかし目標達成価値に従属する傾向がある。集合体では、調和が維持されねばならない。それは、集合体の構成員間の争いは、その集合体の長に対して不忠義であるばかりでなく、集合体の目標の円滑な達成を妨げるからである。かくして、調和、進んで妥協すること、非攻撃性などが高く評価され、一方、論争好き、闘争好き、過大な野心、あるいはその他破壊的な行動は、強く非難される。摩擦をさけるために、日常生活の多くは、型式化されている。多数のこまごまとした行動規定に忠実に同調することは、あらゆる争いを最小に食いとめ、集合体の生活の円滑な機能を確保する傾向をとる。調和と一見それ自身のためとも見える集合体の維持を強調することが著しいので、ある時代に、ある集団には、統合価値は目標達成価値に優先するかのように見えるのである。

　そうはいっても、支配的な類型は、目標価値が優先していることを示しているように思われる。集合体の首長と顕著な体系目標に対して忠誠が強く望まれることから、調和への関心を圧倒し、古い社会様式に穴をあけ、古い集合体を分裂させ、旧習にしばられた行動を破棄するように動機づけられる。この能力によって、中心価値を破壊させずに、かなり急激な社会変化を推進させることが可能になった。この中心価値によって日本は、体系—維持—統合価値を優先させ、これらの価値自身を目的とするような社会とは異なることになった。

　最後に、「文化的」価値の分野は、二つの異なる価値群を含んでいるとみられる。その一つは、すでに論じた主要な価値に密着し、従属しているもの、他の一つは、ある点ではこの価値を補足するものではあるものの、これとは明確に異なる領域と考えられるものである。

第一の群の例は、学習、研究あるいは学問を重んずる価値である。この価値は、文字、書物、師匠や教育一般への尊敬に関連しているが、それ自身が目的なのではない。むしろ、行為における結果により評価される。学問のための学問は、後にみるように、軽蔑される傾向がある。たんに博学な人物は、尊敬に値しない。むしろ勉学は、実践に繋がるべきものとされる。真に学問のある人は、真に忠を尽くし、孝行の人となる。

　宗教にかんしても、これと同様な考え方がなされる。もちろん宗教から宗教自身を目的とする性格を、完全にうばい去ることはできないが、しかしそうした方向にむかう傾向は確かにある。いいかえれば、宗教的目的と世俗的目的、宗教価値と世俗的目標達成の価値を融合する傾向である。この点にかんしては、さらに詳しく宗教にかんする節で述べることにする。宗教を、それ自身のためよりはむしろ、行為の結果で評価しようとする傾向の一例は、ある時代における武士階級の禅宗への愛着である。この時代の禅は、自分の主君に対する忠誠をあらわす自己犠牲的な遂行の行為を助ける一つの修行体系とみなされた。主君に対する忠誠は、中心価値として存続しており、宗教はそれに従属し(あるいは包摂され)ている。

　文化現象を、それ自身における目的より、むしろ行為の手段として評価するこの一般的な傾向によって、実践に反対するような理論はどんな形ででも強調することを禁止すべきであると考えられた。哲学にせよ、科学にせよ、理論の追求は、伝統的な日本では、著しく発展したとは思われない。しかし一方、行為において顕著な結果をもたらす文化現象に対しては強い尊敬の念が払われた。このことは、接触することが困難かつ危険であった時代においてさえも、西欧科学に日本人が比較的強くひきつけられたことを説明する助けとなる。最初に学んだ科学が医学であったことは、興味深い。オランダの医書を学んだ十八世紀の日本の医者達は、その理論的な精密さよりも、むしろ、知識の正確さとその実際的な応用面に感銘をうけた。

　「文化」価値の、別の第二の群は、審美的―情緒的価値と呼び得よう。前述の価値とは反対に、これらは、中心価値に従属するというよりは、むしろ、それ自身目的である傾向がある。けれども、これらの価値は、いくつか明確に隔離した関係ときびしく規制された条件のもとにおいてのみ、表現を許されるものである。けれども、これらの価値の重要性を過小評価することはおそらく誤りであろう。多くの個人にとり、また集団にとってさえも、これらは、ある時期には、おそらく第一義的であったのであり、これらの存在は、おそらく常に、中心価値体系にある種の脅威を与えたであろう。これらの価値の中心には、集合体の目標ではなく、むしろ個人的な体験がある。それらは、個人的な表現と悦楽の範囲に限られている。このことは、自然や芸術の美的鑑賞、茶の湯の繊細な儀式、演劇での代償的興奮、遊楽街の洗練されたエロティシズム、さらにまた、愛とか友情といった感傷的で豊かな人間関係に見られる。日本文化では、このような行動は正当なものであり、実に高く評価されている。

しかし、そこには、つねに奢侈的な、もしいい得るなら感覚的快楽主義へと次第に堕落する可能性があり、とくに自己の趣味を満足させる余裕のある階級では、そうである。そのような状況では、個人の目標充足が、中心価値である集合体の目標充足にとって代ることになるので、この傾向に対して感情は最も強く反撥せざるを得ない。かような快楽主義は「利己主義」の本質であり、これはちょうど忠誠が最大の美徳であるのに対して、最大の悪徳とされる。かような結果をふせぐために、審美的―情緒的諸価値は、むしり著しく制限された領域にとじ込められ、消費分野においても、ほとんど禁欲的な厳しさが高く評価される。けれども、快楽主義的傾向の強さは、洗練された、感受性のつよい、そしてしばしば、最も価値ある渋味の発達のうちに明らかに示されている。この渋味は、ある種の人々の仲間〔金持の町人〕では、その反対のもの〔快楽主義の傾向〕をなくすというより、むしろこれをあらわすのに役立っているのである。
　これまでのところ、伝統的な日本人の生活において非常に重要な家族について、ほとんどなんら触れるところがなかった。それは、私の見解によると、家族が小さな政治体であるからである。事実、日本社会全体の価値体系について前述したことは、すべて家族にもあてはまる。家族では、忠誠のかわりに、子としての親に対する恭順(孝)が最高の徳であるが、しかし、その機能は同じである。それは、集合体の首長に対する態度と同じ態度、また集合体の目標に対する同一の中心的関心をいう。われわれは、家族という用語を使って、核家族はもちろん、系譜家族〔直系家族ともいう〕をも包含するつもりである。日本の家族は、代々の祖先からたえず継承されてきたものとして考えれる。両親に対する尊敬の念は、祖先に対する尊敬という、よりひろい観念のなかに包摂される。日本家族の構造上の特徴は、後にこの章において簡潔に論じるが、ここでは次のことを指摘しておこう。すなわち系譜は、本家分家という用語で相互に結びあっている。本家は直接に祖先を継承する系列にあり、分家は次男以下の家である。広義では、家族と国家は同一であり、皇室はすべての日本人の家族を分家とする本家ということになる。けれども、孝行の価値の第一の焦点となるのは家族であり、それは、理念型からみると、両親、家を相続する長男、長男の妻と子供によって構成されている。
　支配的な価値体系において大切なことは、孝行が忠誠に従属すると強調する点である。すなわち政体は、家族に優先しており、忠誠と孝行が矛盾した場合には、まず第一の義務は、自己の家族より、主君につくさねばならない。これは、これと反対の場合が真実とされる中国と、あざやかな対照をなしている。けれども、この両価値は、たがいに矛盾するものとは考えられていない。むしろそれらは、相互に補強しあうものと感じられている。孝子は、忠臣たるべく、家族は、社会道徳の訓練の場なのである。さらに、家族は個人であるよりも、むしろ社会の単位とする傾向がある。家長の地位は、家族においては中心的であるが、外部にむかっては、国家の最末端に位置し、「公的」な役割を果している。家族は、政体に対立せず、その中に統合され、ある程度まで政体〔の方針〕によって貫

徹されている。それは、異なる価値体系の支配する場ではなく、むしろ本質的には、同一の価値体系の働く場なのである。

　以上、われわれは社会体系のレベルで重要な諸価値を考えてきた。そこではこれらの諸価値の制度化がある意味で社会構造を決定している。われわれは、これらの諸価値の「形而上学的」な土台にも、また時、自然および人間に対する一般的な志向にも関心をもつわけではない。これらの論議は、いずれ次章で前述の社会価値と宗教体系の両方に対するそれらの関係を分析するときまで保留しておくとしよう。

　この節で論じた諸価値は、徳川時代を通じて非常に恒常的なものであった。もし、何かを付け加えるとすると、徳川時代に起こった多くの宗教、倫理、教育の運動の影響を信ずることができるなら、時代のすすむにつれてこれらの諸価値は、次第に強烈になり、一層広範囲に伝播することになったのである。武士階級は、少なくとも理念型からみると、これらの諸価値をもっともよく表しているが、しかし、徳川末期には、これらの諸価値は、すべての階級の間に完全に一般化されることとなった。また一方、都市では武士と商人の両階級の間に快楽主義的諸価値が顕著な進展を見せた。けれども、それらの快楽主義的諸価値は、見せかけだけでさえ正当性を得るには到らず、すべての階級のモラリストの攻撃にたえずさらされていた。明治時代(一八六八―一九一一)には、中心価値を放棄するどころか、むしろ、それは最高頂に達し強化されたする現実感がともない、そしてそれらの中心価値は、近代を通じて、おとろえずに生き残った。近代では、これらの諸価値が、部分的に分裂したために生じた緊張、また、それらの諸価値を回復しようとする試みにかんする論議については、この研究の範囲外のものとなろう。

出典： R．N．ベラー『徳川時代の宗教』(岩波文庫1996年刊)の第2章「徳川時代の日本社会構造の概要」。

[著者略歴]
　R.N.ベラー (Robert Neelly Bellah, 1927―2013) はアメリカ合衆国の宗教社会学者。オクラホマ州生まれ。ハーヴァード大学卒業。ハーヴァード大学教授やカリフォルニア大学バークレー校の社会学教授を歴任した。マックス・ウェーバーの流れをくむ師タルコット・パーソンズの「近代化論」の影響を強く受ける。主著『市民宗教論』は、宗教学や社会学のみならず、関連する人文・社会系諸学において、また政治的にも多くの議論を巻き起こしたことで知られる。『心の習慣-アメリカ個人主義のゆくえ』はまた、個人主義を中心とするアメリカの文化的伝統はいかに継承され、いかに失われたかについてインタビューの手法を用いて分析した名著として知られる。また、『社会変革と宗教倫理』では、原始宗教-古代宗教-歴史宗教-歴史宗教-現代宗教の五つのプロセスからなる「宗教進化論」を唱えた。さらに、『徳川時代の宗教』では、西洋以外の国のなかで何故日本だけが近代化に

成功したかについて、江戸時代の文化的伝統に着目して論究。近年は、宗教進化論の完成に取り組んでいた。

[テキスト解説]
　『徳川時代の宗教』は、20世紀50年代、アメリカ社会科学分野における「近代化論の最も華やかな時」という背景に、自国を「近代産業国家」に変えた唯一の非西欧国家であった日本がなぜ近代化に成功したのかを、R.N.ベラーが論究したものである。この本で、R.N.ベラーは、日本の近代化を取り上げて明らかにするために、近代日本の社会とその諸文化のルーツを求め、これに先行する徳川時代の文化的伝統、特にその宗教の担った役割を分析し、さらにこの結果に基づいて現代日本の社会と諸文化をも照射した歴史社会学的な学際的研究を展開したのである。
　本書の構成と内容から見れば、R.N.ベラーの展開した研究は、「ペーパーバック版まえがき」で述べているように、社会科学・人文科学の多方面分野にわたる、文字通りの学際的研究の先駆者であるマックス・ヴェーバーの日本の近代化論を踏まえたものであるが、主に1950年代に近代化理論をリードしていたルコット・パーソンズのヴェーバー解釈の理論に基づいて分析された日本の近代化論であるともいえる。ヴェーバー、パーソンズ二人の影響をうけてのベラーの徳川時代の社会文化論は、機能主義的方法に偏って、宗教・社会・政治・経済を機能連関的に、慎重に配慮した緻密な分析で、広く現代日本の社会と諸文化を機能的に捉える上で絶えず回顧される古典的名著としての地位を有している。
　ここに掲げられた本書の第二章にある「価値体系」という一節は、価値パターンがある社会の生活様式を維持する要素として、社会システムの相互作用の前提条件であるという意味で、R.N.ベラーが徳川時代の宗教と社会・政治・経済を機能連関的に分析する前に、まず明らかにしておかなければならないものである。詳しい展開については、R.N.ベラーはタルコット・パーソンズの社会システム理論に基づいて作った「社会体系の機能的下位体系」（池田昭訳：1996、48頁を参照）という図式で、日本社会の価値体系に論理的に分析を加えた。その「社会体系の機能的下位体系」の中に、社会は、価値体系と四つの機能的下位体系（経済体系、政治体系、動機づけもしくは文化体系、統合あるいは制度体系）が相互にかかわり合って成立したシステムの一つであると見られる。しかも、四つの機能的下位体系に対して、四つの価値およびそれぞれに対応する四つの次元――適応（経済価値）、目標達成（政治価値）、潜在（文化価値）、統合（統合価値）が設定される。
　R.N.ベラーによれば、「日本は、政治価値の優位性を特色とする。政治は経済より優位を占めている……その中心的関心は、（生産よりむしろ）集合体目標にあり、忠誠が第一の美徳である」。また、この忠誠は「集合体の長に対する忠誠である」が、「人物自体に対するよりも、その人物の地位に対する忠誠」である。即ち、家長・藩主・天皇など集合体の

首長は、実際の執行上の機能を担わないにもかかわらず、一つの集合体の代表者でさえあれば、大きな象徴的意義をもつようになり、こうして個人と集合体の関係が、集合体の代表的な首長に対する忠誠と象徴的に表現されている。

　さらに、価値体系に中核的位置を占める政治価値は、他の三つの次元に関する諸価値に対して重要な関連性をもっている。まず、経済価値に即して言えば、体系の目標に従属しない経済活動は、「利己的」といった点があるが、富国強兵のような「体系目標を推進すると見なされ得る程度までは、これは全く正当とされる」のである。つぎ、統合価値の場合に、集合体では構成員間の紛争が集合体の目標の円滑な達成を妨げるとされることから、論争好き、闘争好き、過大な野心、あるいはその他破壊的な行動は、強く非難される。特に徳川社会において、統合価値を中心とする儒教思想が広がるにつれて、摩擦を最小限にするために、日本人の日常生活の多くは型式化されている。しかしながら、日本で集合体の首長と体系目標に対する忠誠が強く望まれるので、中心価値を破壊せずに、「調和への関心を圧倒し、従来の集合体を分裂させ、旧習にしばられた行動を見捨てるように動機づけられる」能力によって、明治維新のようなかなり急激な社会の変化と改造を実現させることが可能になった。

　最後に、「文化的」価値は、中心価値としての政治価値に密着し従属しているものと、個人的な体験や享受に重点が置かれる審美的―情緒的価値のようなものと、二つの異なる価値群があるとR.N.ベラーが述べている。前者は、書物、師匠や教育一般への尊敬に示されるように、学問に高い価値が与えられるにもかかわらず、学問のための学問が軽蔑され、学問という行為における結果はより重要視されている。中心価値に従属しない後者は、集合体の目標ではないので、そのような「利己的な」快楽主義が、最大の美徳と見なされる忠誠に対する最大の悪徳と批判される。そういう意味で、審美的―情緒的価値は日本で、中心価値体系に最大の脅威を与える可能性を孕むものになる。その結果、審美的―情緒的価値は、一般的な社会生活から区分された領域だけにとじこめられ、日常生活の消費分野においても、禁欲的な簡素さが尊崇されるのである。

[参考文献]
- R.N.ベラー著、池田昭訳『徳川時代の宗教』　岩波文庫　1996年。
- 貝拉著、王曉山、戴茸訳『徳川宗教:現代日本的文化淵源』　三聯書店　2003年。
- 源了圓著『徳川思想小史』　中央公論社1973年初版　1978年8版。

原典

日本文化私観

ブルーノ・タウト

○「床の間とその裏側」

　近代の日本は明治以来欧米から物質的ないし技術的な収穫のみを得ようと専念してきたのであるが、その血液の中には未(いま)だにより偉大な、より宇宙的なかつ真に人間的な姿が遺(のこ)されているのであって、これはもとよりあり得ないことではない。さらに日本はそうした欧米式のものに必然的に結びついた考え方なり哲学的な観方なりを、あるいは反撥(はんぱつ)しあるいは異物視して、比較的冷静にこれらのものに善処してきたとも云えよう。しかしながら、どんな簡単な技術的な実用品の製作といえども、それに適応した思惟形態に立ってははじめて可能なのであった。ある程度の精神的な態度を欠如するならば、その活動、その発展は、真に至難と云ってよい。さらにその発展の道程それ自身の中にも、独自の精神をそこに生み出してくるのである。まことに日本こそその古い、不思議にさえ思える統一を持った文化の上からして、この技術的(有用的なるものが美的)精神的なるものからいかに離れ難きものであるかを、真に識るものであると確信する。しかしながら、少なくとも欧米の機械や鉄道や自動車や、家屋、衣服等に直面した日本は、己の歴史がもたらすこの教義を、余りにも忘却し過ぎた観がある。

　とりわけ日本は自国の養母なる中国について、文学的食餌(しょくじ)ないし芸術的食餌はもちろんこと、さらに無数の材料や技術のことを全然度外に置くとしても、たとえば、竹、米、茶、絹などほとんどすべての生産の基本であるべき極めて実用的な贈物が、この中国から自分達に与えられているのだという、この明確な事実を、全く忘れているように思えるのである。しかも全世界が称賛する文化力によって、中国よりの贈物を全部同化し、さらにこれを独自な形態に溶変せしめたことは、真に日本の偉大さに起因する。さらにこの偉業なるものも畢竟(ひっきょう)は、精神古典の国としての中国が今日の日本の粒選(つぶよ)りの知識人の間にも依然として伝続しているということ、すなわち今日に至って

も中国の精神的な贈物である文教芸術を、寸毫(すんごう)も余さず詳細に研究し尽くして、これを自家薬籠中(じかやくろうちゅう)のものとなしつつあるということ、この事実によってのみ遂行し得られたと云えるのである。

中国！この国は、有用的なものと精神的なるものとの間の位階について、一体何を教えているのであろうか。伝説的な黄帝は、支配者の理想であると共に、またその最高の思想的純粋さ、その単純さ、並びにその静寂(せいじゃく)さにおいて、これは人格化された精神性とも云えるであろう。彼は自分の失った真珠を探し求めるために、次々と「智慧」、「聡明」、「雄弁」、を黄河に派遣した。しかし彼等は一人としてその真珠を見つけ出すことが出来なかった。ところが、この真珠を見つけだしたものがあった。これがすなわち「無心」であったのである。このことはあらゆる品質の基礎のために、何というみごとな姿を示していることか。これは強ち芸術的なものに対してそうであるばかりではなく、こういった無心さをすなわち源泉からのみ生まれてくるものである。あの実用的なものに対しても、また同様であると云えよう。

古来日本には中国と異なって武器を尊重する風があった。すなわち中国では武人の身分が軽視されたのに対して、日本では剣およびその携行者を崇(たっと)び、これによって古代よりの自然観、世界観、ひいては神道をも固持して来たのである。日本が中国から移入した事物を、独自なものと成し得たのは、恐らくこれに素因するのであろうと思われる。武と文とのジンテーゼを日本は創り出したのである。横暴極(きわ)まりなき将軍時代に至っても、支配者たるものは精神的な教養の要求を充(み)たすか、あるいは少なくともそうした外見だけでも装わねばならなかったのであって、かくて母国文化に対する責務は、かくも生々と失われずに来たのであった。従ってどのような場合でも、日本はかの「輸入品」をある独自なものに造り変え、また部分的にはこれを全然別個のものに改造することに成功して来たのである。私はこれら幾多の事象の中から、その一つをここに採り出して、本書の趣旨にしようと思う。その一つというのは——若干の変遷過程を辿った後に、最後に純日本風な創造物となってしまったものであって、しかもこれは芸術と実用性との間の段階の、あの象徴に期せずして成り得るほどに明確な性質の備わっているもの、他でもないこれは「床の間」である。

日本家屋については後段に詳しく述べることにして、ここではまずこの絵画のために在る床の間について述べることにする。床の間が立派な部屋にとっては——多少の例外はあるにしても——不可欠のものであることは、何人(なんびと)と云えども否定するものはあるまい。教養のある人達は、折々の気持ちやその機会に応じた掛物をこの床の間にのみかけて、それからさらにこの掛物を背景として特にその絵に応(ふさ)わしい生花(いけばな)の瓶であるとか、彫刻の形になった香炉(こうろ)とか、時には独立した彫刻をもそこに据えたりするのである。男の子や女の子のお祭りの人形もそこに飾るし、稀(まれ)には故人の祭壇をここに設けることもある。床の間は芸術および芸術の集合場所で

あって、そこに据(す)えられたわずかな什器(じゅうき)と相俟(あいま)って、思いのままに変ずる独自の雰囲気を部屋に与え、さらにまた部屋そのものに対しても均衡による能(あた)うる限り間然するところのない純粋さを要求する。これを煎じ詰めて云えば、部屋が床の間の種々の放射を担い得るように、そうした美の中立性すらも部屋に要求すると云えよう。従ってこの部屋は、それ以外の美術品は一つとして人々の眼に触れしむること許さない。かくのごとく床の間は各種芸術の限界およびその意義に関して、比類なき決定の役割を果たすものである。再言すれば、建築はその抽象的な均衡の営みによるその純粋さが、最大限度に中立的である場合において、これが美しいと云えるのであって、他方彫刻および絵画(掛物の一部分、ないしその全部が文字である場合すら少なくない、詩についてもまた同断である)、居住者の精神生活なり、感情生活なりに最大限度に接近した場合においてこれが美しいということになってくる。すなわち、建築の意義は抽象的な不偏性であり、絵画、彫刻および装飾の意義は、精神的なものへの直接的な接近にあるということになる。

　地球上どのような芸術創造を見渡しても、造形美術に使用するものとして、床の間程に精緻(せいち)を極(きわ)めた形式を創り出したところは何処(どこ)にもないと云ってよい。こう云えば、早速(さっそく)寺院の祭壇とか家の中の祭壇とか、あるいは聖者の社などを引き合いに出すことを余儀(よぎ)なくされるであろう。これらの祭壇に比べるにしては、床の間は宗教との関係が少しもないし、さらに文化的要求の集中される場所であるという重大点よりして、これとは全く相違する。従って芸術家はこの床の間によって、自分達の作品がいかに応用されるかを充分識り得るのであって、床の間は芸術そのものの様式とその技法に対して、かかる力ないし生きた効果を具えているのである。室内建築および全家屋の一部分として、この床の間の現象そのものが、すでに建築であるとも云えよう。従って床の間は地球上どこにおいても達成され得なかった所の、まことに世界の模範と称しても差支(さしつか)えない一つの創造物なのである。

　かくのごとき特質を具備している以上、床の間がその抽象的な力によって文化と有用との間の段階を、極めて明白に説明しているということもまことに宜(ぎ)なりと云うべきである。床の間が一般に使用される部屋にまで設けられているその有様が、しばしば鋭い閃光のようにその事実上の地位を、さらにはその真実の地位を照らし出してくれるとも云えよう。その家がどうのような家であったにしたところで、床の間の裏側が何の部屋であるかということは、ここでは全く問題になっていない。家屋の向きやその大きさの関係でそこに書斎のあることがあろうし、廊下があろうがないし便所があろうが一向(いっこう)支障はないのである。茶の会合のために建てられたあの小さな文化的に秀れたいわゆる茶室においても、小便所に使用されている前房の附いた便所が床の間の背後をなしていることさえ全く少なくないのである。

　壁一重を隔てて、およそこれ以上のものはないと云ってよい対立！さらにこの対立に

よって示される二つの世界。

　日本の家屋がこの事実によって創り上げた著しい象徴は、恐らくこれ以上説明の要はなかろうと思えるのである。もちろん私はこうは云っても有用の世界、すなわち実際生活に不可欠のものを微塵(みじん)も軽視しようと云うのではない。ここではただ日本の偉大な古い文化が文化および芸術上の事物に対して、どのような地位を与えているかということ、さらに他方有用的な技法に対しては、どのような地位を与えているかということを注目すれば足りるのである。

　全世界における近代的な進歩は、次のような質疑をここに提出する。すなわち、果たしてかかる区別ならびに解明が必要であるかどうか。さらに有用技術的なものこそまず先頭に出るべきで、文化、芸術の類はむしろそれに後続すべきものではないであろうか。

　これに対しては、また次のような質疑もあり得よう。すなわち世界の創造に際して、文化および芸術上の行為は、いかなる目的の下に人類に賦与(ふよ)されたものであるか。さらに床の間およびその裏側こそ、本来の宇宙的な意義をもつものではないであろうか。

　ここで極めて簡単な云い方をすれば　床の間の裏側が便所にしろ、あるいはその他の何であったにしたところが、この手入れの全く行き届きいた床の間が消え失せたとしたならば、その裏側は恐らく不潔、汚穢(おあい)、正視すべからざるものに化し去るであろうと思えることである。およそ人生の万象は最下級のものをも含めて、また人間相互間のあらゆる交渉は、さらに一切の政治現象をもその中に含めて一すべてそうしたものは一定の形においてのみ、その効力を顕現(けんげん)するのである。いかなる物象もその形によってこそ、始めて眼にも見え、実在ともなり有効ともなってくる。芸術の使命とても形態を創造するにあることは、こと新しく述べるまでもあるまい。多少ともそこに思いを致したならば、何人と云えどもたとい職業上芸術の圏外に生活するものといえども。自己の仕事が形態の創造を離れては全く無意識であることを、さらには芸術そのものが殺されるようなことがあれば、自分の作品も等しくこれと死を共にせねばならぬ、ということを認めざるを得まいと思うのである。

　今日の時世に当たって、こうした解りきった事までも贅語(ぜいご)せねばならぬということは奇異なことでもあるし、また情ないことでもある。精神なり精神状態なりが罹病(りびょう)した場合、その治療への第一歩は何と云ってもその事情を曝(さらけ)け出し打ち明けてしまうことである。もちろん病人としては出来得る限り、かかる病的状態が本当であることを認めたり、あるいは了解したりはしたがらないであろうと思う。例えてみれば、その歴史を指摘してみたところで巷間(こうかん)の歴史書が少なくとも近代の産物である限りは、罹病者の論拠を支持しないはずはないのである。従って世界の大国が単なる武力すなわち技術、畢竟(ひっきょう)するに床の間の裏側にのみ基礎を置くものと見なされているということは、元(もと)より否(いな)めない事実である。

　しかしこれら世界列強の文化を観察して行けば、どのような文化事象にあっても最後

の鍵を握るものが、武力ではなく却って文化の力であるということが判明する。この意味で勝者が敗者になることも、決して稀ではないのである。この最も顕著な例をなすものが、小アテンの文化によって貶黜(へんちゅつ)され、征服された強大国ローマの姿である。こうした相互関係に関する限り、美術史は到る処においてこの様な事実を摘発してって、インド、中国の歴史を繙(ひもと)けば、たとえば勝者が戦敗国民の優秀な芸術家を招致して彼等に大建築の施行を命じたり、また、数々の栄誉を持って彼等を遇したり、進んでは寺院の名称まで、敵国の人民であるこれ等芸術家の名に因って命名することが平和条約として通用しているのである。これに類したことは、世界中到るところにあるのであって、芸術の尊重は最近の時代に至るまで、政治的な権力の圏外に存在していたのである。

　ヨーロッパにおいては優れた芸術家は、政治的敵対関係などとは全く無関係に、一国からさらに他国へと招かれて行ったのであった。寺院建築家の生活やその仕事場あるいはその手伝い達の生活は、まことに遍歴生活ともいうべきものであって、さらにその当時としては実に大がかりな旅行を伴うことさえ少なくはなかったのである。もちろん、政治戦争や、宗教戦争、追放等のために、優れた芸術家達が悲惨な目に遭ったことも決して少なくはなかった。しかし、私達にとってはかかる例外の場合が重要なものではなく、単なる権力であるとか技術であるとか、あるいは単なる実用行為によって決定さるるような万般(ばんぱん)の事象、かかる事象の彼岸に芸術が突兀として聳(そび)えていたという法則を私達は肝要視するのである。従ってこれを近代的に云えば、芸術は国家を超越していたということになるのである。そして民族指導者の偉大さというものは、彼等がこの位階を理論的に認めたと言うことに止まらず、さらにこれを彼等の行為の原則にしていたという、事実の中に現れていたのである。

　謙譲ということは、芸術家にとって全く明白な一つの前提である。人間の仕事は、それが人のする仕事である以上、どのような仕事といえども疑義がこれに伴うのは当然であって、しかも生涯の短時日の中に、その仕事がいかなる価値を持つものであるか、を識るがごとき者は、例外なしに全くないと云ってよいのである。たとえある秀れた人が阿諛(あゆ)者からどれほど賞めそやされてみたところで、自分自身に対しても、また自己の仕事に対しても、懐疑的にはなると思うのである。従ってその仕事の価値は、芸術家の場合と同様に、彼の真実の謙譲の度合、この度合に左右されることもまた明白であると思う。どのような才能にしたところで、限界を持たない才能は全くない。永続的な成功は畢竟各人がその限界を認識する程度、すなわちいかさまとか、余技的なものを回避する、その程度の如何にかかっていると云って差支(さしつか)えないと思うのである。

　如上の理由からして、あらゆる時代の戦勝民族ないし支配者の文化は、彼等が自己の文化の弱点あるいは芸術の弱点を自覚していたという事実および勝者敗者を問わず、芸術を一切かかる事件の域外に止めしめたという事実、これらの事実の中に現れていたと私

は思うのである。
　床の間とそしてその裏側！

> **出典：** ブルーノ・タウト著『日本文化私観』森儁郎訳 株式会社講談社、1992年。

[著者略歴]
　ブルーノ・タウト（Bruno Taut、1880—1938）ドイツの建築家、都市計画家。東プロイセン・ケーニヒスベルク生まれ。1913年、ライプツィヒ国際建築博覧会で「鉄の記念塔」を設計しドイツ工業界に名を馳せ、表現主義の建築家として知られる。1933年にヒトラーの支配を逃れて日本に亡命し、3年間滞日した。在日中、日本古来の建築を好意的に評価し、特に桂離宮を「現代における最大の世界的奇蹟」と賞賛した。名文「永遠なるもの――桂離宮」をはじめ、『ニッポン』、『日本文化私観』、『日本美の再発見』など数多くの作品は書き上げ、翻訳出版された。1934年、高崎郊外の「洗心亭」に居住し、最初の日本印象記『ニッポン』を発刊して、伊勢神宮や桂離宮など日本古来の建築にふれ、そこに日本美の極致を見た。簡素・単純・静閑・純粋――それらの絶妙な均斉を具現した桂離宮を絶賛して、世界に紹介したことから、日本文化の再評価に大きな影響を与えた。『日本文化私観』は『ニッポン』の続編で、タウトの代表的著作の一つである。1938年長年患っていた気管支喘息のため、58歳でアンカラで客死。

[テキスト解説]
　外国人による日本文化論はいずれもその時代の中でそれぞれの著者の国と文化を背に、各自の専門と関心の所在から日本文化の底流に接近し、観察・研究して、比較文化論の立場で日本像を描いたものが多い。しかし、B・タウトの場合は少し異なっている。
　1933年、独裁者ヒットラーがドイツの首相に就任し、タウトは親ソ系の注意人物とみなされて身に危険がおよんだため、亡命者として日本に渡ってきた。もっとも、日本はタウトの青年時代からの憧れの東洋の国であったため、来日してすぐ日本文化の伝統美に魅せられていったという。彼は、日本での短い滞在にもかかわらず、「日本的なものの開拓」に没入し、桂離宮や伊勢神宮の簡素・単純・静閑・純粋――という日本美を建築家として発見し、評価し、称賛した。簡素、控えめを日本文化の特質と把握した。これはタウトが、自国・激動期のドイツの課題を背に比較文化論の視点から日本文化に接して生みだしたものでは必ずしもない。哲学者カントを生んだ東プロシアのケーニヒスベルク生まれの著名な建築家に相応しい、繊細な感覚と美的感受性をもって、日本の建築を中心に文化全体を感じ取り、分析し、把握し、叙述した産物である。
　ここに掲げた「床の間とその裏側」は、タウトが『ニッポン』の続編として日本滞在の三年間に亘って書いたもので、彼の代表的著作の一つである『日本文化私観』の第一節での

一部である。タウトは日本家屋の「床の間」を「地球上どのような芸術創造を見渡しても、これほど、造形美術に使用するものとして、床の間程に精緻を極めた形式を創り出したところは何処にもない」と感嘆を込めて高く評価し、同時にその「裏側」(廊下、別の部屋、時として便所など)との関係に注目する。これによってタウトは日本人の生活空間に採り入れられた文化や芸術と実用や有用技術との関連・調和について独自の解釈を与え、ついで、戦争・征服・政治・国家や支配などと文化・芸術の創造活動との関係を論じ、文化・芸術の根本問題にまで言及している。もう一つ、私たちはこの論文で言及されている論点に留意しておかねばならない。それはこの時代の日本が、かつて中国文化に多くを学んでそれを自らのものにし、優れた日本の伝統文化を形成してきたことを忘れ去っているのではないかという批判と警告である。

　この点については、『日本文化私観』の最終節「第三日本」で鮮明に述べられている。タウトは、日本文化を三期に区分し、「第一日本」を大和時代(伊勢神宮に代表される)、「第二日本」を朝鮮・中国の文化を摂取し、実用生活技術から高度な芸術・精神文化まで独自の文化に昇華させて日本独自の伝統文化を形成した時代、そして「第三日本」は西洋文化を摂取し同化しつつある明治以降・現代の日本である。この第三日本はかつての第一日本や第二日本が持っていたような「燦然と明朗純粋に世界の文化創造の工作に資する」独自文化を形成できるか。タウトは末尾で「日本！この語は今日もなお、その昔ながらの純潔と光輝を放っているのだ」と言いつつも、「病弊は未だ軽い。……第三日本に到る道のみいださるることを衷心から希望して筆を措く」と好意的警告を発している。

　タウトは、確かに伊勢神宮や桂離宮を絶賛し、日本の伝統文化のもつ優れた遺産を改めて評価した。だが、それは「いたずらな礼賛迎合でもなければためにする所あらんとする意図の下に行われた歪曲せる批判でもない。ただひたむき真摯な態度、時には辛辣にも見える、その行間に溢れる誠意と愛情とは深く読者の心を打つものがある」と、訳者森儁郎が「訳者の詞」で評するとおりであろう(前掲『日本文化私観』p.7.)。

　しかし、不幸なことに彼が滞在した1930年代前半の日本はファシズム体制形成に大きく舵を切り、国体思想や日本浪漫主義が横行し始めた時期であった。そのために、タウトの警告は顧みられず、日本礼賛だけがもてはやされ喧伝された。ここから、逆にこの体制全体に対抗しようとした無頼派坂口安吾が、タウトの著作と同じ題名を意図的に使った『日本文化私観』を出し、タウトも含めて日本伝統文化論全体に決別せよと論じられることにもなった。坂口は「人間が今現在精一杯生きつつあるという事態そのものにしか意味はない。…それに関わらない伝統だとか様式だとかの一切無意味であり、美でもなく、不要なものだということになる」と。坂口の『日本文化私観』は、それ自体を機会を改めて個別に検討する必要がある。

[参考文献]
- ブルーノ・タウト著森儁郎訳『日本文化私観』 株式会社講談社 1992。
- ブルーノ・タウト著森儁郎訳『ニッポン』 株式会社講談社 1991。
- 大久保喬樹著『日本文化論の系譜』 中央公論新社 2003。
- 佐伯彰一、芳賀徹著『外国人による日本論の名著』 中央公論新社 1987年初版 2004年16版。

あとがき

　本書は、様々な視点から語られ、山ほどある日本文化論の名著から選び出し、抜粋して解説をつけたものである。着想から出版までもう5年ほどの歳月が経ったが、初心の目標に達成できたかどうか、未だに不安を抱いている。前書きにも触れたように、本書の編著のねらいは概して言えば、「原典」を比較文化的視点から読み解き、日本文化の特質を理解し、把握することによって、異文化間の相互理解と文化交流を促進することにあるが、中国に於いて、あまり類の見られない、大胆な編纂なので「原典」の選び出しを含めて大変な作業であった。特に、大家の「原典」を解説することは恐縮の至りだった。

　本書の構成及び「原典」の選別基準をどう決めるかについては、随分躊躇していた。数多くの日本文化論の名著から、28篇の優れたものの選び出しは実に難題だった。時期に関しては、19世紀から20世紀にかけての近、現代に絞っているが、「日本人による日本文化論」は20世紀のみのものを選び出し、「中国人及びその他の外国人による日本文化論」は19、20世紀に跨っている。内容構成は哲学、思想、歴史、文学などのジャンルを考慮して、「日本人による日本文化論」と「中国人及びその他の外国人による日本文化論」の二つの類別に分けて配列した。読んで分かるように、「日本人による日本文化論」では日本人とは何か、日本文化とは何かに関して自問自答の形で自民族文化の特質を論述した「原典」を１６篇選び、「中国人及びその他の外国人による日本文化論」では、中国人、韓国人及び欧米人の日本観、日本文化論の名著あるいは文章を１２篇採用した。紙面の関係でどれも原文そのまま、引用できないが編著者の判断によって抜粋したのである。

　ここで特筆に値するのは何篇か新しい内容の収録とその解説である。特に、梁啓超の『記東俠』(1897年)は、これまでに出版された日本文化論には収められなかったし、日本語の訳文もないようであった。そこで、造詣の深い漢文学者の青木五郎先生にお願いして、梁啓超の文体とその味わいを十分満喫できる日本語文に訳して頂いた。青木先生に心よりお礼を言わせて頂きたい。この訳文自体も本書の誇り得ることの一つになると思われる。また、もう一つ取り上げたいのはＲ．Ｎ・ベラーの書かれた『徳川時代の宗教』である。これはＲ．Ｎ・ベラーが独特な観点から日本がなぜ近代化に成功したのかを、学際的に論究したものであるが、これまでの日本文化論には殆ど収録されなかったようである。

　ともあれ、本書の出版にあたり、共同執筆者の皆様は勿論のこと、資料収集などで協力してくれた国蕊博士、馬小力博士、殷国梁博士に感謝の意を表す。特に、北京大学出版社の蘭婷女史に感謝する。

　本書の執筆と出版に際して、日本国際交流基金「日本研究機関支援プログラム」の一環として助成頂いたことを記す。

編著者
2014年　菊の香る佳き日